INTRODUCTION À LA PHILOSOPHIE

HÉLÈNE LARAMÉE
CÉGEP DE SAINT-JÉRÔME

Directeur de collection

Jacques Cuerrier

Cégep de Saint-Jérôme

Chenelière/McGraw-Hill
MONTRÉAL • TORONTO

Introduction à la philosophie

Hélène Laramée

© 1997 Les Éditions de la Chenelière inc.

Éditeur: Michel Poulin
Coordination: Suzanne Champagne
Révision linguistique: Ginette Gratton
Correction d'épreuves: Louise Hurtubise
Conception maquette et couverture de collection:
   Le groupe Flexidée ltée
Adaptation graphique et infographie: Josée Bégin
Photo de la couverture: Aristote, Cathédrale de Chartres,
   267 - Portrait Royal XIIe s. © Les Éditions Houvet

Données de catalogage avant publication (Canada)

Laramée, Hélène, 1957-

   Introduction à la philosophie

   Comprend des réf. bibliogr.

   ISBN 2-89461-054-8

   1. Philosophie. 2. Philosophie – Histoire. 3. Philosophes
anciens. I. Titre.

B77.L37 1997   101   C97-940480-0

Chenelière/McGraw-Hill
7001, boul. Saint-Laurent
Montréal (Québec)
Canada H2S 3E3
Téléphone: (514) 273-1066
Télécopieur: (514) 276-0324
Courrier électronique: chene@dlcmcgrawhill.ca

ISBN 2-89461-054-8

Dépôt légal: 2e trimestre 1997
Bibliothèque nationale du Québec
Bibliothèque nationale du Canada

Imprimé au Canada par Imprimeries Transcontinental inc.
Division Imprimerie Gagné

1 2 3 4 5   01 00 99 98 97

À mes parents

«S'il est nécessaire de philosopher,
alors il faut philosopher.
Et s'il n'est pas nécessaire de philosopher,
encore faut-il philosopher pour le démontrer.
Donc, de toute manière,
il est nécessaire de philosopher.»

Aristote, *Protreptique*

Préface

Dans le *Phédon,* Socrate met en garde son interlocuteur contre un danger: celui de «devenir misologue comme on devient misanthrope; car il ne peut rien arriver de pire à un homme que de prendre en haine les raisonnements[1]». Selon Socrate, certains en viennent à haïr les raisonnements — comme d'autres se prennent à haïr les hommes — lorsqu'ils concluent, sans connaître l'art de raisonner, que tout est sujet à controverses et que, conséquemment, aucun raisonnement n'est sain ni sûr. Un tel scepticisme refuse à la raison le pouvoir de connaître la réalité avec certitude. Véhiculer une telle attitude, c'est ne pas croire en la nécessité et en la possibilité d'instaurer un discours juste sur la réalité.

En cette fin de millénaire où l'exigence de rationalité semble la chose la moins partagée[2] acceptons comme un cadeau des dieux l'invitation que lance le premier cours de philosophie de «rendre l'élève capable de raisonner avec rigueur[3]». Le cours d'introduction à la philosophie vise, entre autres, à développer chez l'élève du collégial une maîtrise de l'argumentation afin qu'il puisse «traiter d'une question philosophique de façon rationnelle». Le présent manuel a été construit dans le but de répondre scrupuleusement à cet objectif. Toutefois, il faut convenir que cette tâche n'aurait pu se réaliser convenablement sans l'acquisition d'un savoir philosophique étoffé, inscrit dans une période historique significative. La lente émergence de la pensée rationnelle chez les Grecs de l'Antiquité est apparue à l'auteure comme la trame de fond idéale servant à présenter les règles fondamentales et les procédés de la logique et de l'argumentation. Par exemple, quelles leçons de rationalité que celles de Socrate et de Platon qui n'acceptent comme vrai que ce qui a résisté à l'examen le plus sévère! Les dialogues platoniciens mettent en œuvre une dialectique qui s'attaque aux présupposés et aux préjugés de tous les interlocuteurs afin de mettre à l'épreuve les choses qu'ils avaient admises pour vraies. Le but d'un tel exercice consiste à mettre en cause ce qui a déjà été jugé sans avoir été examiné (la *dóxa,* c'est-à-dire l'opinion). Se dessaisir de ses croyances, de ses opinions, de ses certitudes illusoires, les confronter à celles des autres afin d'arriver ensemble à ce qui peut être fondé en raison et lui donner son adhésion, tel est le dessein de la dialectique de Socrate et de Platon. Ne pouvons-nous pas y trouver une leçon pertinente puisque nous avons tendance, encore aujourd'hui, à donner foi à ce que nous avons le moins examiné?

Ce manuel de philosophie est donc une invitation à raviver l'héritage de la Grèce antique, berceau de la pensée occidentale. Connaître et comprendre la philosophie grecque antique, s'y confronter, la prendre en exemple n'est pas faire œuvre de passéisme. Au contraire, ce dialogue avec la tradition antique est un plaidoyer en faveur de la raison qui se fait. À l'interprétation mythique de l'univers et au dis-

---

1. Platon, *Phédon* (89c-d). Traduction E. Chambry, Paris, Éditions Garnier-Flammarion, 1965, p. 145.
2. Certes, notre époque met de l'avant une rationalité instrumentale, procédurale et technique, mais on y découvre très vite un rétrécissement de notre horizon humain et un appauvrissement de notre pensée.
3. *Devis ministériel,* Ensemble 1, Intentions éducatives.

cours rhétorique utilisé à des fins de séduction et de flatterie, la philosophie grecque tenta de substituer peu à peu un *lógos*, c'est-à-dire un discours rationnel, cohérent, ordonné, universel et vrai. Les Grecs de l'Antiquité se servaient du mot *lógos* pour désigner à la fois la raison, le langage et le calcul. La raison est parole, discours sur le monde et sur l'humain; la raison conceptualise, représente symboliquement, classifie, organise. Elle veut identifier l'enchaînement des causes et des effets, des principes et des conséquences. Elle veut saisir la raison des choses, leur être. Mais elle n'y arrive pas sans effort: la rationalité s'apprend, se cultive, se conquiert. La raison en tant que faculté est, certes, présente en chacun de nous, mais encore faut-il l'exercer, en acquérir la pratique par l'habitude, faire volontairement le choix d'être rationnel. Choisir le camp de la raison, juger par la raison (le κρίνειν τῷ λόγῳ de Parménide) pourrait devenir, à juste titre, le leitmotiv inspirant en guidant le premier cours de philosophie au collégial.

Le présent manuel convie l'élève à s'initier à la rationalité en fréquentant les penseurs qui ont fait évoluer la pensée rationnelle à l'époque de l'Antiquité grecque. De Thalès aux Stoïciens en passant par les Sophistes, Socrate, Platon et Aristote, chaque chapitre expose de brillante façon les problèmes mis en valeur par les philosophes grecs: le problème de l'être, le problème de la nature, le problème du vrai[4] et le problème de la vertu. Dans le but d'amener l'élève à traiter d'une question philosophique d'une manière rationnelle, de nombreux exercices judicieusement construits sont présentés à la suite de chaque exposé théorique. Un accent particulier a été mis sur les textes de référence écrits par les philosophes étudiés. En répondant à des questions de compréhension, en identifiant et en évaluant les forces et les faiblesses des définitions et des thèses défendues, en fabriquant des arguments et en réfutant des objections, l'élève fait l'apprentissage de l'*analyse de texte*, du *résumé*, du *texte d'argumentation*, et, ce faisant, se construit peu à peu une habileté à argumenter de façon logique et cohérente. En somme, le manuel *Introduction à la philosophie* appelle les élèves du collégial à relever le défi de la rationalité qui exige une rigueur intellectuelle, une discipline et un effort théorique soutenus. Ce manuel nous invite tous et toutes à faire usage de la raison, c'est-à-dire à raisonner ensemble afin de rendre les choses intelligibles. Rechercher et faire apparaître la raison profonde de l'existence, la dégager de l'emprise du réel, n'est-ce pas le but ultime de toute l'aventure humaine?

Jacques Cuerrier,
Directeur de collection

---

4. Signalons que la méthode logique ou argumentative propre à chacun des philosophes étudiés a été soigneusement intégrée à la présentation du problème du vrai.

Avant-propos

Le présent manuel se veut une introduction à la philosophie. Il ne vise donc pas à l'érudition des ouvrages écrits pour les spécialistes. En écrivant ce manuel d'introduction à la philosophie, nous avons voulu, conformément au nouveau devis ministériel, répondre aux besoins actuels, tout en satisfaisant les exigences intellectuelles de l'exposé philosophique. Nous avons porté un souci constant à la fois à l'accessibilité du contenu pour le lecteur et à sa conformité avec la pensée des auteurs à l'étude. Toutefois, au-delà de ces impératifs pédagogique et académique, nous visions surtout à donner au lecteur l'occasion d'enrichir, à l'aide de la philosophie, son questionnement naturel concernant le sens de la vie. Bien que notre époque soit hostile à tout ce qui ne participe pas du développement accéléré des techniques, la philosophie est indispensable parce qu'elle pose un regard impartial, critique et prudent sur le monde et son évolution. Penser que la vérité naît brusquement au sein de notre monde contemporain, c'est risquer de la perdre tout aussi spontanément. «L'essentiel est invisible pour les yeux», dit Saint-Exupéry, mais personne ne peut consciemment se soustraire aux problèmes fondamentaux qui nous constituent comme humanité. La vie, la mort, la liberté, le besoin de subvenir aux exigences matérielles minimales, le souci de comprendre notre rapport aux autres, autant de questions qui se répètent à travers l'histoire et qui justifient le rôle de la philosophie. En nous rattachant à notre passé, la philosophie nous guide de façon réfléchie vers le futur. Ces quelques remarques justifient, par ailleurs, la démarche du premier cours de philosophie qui consiste à remonter aux origines de la pensée occidentale, dans la Grèce classique. Ce n'est qu'une fois que le lecteur se sera familiarisé avec les grandes questions que se pose la philosophie, les notions dont elle use et les rudiments de l'argumentation qu'il pourra cheminer en toute confiance à travers la pensée des philosophes modernes et contemporains.

L'ampleur du contenu du premier cours de philosophie, surtout si l'on tient compte du nombre relativement restreint d'heures consacrées à cette étude, commandait que nous présentions un manuel qui, tout en étant aussi complet que possible, permette la possibilité de plusieurs parcours. À cette fin, nous avons divisé cet ouvrage selon deux grandes orientations. D'abord, mis à part le premier chapitre qui traite de façon générale de la spécificité de la philosophie, la répartition des chapitres suit un ordre chronologique; chacun des chapitres présentant la pensée d'un grand philosophe ou d'un mouvement philosophique. Ensuite, sauf pour le dernier chapitre, qui sert en quelque sorte de charnière théorique entre l'Antiquité et la Modernité, les chapitres ont eux-mêmes été divisés en quatre problèmes généraux, c'est-à-dire le «problème de l'être», le «problème de la nature», le «problème du vrai» et le «problème de la vertu». Selon la préférence, on pourra donc mettre l'accent, soit sur l'étude plus systématique de quelques auteurs et sur la compréhension des liens existant entre les différents problèmes abordés, soit sur l'étude de l'évolution d'une (ou deux) thématique, qui sera alors envisagée selon différents points de vue.

Logique et argumentation

L'étude de la logique et de l'argumentation rationnelle est une partie essentielle d'un premier cours de philosophie. Nous avons choisi de ne pas lui consacrer une place isolée dans l'ouvrage, mais de l'intégrer, au fil des chapitres, au «problème du vrai». Cependant, dans le but de ne pas contraindre le lecteur à aborder obligatoirement le «problème du vrai», des exercices, portant sur l'un ou l'autre des quatre problèmes généraux, ont été conçus dans le but de faire acquérir progressivement à tous les étudiants l'habileté d'argumenter de façon rationnelle. Toutefois, nous conseillons de consulter, dans le chapitre 1, la sous-section «La raison, source de la pensée philosophique» et, dans le chapitre 4, la sous-section «L'argumentation rationnelle».

Outils d'apprentissage

Les étudiants devront porter une attention particulière aux définitions qui apparaissent dans des encadrés. Ils remarqueront que certaines d'entre elles sont accompagnées d'une chouette. Ce symbole emprunté à Athéna, déesse protectrice des Athéniens et personnifiant la sagesse, indique que nous avons affaire à la définition d'une notion philosophique. Les autres définitions concernent des termes de vocabulaire plus usuels. L'ensemble de ces notions et les mots de vocabulaire sont reportés dans un glossaire à la fin du manuel; dans le texte, lorsqu'ils apparaissent pour la première fois, ils sont en caractères gras. D'autres mots sont imprimés en lettres majuscules. Ils renvoient aux commentaires en marge du texte.

Il sera utile aux étudiants de consulter les résumés schématiques des exposés. Ces résumés, les activités d'apprentissage et un choix varié de textes d'auteurs ont été répartis d'après les quatre grands problèmes à l'étude. Ils se trouvent à la fin de chacun des chapitres (sauf pour le dernier chapitre qui, cependant, est suivi d'un tableau récapitulatif).

Nous tenons à mentionner que, pour faciliter la compréhension, nous avons fait un usage irrégulier de majuscules, dans les cas suivants:

- Lorsqu'il était question de partisans d'une doctrine philosophique dont la dénomination n'est pas formée à partir du nom d'un philosophe particulier (par exemple, les Sophistes), ou que, tout en étant formée à partir du nom d'un philosophe, elle n'indique pas les adeptes de la pensée de ce philosophe (par exemple, les Présocratiques).

- Lorsque l'accent était mis sur l'aspect générique d'un terme, par opposition à l'emploi du même terme lorsqu'il se rapporte à une multiplicité (par exemple, le Bien par rapport à la diversité des biens).

Remerciements

Nous remercions tout particulièrement M. Gerardo Mosquera pour sa précieuse collaboration à l'ensemble de ce travail. Les discussions qu'il a entretenues avec nous ont grandement contribué à ce que cet ouvrage soit à la portée de débutants sans que nous ayons été contrainte de trahir la pensée des philosophes à l'étude.

Nous remercions chaleureusement Mme Sylvie Laramée, en particulier pour la traduction de la citation en tête de l'ouvrage, M. Bernard Larivière et M. Jean-François Belzile pour leur lecture méticuleuse de plusieurs passages de ce manuel.

Parmi ceux et celles qui ont participé à l'édition et à la production de ce manuel, nous tenons à remercier particulièrement M. Michel Poulin et Mme Suzanne Champagne pour leur grande compétence ainsi que Mme Josée Bégin, Mme Ginette Gratton et Mme Louise Hurtubise.

Enfin, nous tenons à remercier sincèrement M. Jacques Cuerrier, le directeur de la collection, qui a lu et commenté notre ouvrage dans sa totalité. Nous le remercions pour ses précieux conseils et pour les encouragements qu'il nous a prodigués.

Hélène Laramée

Table des matières

La
philosophie

Qu'est-ce que la philosophie?

Calliope, la muse «à la belle voix», est l'inspiratrice de la poésie épique et, selon Platon, de la philosophie.

Qu'est-ce que la philosophie? De nos jours, il est peine perdue de vouloir répondre à cette question, de la manière que nous le faisons quand nous demandons: «Qu'est-ce que la médecine?» ou «Qu'est-ce que la chimie?». Comparativement à l'objet des sciences modernes, l'objet sur lequel se penche la philosophie semble, en effet, manquer de déterminations précises.

Cette perte d'identité de la philosophie, au moment même où l'intérêt pour celle-ci ne cesse de grandir[1], commande cependant que nous débutions notre étude par un examen des différents aspects pouvant en préciser la nature.

D'abord, nous considérerons l'étymologie ou le sens du mot «philosophie», en remontant aux origines de sa formation et de son usage. Pour cela, nous devrons nous reporter à l'époque de la naissance de la philosophie, en Grèce ancienne, quelques siècles avant l'ère chrétienne. Ensuite, à partir de quatre problèmes philosophiques généraux, nous examinerons les traits fondamentaux de la philosophie, et nous retracerons ainsi sa spécificité par rapport à d'autres domaines de la connaissance.

Définition de la philosophie

Le mot «philosophie» est une traduction du terme grec *philosophía* ou, plus précisément, φιλοσοφία, si l'on respecte l'alphabet grec. Ce terme est composé lui-même de deux autres mots: *phileîn* et *sophía*. Le premier signifie «aimer», le second, «sagesse». La philosophie (ou *philosophía*) est donc l'amour de la sagesse, et, par conséquent, le philosophe est l'ami de la sagesse.

Cette première définition conduit à une autre question: «Qu'est-ce que la sagesse?». À l'origine, le terme *sophía* désignait le savoir dans différents domaines (arts, techniques et sciences), mais son sens le plus reconnu, à partir de Platon (philosophe grec qui a vécu de 428 à 348 ou 347 avant Jésus-Christ; *voir le chapitre 5*) et d'Aristote (philosophe grec qui a vécu de 384 à 322 avant Jésus-Christ; *voir le chapitre 6*), concerne la

---

1. Le *Magazine littéraire* de janvier 1996 présente un dossier sur la philosophie comme «nouvelle passion». Par ailleurs, *Le monde de Sophie* de Jostein Garder a été le livre le plus vendu au monde en 1995.

connaissance d'ordre intellectuel. Dans *La Métaphysique*[2], Aristote a répertorié différentes conceptions de la sagesse chez les personnes de son temps, en les ordonnant selon la perfection plus ou moins grande de leur objet. D'abord, est reconnu sage tout individu qui accomplit avec excellence son métier et qui, de plus, est en mesure d'enseigner cette habileté à d'autres. Par exemple, le bon cordonnier qui transmet avec exactitude son art aux apprentis cordonniers. Dans un deuxième sens de la sagesse, supérieur au premier, est reconnu sage celui dont la connaissance ne vise aucune utilité (contrairement à l'art du cordonnier) ni aucun plaisir (contrairement, par exemple, à l'art du musicien). C'est le cas de celui qui s'applique aux mathématiques, non pas dans un but pratique (comme dans l'art de l'arpentage), mais pour l'amour des mathématiques elles-mêmes. En ce deuxième sens, le sage détient donc une connaissance d'ordre purement intellectuel. Cette connaissance est considérée comme supérieure à toutes les autres en ce qu'elle dépend de ce qu'il y a de plus parfait en l'homme ou, comme le disent les philosophes grecs, de l'élément divin en l'homme, c'est-à-dire de l'intellect ou de la raison. Enfin, à l'intérieur même de l'ordre intellectuel, la philosophie est dite supérieure à tous les savoirs, dont les mathématiques, parce qu'elle vise une connaissance générale de la vérité; plus précisément, elle vise une connaissance des **notions** et **principes** premiers (incluant ceux à partir desquels sont possibles les déductions mathématiques). Pour les Anciens, le sage au sens véritable possède donc une connaissance suprême qui domine toutes les autres sciences. La **sagesse** est la possession d'un savoir essentiel et vrai, et elle s'oppose en cela à la connaissance qui ne porte que sur l'apparence des choses.

Depuis le milieu du Ve siècle avant Jésus-Christ, il existait à Athènes des enseignants professionnels qui prétendaient être des sages et connaître la vérité en toutes choses. Mais, selon Platon, cette prétention n'était fondée sur aucun véritable savoir. Platon attribua alors à ces gens le nom de *Sophistes* pour les distinguer de ceux qui détiennent réellement la vérité, c'est-à-dire de ceux qui sont sages ou, selon la terminologie grecque, de ceux qui sont *sophoí*. Par ailleurs,

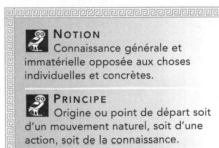

Les *Catégories* (423-22) d'Aristote. Ce passage est tiré du manuscrit *Urbinas græcus* 35, daté du début du Xe siècle ap. J.-C.

NOTION
Connaissance générale et immatérielle opposée aux choses individuelles et concrètes.

PRINCIPE
Origine ou point de départ soit d'un mouvement naturel, soit d'une action, soit de la connaissance.

SAGESSE
La sagesse est la connaissance parfaite des notions et principes premiers.

---

2. Aristote, *La Métaphysique*, I, chap. 1.

depuis Pythagore (philosophe et mathématicien grec du VIe siècle avant Jésus-Christ), on avait tendance à réserver la qualité de *sophós* exclusivement aux dieux. Selon le témoignage de Diogène Laërce (historien du IIe siècle de notre ère), Pythagore aurait été en effet le premier à se dire *philosophós* au lieu de *sophós*. Il entendait ainsi souligner que l'être humain ne peut jamais atteindre une connaissance parfaite en raison des limites de l'intelligence humaine. Mais s'il ne peut être sage, l'humain peut *aimer* la *sagesse* et tendre le mieux possible vers elle. D'où le mot **philosophie**. Cela témoigne, chez Pythagore, non seulement d'une marque d'humilité à l'égard de la perfection du savoir divin, mais aussi d'une reconnaissance des limites du savoir humain. Beaucoup plus près de nous, cette même distinction sera reprise par Emmanuel Kant (philosophe allemand qui a vécu de 1724 à 1804 de notre ère). «L'homme, dit-il, n'est pas en possession de la sagesse. Il tend seulement à elle et peut avoir seulement de l'amour pour elle, et cela est déjà assez méritoire[3]». Par ailleurs, nous le verrons, la distance qui sépare l'être humain de la connaissance à laquelle il aspire implique qu'il se conforme à un certain mode de vie. Être philosophe comporte, en même temps qu'une dimension intellectuelle, une dimension éthique ou morale.

Les problèmes dont traite la philosophie

Que peut nous apprendre la philosophie? Dans le but de jeter quelque lumière sur cette question, nous avons réparti en quatre grands problèmes généraux la matière dont se sont occupés les philosophes. Le tableau 1.1 présente de façon schématique ces problèmes avec, en regard, les disciplines philosophiques qui s'y rattachent.

Tableau 1.1 *Les problèmes philosophiques et les disciplines correspondantes*

Le problème de l'être	La **métaphysique** L'**ontologie**
Le problème de la nature	La physique ou étude de la nature La psychologie
Le problème du vrai	La théorie de la connaissance La logique
Le problème de la vertu	L'éthique ou morale La politique

---

3. Emmanuel Kant, *Opus postumum*, trad. F. Marty, Paris, PUF, 1986, p. 246.

Le problème de l'être

Lorsqu'elle se penche sur le problème de l'être, la philosophie se nomme soit MÉTAPHYSIQUE, parce qu'elle recherche la ou les **causes** premières de tout ce qui existe; soit *ontologie*, parce qu'elle s'applique à l'être en tant qu'être (l'être au sens **absolu**) et aux modes les plus généraux de l'être (par exemple, l'être peut avoir une qualité ou une quantité, ou une relation avec d'autres êtres). Pour simplifier notre étude, nous emploierons généralement l'un ou l'autre terme indifféremment.

Qu'est-ce qu'une recherche de l'être en tant qu'être? Il y a certainement une différence entre dire que je suis telle ou telle chose et dire que je suis. Quand, par exemple, je dis que je suis un étudiant, que je suis né en telle année, que je suis de telle nationalité, cela renvoie à des choses facilement compréhensibles. Mais quand je dis simplement que je suis, qu'est-ce que cela signifie? C'est cette question que l'ontologie se pose: Qu'est-ce que l'être?

Certes, toutes les sciences étudient l'être, mais elles le font sous des rapports très différents. Par exemple, la biologie étudie l'être humain en tant qu'il a un corps, alors que la politique l'étudie en tant qu'il est membre d'une communauté politique. De même, le physicien étudie l'être non de façon générale, mais en tant qu'il est doué de mouvement. L'ontologie, par contre, étudie l'être en tant qu'être. Déjà, nous pouvons supposer qu'une telle recherche s'applique non pas aux êtres tels que nous les percevons à l'aide de nos sens dans la réalité de tous les jours, mais à l'être au sens de ce qui est au fondement de toutes les choses. Ainsi, l'ontologie ne s'applique pas aux différents êtres humains (Jean, Marie, Pierre ou Ève) tels qu'ils nous apparaissent, chacun avec sa personnalité, ni aux différents êtres vivants avec lesquels nous entrons en contact dans la nature (un homme, un ours ou une plante), ni aux différentes sortes d'êtres animés ou inanimés (une maison, un avion, un bison ou un lion), mais à ce que toutes ces choses si différentes ont en commun: le fait d'être.

En considérant la recherche de l'être en tant qu'être d'un autre point de vue, nous pourrions dire que l'ontologie s'applique à l'**essence**, c'est-à-dire à ce qui constitue l'être premier et nécessaire des choses à partir duquel s'expliquent tous les autres aspects des choses. Par exemple, sachant que l'essence de Pierre est d'être un humain, nous pouvons en déduire que Pierre a une raison, qu'il est mortel, qu'il lui est possible de rire, etc. De même, dans la mesure où on sait que l'essence du vivant est le changement, nous pouvons en déduire qu'il naît, qu'il croît et qu'il meurt. L'ontologie s'intéresse à la notion même d'essence. Elle porte non pas sur l'essence des êtres particuliers, mais sur l'essence de l'être en général.

Par ailleurs, lorsqu'elle pose comme principe de départ que l'être au sens absolu est Dieu, la MÉTAPHYSIQUE se confond avec la théologie. Dans le christianisme, par exemple, la théologie est la discipline qui a pour objet l'étude des questions religieuses à partir de l'Écriture sainte et des dogmes de l'Église.

CAUSE
Une cause est une raison explicative d'une chose. Elle se rapporte soit à ce dont une chose est faite, soit aux conditions de son mouvement, soit à ce qui fait essentiellement qu'elle est ce qu'elle est, soit à ce vers quoi elle tend.

Absolu
Qui ne dépend d'aucune autre chose pour exister, qui ne change pas, qui est parfait.

ESSENCE
Ce qui est essentiel s'oppose à ce qui est là sans nécessité. L'essence est ce par quoi un être est toujours ce qu'il est. La connaissance est possible dans la mesure où la raison dégage l'essence des choses qu'elle conçoit sous forme de notion générale applicable à tous les individus d'un même genre.

Le problème de la nature

À l'origine, en philosophie, le problème de la nature était lié de façon étroite à celui de l'être; il s'en est dissocié peu à peu jusqu'au moment où, grâce surtout à la philosophie d'Aristote, il a fait l'objet d'un savoir spécifique.

Contrairement à l'ontologie, la philosophie de la **nature** s'intéresse à l'être des choses en tenant compte de leurs propriétés sensibles. C'est donc dire que l'objet de la philosophie de la nature concerne les êtres de notre monde en tant qu'ils ont une *matière* perceptible au moyen des sens.

La première constatation recueillie par les philosophes de la nature a porté sur ce fait d'expérience que toutes les choses de notre monde subissent continuellement le changement. Ce qui vit meurt, de l'hiver nous passons au printemps, ce qui est froid devient chaud, la glace devient eau, les sentiments se transforment, etc. Le **mouvement** est en effet ce qu'il y a de plus manifeste dans la nature, et il a pu, à ce titre, constituer, à côté de la matière, une cause des êtres naturels. Mais cette constatation que tout change est vite apparue insuffisante pour rendre compte des êtres naturels. Les philosophes ont pensé qu'il devait bien y avoir quelque chose qui reste en **permanence** malgré le changement continuel puisque, sinon, rien n'étant jamais pareil, nous ne pourrions acquérir aucune connaissance des choses. Tout ne serait alors que non-sens.

Par exemple, si rien ne restait identique à travers les changements que subit un être vivant de sa naissance à sa mort, comment pourrions-nous dire qu'il est de telle espèce, puisqu'il ne serait jamais le même? L'observation du mouvement s'est donc transformée en une recherche sur les lois et principes permanents des êtres naturels. Certains ont pensé qu'en plus du mouvement et de la matière, il devait exister un principe immatériel qui expliquait l'unité de l'organisme vivant. Et ils ont cherché quel était ce principe et comment il fonctionnait. Comme ils ont posé que ce principe était l'âme, l'étude de l'âme, ou psychologie (en grec, «âme» se dit *psuchè*), constitua une branche particulière de la philosophie de la nature.

Le problème du vrai

Nous pouvons considérer ce problème par le biais de deux disciplines différentes selon que nous nous plaçons dans une perspective critique (nous avons alors affaire à la *théorie de la connaissance*), ou selon que nous adoptons un point de vue méthodologique (nous avons alors affaire à la *logique*).

La théorie de la connaissance traite du problème de notre accessibilité à un savoir véritable sur les choses qui se présentent à notre conscience. La science est-elle possible? Quelles en sont les conditions et les limites? Par quoi les choses sont-elles rendues présentes à notre esprit, en sorte que nous pouvons en acquérir la science? Quel rôle jouent respectivement l'expérience sensible et le raisonnement?

Ces questions sont parmi les plus essentielles, parce qu'elles dévoilent le côté tragique de la condition humaine, qui tient à notre situation intermédiaire entre les animaux et Dieu. D'une part, nous ne sommes pas, comme les autres espèces animales, réduits à l'**immédiateté** sensible, mais, d'autre part, nous n'avons pas une intelligence parfaite comme celle de Dieu. Notre raison n'a d'autre parti possible que de connaître, au moyen de notions **universelles**, en extrayant des données sensibles relatives aux êtres particuliers et changeants l'élément commun constitutif de leur essence. Connaître scientifiquement, c'est regrouper les êtres selon leurs caractéristiques essentielles. Pour nous, les humains, la seule science possible est celle de l'universel, car seule une nature divine pourrait saisir l'essence d'un individu en tant qu'individu.

La logique traitera alors des règles qu'il faut suivre pour que nos pensées soient conformes aux choses ou, autrement dit, pour que nos raisonnements soient vrais et nous procurent la science.

Immédiateté
Qualité de ce qui est perçu sans aucune recherche scientifique ou philosophique.

UNIVERSEL
Ce qui s'applique soit à tous les êtres de l'univers, soit à tous les êtres d'un même genre (par exemple l'animal) ou d'une même espèce (par exemple l'homme), soit à tous les êtres d'une classe donnée (par exemple les étudiants).

Spéculatif
Qui concerne une recherche abstraite (immatérielle), théorique.

Le problème de la vertu

La vertu est une qualité qui vise à l'excellence dans le domaine de l'action humaine. Parmi les vertus les plus discutées par les philosophes, mentionnons la justice, le courage, la tempérance et la prudence. La partie de la philosophie qui traite de la vertu est appelée *pratique*, du grec *prâxis*, signifiant tout ce qui a rapport à l'agir humain. L'agir humain peut être considéré selon deux perspectives (*éthique* et *politique*) qui dépendent plus ou moins l'une de l'autre, selon les différents philosophes.

L'ÉTHIQUE concerne tout ce qui a trait à la conduite de l'individu. Lorsque cette conduite est réglée d'après un code social ou religieux, l'éthique prend le nom de morale, bien que les deux termes soient souvent confondus l'un avec l'autre. L'éthique considère l'ensemble des biens visés par l'individu, et elle tente de déterminer un ordre hiérarchique des valeurs. Par exemple, de façon générale, les biens matériels seront considérés de moindre valeur que les biens relatifs à la qualité de nos relations avec les autres. Par ailleurs, l'éthique fait appel à notre conscience personnelle du bien et du mal. Elle tente de déterminer jusqu'à quel point l'action dépend du choix individuel, et de définir les conditions pour qu'un acte soit vertueux. Par exemple, l'éthique recherche quel élément est le plus révélateur de la vertu: est-ce la réussite ou l'intention? De même, elle considère les rôles respectifs de la raison et des passions sur l'action humaine. On voit que l'éthique vise un bien autre que le pur acte de connaître: elle ne vise pas un savoir **spéculatif**, mais elle tend vers un savoir-faire. Plus précisément, elle vise, au moyen de l'action, la perfection de l'homme lui-même.

La POLITIQUE (en grec, *pólis* veut dire «cité») concerne tout ce qui a trait à la conduite du citoyen; elle se penche sur le bien de l'être humain en tant que membre

Le terme ÉTHIQUE vient du grec *éthos* qui signifie «mœurs», «habitude».

Le terme POLITIQUE vient du grec *politikós* qui veut dire «de la cité». *Pólis* signifie «cité».

d'une société politique. Elle tente d'établir un équilibre entre les droits individuels et les devoirs envers autrui. Son but principal est de réaliser, au moyen de lois justes, le bien de la communauté.

La philosophie se rapporte à la totalité de l'être

La philosophie s'intéresse à tout. Elle porte sur les principes fondamentaux qui s'appliquent de façon générale à tous les êtres et à partir desquels se constituent toutes les sciences.

À l'époque des premiers balbutiements de la philosophie, le savoir était indifférencié. En se questionnant sur le bien, qui est la fin dernière à laquelle aspirent tous les êtres, les philosophes pensaient tout aussi bien aux êtres immatériels qu'aux êtres matériels; les êtres divins, les astres, les objets mathématiques, les êtres naturels y compris l'humain: tout cela à la fois faisait partie de leur enquête. L'un des traits caractéristiques des premiers philosophes était de fuir l'opinion commune basée sur l'apparence des choses pour tenter de s'élever à un savoir scientifique conforme à l'être véritable des choses. Pour cela, ils recherchaient des principes généraux à partir desquels il serait possible d'énoncer des vérités valables pour tous les êtres. Par exemple, ils constatèrent qu'une même chose, quelle qu'elle soit, ne peut recevoir deux attributs opposés en même temps. En effet, comment une chose peut-elle à la fois être vraie et fausse, juste et injuste, chaude et froide, blanche et noire? La **nécessité** de ce principe, nommé *principe de non-contradiction*, était, en effet, incontestable. Les philosophes découvrirent d'autres principes dont la valeur était tout aussi universelle, par exemple «le tout est plus grand que la partie», ou «tout ce qui arrive a une cause», et ils firent ainsi l'ébauche d'une première science démonstrative. En somme, les philosophes ont proposé aux humains un questionnement en profondeur sur l'être, qui peut se résumer en une question brève mais significative: Qu'est-ce que l'être?

> **NÉCESSITÉ**
> Ce en vertu de quoi une chose ne peut être autrement qu'elle est. Principe duquel un effet ou une conclusion découle obligatoirement.

Toutes les sciences telles que nous les connaissons aujourd'hui se sont constituées progressivement à partir de ce questionnement général sur l'être. C'est, en effet, par l'examen réitéré de cette question qu'ont pu se définir des sciences particulières qui étudient des parties spécifiques de l'être. Par exemple, c'est à partir d'un questionnement général sur l'essence de l'être humain que se sont diversifiés les savoirs à son sujet. Ainsi, le biologiste, le généticien, le sociologue, le psychologue, le politicologue nous livrent tous des connaissances spécifiques sur l'être humain en fonction de la perspective que chacun adopte à son sujet. Les sciences, qui étaient toutes contenues en germe dans le questionnement philosophique, se sont donc lentement émancipées jusqu'à ce qu'elles conquièrent leur autonomie complète.

Aujourd'hui, paradoxalement, c'est plutôt l'objet de la philosophie qui apparaît obscur à l'opinion commune. Cela s'explique certainement par le fait que la philosophie, contrairement aux sciences, ne fournit pas de résultats certains et

positifs. En effet, pour se constituer, les sciences particulières ne font appel à aucune **finalité**; elles étudient le fonctionnement de différents systèmes (système politique, écosystème, appareil psychique, etc.) et, par le moyen de mesures quantitatives, elles cherchent à en saisir le fonctionnement et à obtenir des résultats précis. Tout ce qui ne se plie pas à cette exactitude, tout ce qui ne peut être expliqué par ce genre d'enquêtes qui fragmentent l'être en parties jugées indépendantes les unes des autres laisse indifférentes les sciences particulières.

De son côté, la philosophie ne cherche pas à obtenir ce genre de certitude scientifique. À l'opposé des vues partielles, bien que légitimes, des sciences, la philosophie est et restera toujours un questionnement en profondeur sur l'être de l'homme et de l'**univers** pris dans sa totalité. Ce qui ne signifie pas que la philosophie doive se fermer au discours scientifique. Celui-ci, au contraire, nourrit le questionnement philosophique et, en retour, la philosophie ennoblit l'objet des sciences en jouant le rôle de gardienne de l'unité de l'être. En interrogeant les présupposés et les méthodes des projets scientifiques et en délibérant sur les buts premiers vers lesquels devrait tendre chacune des sciences, la philosophie sauvegarde les liens entre les différentes parties de l'être. Elle montre que, malgré l'utilité et l'efficacité des sciences exactes, le monde n'a véritablement de sens que dans le maintien de son intégrité.

Le rôle le plus difficile mais le plus noble du philosophe consiste à suivre de près les nouveaux développements de la science afin de renouveler, pour son époque, l'interrogation fondamentale sur l'être. Le philosophe doit raviver le sens de l'existence et de la liberté humaines et lutter contre la solitude et l'angoisse de l'être humain, qui persistent malgré le développement sans cesse croissant de la recherche scientifique. Le philosophe doit veiller à la conservation d'un refuge paisible à l'écart de phénomènes (guerres, maladies, catastrophes naturelles, etc.) dont la science ne peut avoir le contrôle.

POSITIF
Qui est connu comme fait d'expérience sans qu'on en connaisse la raison d'être ou la cause première.

FINALITÉ
Caractère de ce qui agit en vue d'un but plus élevé que les simples forces en jeu dans les systèmes étudiés par la science expérimentale. Par exemple, le finalisme pose que l'organisme humain accomplit ses fonctions non seulement par simple mécanisme physicochimique, mais pour réaliser la reproduction de l'espèce.

UNIVERS
Les Pythagoriciens et, par la suite, les autres philosophes grecs employaient le terme *kósmos* pour décrire l'univers ou l'ensemble ordonné des diverses parties du monde. Par extension, l'univers est aussi l'ensemble des sociétés humaines de la terre.

Les degrés du savoir

Traditionnellement, le titre glorieux de «reine des sciences» était décerné à la philosophie. Cela s'explique par le fait que, détentrice des principes premiers, la philosophie est au fondement de toutes les autres sciences et que, par voie de conséquence, elle assure la cohésion de toutes les parties du savoir. Cependant, du fait que nous soyons humains et mortels, une science qui est ainsi constituée de principes éternels et immatériels nous semble inaccessible. Ressentant le besoin de comprendre notre situation au sein de l'univers matériel dans lequel nous vivons, nous préférons expérimenter ce monde, et nous sommes tentés, par surcroît, de le recréer selon nos besoins. C'est à ces fins que, puisant dans le savoir philosophique, les sciences expérimentales se sont lentement constituées. Bien que les différents savoirs qu'elles nous font acquérir n'entretiennent pas un lien direct avec les principes premiers, les sciences sont efficaces dans la mesure où elles empruntent leurs principes à la philosophie. Cette relation indirecte à la vérité leur confère la stabilité nécessaire à leur épanouissement. Philosophie et sciences ne sont donc pas en opposition; elles nous procurent, à des niveaux différents, des savoirs qui nous sont indispensables.

Dans la vie quotidienne, toutefois, nous sommes appelés à faire des choix, à agir sans que, la plupart du temps, l'une ou l'autre de ces deux formes de savoir nous soit d'aucun secours. Nous poursuivons nos intérêts sans nous interroger sur le bien-fondé de nos attitudes et de nos habitudes. La voie facile de la convention et de l'opinion commune suffisent pour que nous ayons l'impression d'avoir la conscience tranquille et que nous ne nous remettions jamais en question. Légalement, nous sommes de toute façon autorisés à agir ainsi puisque, en autant que nous respections les lois, rien ne nous oblige à nous interroger plus à fond sur le sens de notre vécu et sur nos relations avec les autres. C'est ainsi que, le plus souvent, sans que nous nous en rendions compte, notre vie intime (la chose à laquelle nous tenons certainement le plus) ne dépend d'aucune décision propre que nous prendrions de façon rationnelle. Ce manque d'intégrité à l'égard de soi-même et des autres s'oppose en tout au mode de vie philosophique qui est, au contraire, une incessante quête d'authenticité. Bien qu'il soit impossible de jouir d'une vie terrestre absolument parfaite (la conduite humaine impliquant non seulement notre raison mais aussi tout notre être), le philosophe tente de dépasser l'opinion et les habitudes superficielles pour rechercher au fond de lui-même le sens véritable de sa vie personnelle et de la vie en communauté.

Si la philosophie s'oppose ainsi à l'opinion, ce n'est pas que l'une soit absolument vraie et que l'autre soit absolument fausse. Car, en fait, rien n'empêche, à l'occasion, qu'une opinion s'accorde avec le vrai. La différence essentielle tient surtout dans la durée du rapport de l'une et de l'autre à la vérité. Alors que la philosophie, étant fondée rationnellement, entretient un rapport nécessaire à la vérité, l'opinion, qui en cela ressemble aux produits du hasard, n'a qu'un lien très instable avec la vérité. Bien entendu, l'exercice de la philosophie peut tout de même débuter par un échange d'opinions. Mais lorsque c'est le cas, il faut, en un certain sens, que l'opinion s'élève au-dessus d'elle-même, qu'elle ne se présente pas comme l'objet d'une confrontation, qu'elle soit ouverte à la critique; en un mot, il faut qu'elle soit l'objet d'une argumentation rationnelle.

Le tableau 1.2 présente les degrés du savoir selon un ordre décroissant.

Tableau 1.2 *Comparaison des différents savoirs*

La philosophie	Connaissance des principes premiers; le rapport au vrai est d'ordre *nécessaire*.
La science	En se basant sur des principes qu'elle emprunte à la philosophie, elle acquiert un caractère de *stabilité* par rapport à la vérité.
L'opinion	Toujours *changeante*, l'opinion varie d'un individu à l'autre, mais aussi chez le même individu au cours du temps.

La raison, source de la pensée philosophique

La philosophie s'oppose à tout ce qui est irrationnel, aux croyances non fondées rationnellement. Tout ce qui est inaccessible à la lumière de notre raison et qui suppose l'intervention d'une lumière surnaturelle, ou que Dieu se soit lui-même fait connaître par la révélation, n'appartient pas au domaine de la philosophie. La philosophie n'est pas une expérience affective, mystique ou religieuse. Jamais elle ne fonde ses démonstrations sur la foi en des principes qui ne sont pas eux-mêmes d'ordre rationnel. Il en est ainsi même lorsque la philosophie se penche sur l'être de Dieu. Ainsi, à l'opposé de grandes religions comme le judaïsme ou le christianisme, qui posent d'office comme vérité incontestable l'existence d'un Être tout-puissant et créateur de l'univers, lorsque la philosophie conclut à l'existence de Dieu, elle le fait à partir d'un raisonnement logique. C'est le cas, par exemple, d'Aristote qui, recherchant la cause du mouvement, conclut à la nécessité d'un Premier Moteur qui meut sans lui-même être mû; ou encore de Descartes (philosophe français qui a vécu de 1595 à 1650 de notre ère) lorsqu'il recherche la cause de l'idée de quelque chose de plus parfait que la raison humaine.

Le Penseur d'Auguste Rodin, sculpteur français (1840-1917).

En philosophie, il est nécessaire de *justifier l'opinion* que l'on avance à l'aide d'*arguments rationnels*. En fait, lorsqu'une opinion est ainsi justifiée, elle s'élève au rang d'une thèse philosophique.

La *thèse* est la prise de position d'une personne concernant un sujet donné. Dans une œuvre écrite, elle est la proposition principale du texte. La thèse, contrairement au *thème*, doit toujours être énoncée en une phrase complète. Par exemple, si je dis: «Le bonheur», je fais simplement référence au thème ou au sujet d'un débat ou d'une œuvre écrite. Par contre, si je dis: «Le bonheur consiste à vivre harmonieusement avec soi-même et avec les autres», j'affirme ma prise de position sur le thème du bonheur; autrement dit, j'énonce le jugement que je tenterai de prouver à l'aide d'une argumentation. Une thèse doit, par ailleurs, avoir une portée universelle. Le souci d'universalité est indispensable en philosophie; la valeur d'une argumentation en

L'opposition de ce qui est UNIVERSEL et immatériel à ce qui est sensible et particulier a mené plusieurs grandes religions à interdire la représentation de Dieu sous forme d'image, sous prétexte que cela porte préjudice à la pureté de l'Être absolu.

dépend. L'auteur doit viser à la plus grande **objectivité** possible. Si, lors d'un débat, nous ne faisons que rendre compte de nos expériences personnelles et de nos sentiments, notre discours a peut-être l'intérêt d'un témoignage, mais nous ne pourrons convaincre personne de la véracité de notre point de vue.

On appelle *jugement* aussi bien la thèse que les arguments servant de preuves à la thèse. Toute affirmation de l'existence d'une relation déterminée entre des concepts est un jugement. J'affirme, par exemple, que l'attribut «le fait de vivre harmonieusement» appartient au sujet «le bonheur». En unissant deux concepts l'un à l'autre, je déclare que ma pensée est conforme à une certaine réalité; je porte un jugement sur la réalité.

Le *concept* est une notion universelle, c'est-à-dire une classe d'objets à laquelle se rapportent des individus ou des choses particulières. Par conséquent, le concept se distingue de l'image, celle-ci se rapportant toujours aux objets particuliers. Je saisis dans ma pensée l'idée ou le concept «homme», et j'imagine «tel homme»; je pense «bonheur», et j'imagine «telle situation particulière qui me procure du bonheur». De même, le concept UNIVERSEL de beauté n'a pas de visage ni quoi que ce soit qui appartienne à un corps particulier. Le concept n'est pas non plus identique au mot avec lequel j'énonce le concept. Le mot n'est qu'un simple signe matériel (son ou lettre) qui varie en fonction de la langue, alors que le concept reste le même. Par exemple, *chat* et *cat* se rapportent à un même concept.

Les *arguments* sont les moyens utilisés par l'auteur pour faire la démonstration de sa thèse. Ce sont les preuves qui justifient rationnellement ce que l'on avance. Plus les arguments sont puissants, plus ils nous mènent à conclure inévitablement à la vérité de la thèse. Un exemple n'est pas un argument; il n'est qu'un cas particulier qui illustre une donnée générale. Lors d'une démonstration, l'exemple peut certes être utile, car il appuie les arguments. Il ne faut cependant pas en abuser. Par ailleurs, justifier n'est pas expliquer. Je justifie un acte lorsque, par mes arguments, j'en démontre le bien-fondé. Par exemple, je prouve que tel acte violent est justiciable par telle loi universelle qui nécessite que, dans telle situation, tous les individus ou la majorité d'entre eux agissent d'une même façon; je justifie l'acte en invoquant le droit de légitime défense. Je ne fais qu'expliquer lorsque je décris les causes particulières qui ont poussé tel individu à agir de telle façon. Cela peut éclaircir le contexte psychologique et social de l'action (et peut-être même nous faire ressentir de la compassion pour l'auteur de l'action), sans pour autant légitimer cette dernière.

Pour être rationnelle, une argumentation (l'ensemble des arguments) doit être *cohérente*. La rationalité n'admet aucune contradiction. De même que, de façon générale, la philosophie n'admet pas l'existence simultanée de deux caractères opposés dans un même sujet (principe de non-contradiction; *voir la page 8*), dans un débat (ou dans une dissertation) touchant à un problème (par exemple d'ordre moral), on doit tenir pour absolue la règle interdisant que deux arguments s'opposent. Par ailleurs, l'acte de convaincre rationnellement diffère de l'acte de persuasion, selon lequel tous les moyens, même extérieurs à la logique interne de la discussion, sont bons pour imposer son opinion. Autrement dit, les seules preuves valables justifiant l'énoncé d'une thèse sont celles qui sont déduites à partir même de cet énoncé. Faire une argumentation complète consiste ainsi à déployer tout ce qui est déjà contenu dans la thèse. Malgré l'effort que nécessite une telle rigueur (la rationalité s'opposant en cela à l'agression, à la ruse ou à la séduction), cette dernière a seule l'avantage de nous faire accéder à des échanges conformes à l'intention d'objectivité que vise la philosophie. Pour cette raison, il arrive souvent que, dans une discussion philosophique, nous devions remettre en question notre propre position lorsqu'elle est confrontée à d'autres positions également rationnelles.

La philosophie n'est pas un savoir dogmatique

L'une des explications de la méfiance actuellement ressentie face à la philosophie est certainement qu'elle ne fournit pas de savoir définitif. Cela n'est pas attribuable à une incapacité de la philosophie, mais provient de la nature même de la connaissance philosophique. Connaître ce qu'est la philosophie consiste davantage à examiner le type de questions qu'elle pose qu'à chercher un ensemble de réponses qu'elle aurait déjà accumulées et systématisées. Ainsi, l'ampleur de l'intention philosophique trouve sa contrepartie dans la reconnaissance nécessaire des limites de la raison humaine, comparativement par exemple à ce que serait une intelligence divine. La philosophie suppose une incessante remise en question de ce que nous avons déjà pris pour vrai. Elle s'applique davantage à développer et à former le désir de connaître qu'à communiquer un savoir tout fait. Par conséquent, la philosophie s'oppose à toute forme de **dogmatisme**. Pour être fructueuse, l'étude de la philosophie doit être abordée non pas comme la confrontation de doctrines parmi lesquelles il faut choisir une fois pour toutes, mais plutôt comme un échange des idées des plus grands philosophes destiné à enrichir le questionnement actuel.

Dogmatisme
Doctrine établie comme vérité fondamentale, à laquelle nous sommes tenus d'adhérer sans remise en question.

L'étonnement philosophique

Selon Platon, dans le *Théétète*, et Aristote, dans *La Métaphysique*[4], la philosophie a pour origine l'ÉTONNEMENT. L'étonnement devant les choses suscite la recherche de leurs causes rationnelles, dont la découverte provoque une admiration croissante encourage l'amour de la connaissance. Il en est ainsi pour l'enfant lors d'un spectacle de marionnettes. En un premier temps, il ressent de l'étonnement, croyant que les poupées se meuvent d'elles-mêmes; ensuite, il se questionne et se demande comment cela est possible. Puis, découvrant le manipulateur de ficelles, il rit et s'émerveille de la cause de son enchantement.

Selon Aristote, l'étonnement provoqua, chez les premiers hommes qui se livrèrent à la philosophie, la volonté d'échapper à l'ignorance. Se questionnant d'abord sur les difficultés les plus simples, ils explorèrent par la suite des problèmes tels que le mouvement des astres et la genèse de l'univers. Ainsi, le sentiment

L'expression *to thaumázein* que l'on traduit généralement par ÉTONNEMENT correspond tout aussi bien à «émerveillement», «curiosité», «admiration».

---

4. *Théétète*, 155D et *La Métaphysique*, I, 2.

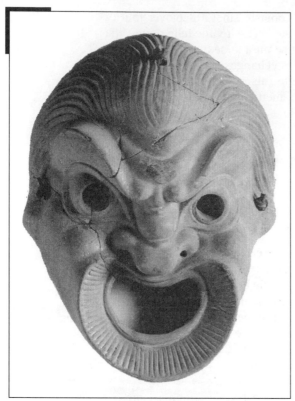

Masque de théâtre grec. Les grands auteurs de tragédies, comme Eschyle (525-456), Sophocle (496-406) et Euripide (485-406) étaient les contemporains des premiers philosophes.

d'émerveillement aurait poussé les hommes à quitter leur naïveté première en provoquant en eux un désir ardent de connaître. Ils voulurent connaître non seulement les causes qui régissent les phénomènes de l'univers les entourant, mais également le sens de ce qui se passait dans leur intimité la plus profonde. La curiosité de l'homme devant ses propres limites, devant l'écart séparant sa volonté et son accomplissement, devant la souffrance et la mort, l'incite à se poser des questions sur le sens de son existence et de sa relation aux autres. Cette curiosité attribuée aux philosophes est, par ailleurs, naturelle chez tous les humains. Déjà, nous pouvons la pressentir chez les enfants lorsqu'ils ne cessent de demander «pourquoi?». Selon Karl Jaspers (philosophe allemand qui a vécu de 1883 à 1969 de notre ère), cette curiosité serait même plus éveillée chez les enfants, car les adultes sont souvent emprisonnés dans les conventions, les opinions et les préjugés. Néanmoins, chacun est appelé à refaire pour lui-même le cheminement du questionnement philosophique. Quittant alors la quiétude superficielle que lui procure la quotidienneté, la convention et les autorités qui l'asservissent, il se rend ainsi responsable de son propre devenir.

La philosophie a une fonction critique

L'étude de la philosophie de Platon nous enseigne que, si les problèmes de notre monde n'ont rien d'attrayant pour celui qui contemple les vérités universelles, c'est néanmoins pour lui un devoir de redescendre des cieux sur la terre pour y transporter, autant que faire se peut, l'ordre céleste. La philosophie n'est pas exclusivement un savoir théorique, car il ne suffit pas de connaître le monde, il faut aussi y vivre et savoir comment y vivre. La philosophie concerne donc également le choix d'un mode de vie qui s'accorde à son discours. Sans accord de l'action avec la pensée, il n'y a pas de philosophie. Un philosophe qui, par exemple, prêcherait le détachement à l'égard des biens matériels, serait mal venu de s'assurer un confort dont la majorité ne jouit pas. La responsabilité du philosophe exige une intégrité absolue de sa part.

Tout philosophe qui s'engage à respecter une règle de vie doit la comprendre comme valable pour l'humanité entière. La philosophie concerne le savoir et l'action, mais aussi notre responsabilité auprès des autres. S'opposant à l'opinion et au préjugé, elle doit par conséquent exercer une fonction critique au sein de la société. Pourchassant la paresse de l'esprit, elle ne se lassera pas de piquer la conscience d'autrui non pour condamner, mais pour s'assurer que chacun agisse avec réflexion. En examinant le pour et le contre des lois, des valeurs, de la tradition, du pouvoir établi, la philosophie nous incite à dépasser nos vues étroites, à sortir de la passivité, à être responsable de nous-mêmes et des autres, à refuser et à choisir, à nous élever vers ce qui nous différencie du pur instinct animal. Par sa réflexion, le philosophe est ainsi responsable de dévoiler les dangers inhérents aux voies qu'emprunte, à son époque, l'humanité. Il est responsable, aujourd'hui, par exemple, d'examiner les présupposés des sciences et techniques et de proposer à celles-ci une orientation qui n'entraîne pas la destruction du monde mais son épanouissement.

Philosophie et science

La distinction entre philosophie et science

Avant le XVIᵉ siècle, il n'y avait pas de distinction entre la philosophie et la science. Philosophie et science voulaient dire: connaissance de toutes les raisons explicatives (les causes premières) de l'être. Voici, comme exemple, le type de question que l'on se posait concernant l'étude de l'être vivant:

- À quelle forme (ou à quelle espèce) appartient tel animal?
- De quoi est-il constitué? Quelle est sa matière?
- *Comment* se reproduit-il? Quel est le principe de son mouvement (du fait qu'il soit en vie)?
- *Pourquoi* se reproduit-il? Quelle est la finalité, le but de cela?

Le but de cette science (ou philosophie) résidait dans la connaissance même des attributs essentiels de l'être. Possédait la science celui qui détenait ce savoir pour l'amour même du savoir. Science et philosophie renvoyaient au fait d'être savant, indépendamment de toute recherche utilitaire.

Le sens que nous attribuons aujourd'hui au mot «science» s'est élaboré à partir du XVIᵉ siècle. On le voit prendre forme avec le mouvement naturaliste, ayant comme représentant principal Francis Bacon (1561-1626), et avec la révolution scientifique, qui a entraîné le renversement des représentations que l'on s'était faites de l'univers. La valorisation de l'expérience et du développement de la science sous de multiples formes a donné lieu à une conception nouvelle du rapport de l'être humain à la nature. En particulier avec René Descartes (1596-1650), l'humain, qui jusque-là faisait partie intégrante d'une nature conçue elle-même comme vivante, acquiert un statut supérieur à tout ce qui l'entoure. On vise alors une maîtrise complète de la nature. Désormais, la connaissance ne trouvera plus en elle-même sa fin (connaître dans le but de connaître), mais elle sera dirigée vers des fins utilitaires. La connaissance scientifique aura pour but d'instaurer sur la terre le règne de l'homme. On est alors sur la voie d'une séparation définitive entre science et philosophie.

La science moderne veut permettre à l'homme d'exercer son pouvoir sur les choses en les transformant, au moyen des techniques, pour qu'elles lui servent. À partir de là, on ne recherche plus que le *comment* des choses. On délaisse le *pourquoi*, puisqu'on ne reconnaît plus de fins en soi à ce qui est extérieur à nous. Les fins de la nature sont soumises aux fins de l'homme. On cherche à savoir comment fonctionnent les choses afin d'intervenir dans les processus naturels et d'ainsi maîtriser, domestiquer et exploiter la nature. Par exemple, une fois que la science aura élucidé tous les liens de cause à effet compris dans le processus de la reproduction, elle pourra, au moyen de la technique, procéder à des manipulations génétiques. En opposition avec le discours philosophique, qui cherche à rendre compte de l'essence des choses, le discours scientifique est réputé vrai dans la mesure où il permet de faire des choses, c'est-à-dire dans la mesure où il privilégie l'efficacité et l'utilité. La science, par ses découvertes, nous procure de multiples bienfaits, mais il faut veiller à ce qu'elle ne nous dépasse et n'échappe à notre réflexion, car son développement peut aussi comporter certains dangers.

La méthode et le contenu de la science

Le procédé général de la recherche scientifique se présente selon les trois étapes suivantes:

1. *Observation des faits ou exploration du réel*
   On enregistre des données sensorielles considérées comme certaines; les faits doivent pouvoir être reconnus par tous.

2. *Formulation d'une hypothèse*
   Comme les faits observés ne nous disent rien en eux-mêmes, la pensée tente une explication en supposant l'existence de liens entre eux. Ces liens se présentent généralement selon des relations de cause à effet.

3. *Expérimentation ou contrôle de l'hypothèse*
   On vérifie l'exactitude ou l'inexactitude de l'hypothèse en renouvelant l'observation et en provoquant, dans l'expérimentation, de nouveaux faits et **phénomènes**.

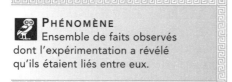

PHÉNOMÈNE
Ensemble de faits observés dont l'expérimentation a révélé qu'ils étaient liés entre eux.

Lorsque l'hypothèse est vérifiée (lorsqu'elle correspond à la réalité), elle devient une loi. La systématisation d'un ensemble de lois portant sur un même aspect de l'univers constitue une science.

Basée sur l'observation des faits concrets, la méthode scientifique semble être en mesure de livrer toute la vérité sur le réel. Cependant, certains de ses présupposés infirment cette croyance. En effet, pour être efficace, toute science doit faire un tri dans le réel et ne choisir que les faits dont elle escompte un résultat; ce faisant, elle se ferme à de multiples autres aspects de la réalité. De plus, nous avons vu qu'il n'est pas du domaine de la science de nous informer sur les causes premières et les finalités des phénomènes. La science ne nous donne pas une connaissance cohérente du monde considéré dans sa totalité. S'appuyant sur les seuls faits qu'elle choisit d'observer, la méthode scientifique élabore des hypothèses qu'elle considère ensuite comme vraies, et elle en déduit ses conclusions. Elle énonce que telles cau- ses provoquent (nécessairement ou dans certaines circonstances données) tels effets (le comment des choses) dans tel domaine circonscrit du réel. En cela, la méthode scientifique diffère considérablement de la méthode philosophique. La philosophie part d'hypothèses et d'opinions, mais elle ne les considère que comme des tremplins pour s'élever jusqu'aux causes les plus hautes, jusqu'aux principes premiers qui sont à l'origine de toutes les sciences (le pourquoi des choses; *voir la figure 1.1*).

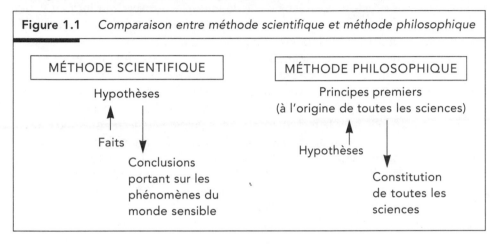

Figure 1.1   *Comparaison entre méthode scientifique et méthode philosophique*

La science prolonge et perfectionne les perceptions sensibles que nous avons naturellement des objets qui nous entourent. La science inventorie le réel sensible, découvre ce qui est encore caché, démontre les liens qui existent entre les faits nouvellement observés et ce que nous savions déjà. Cependant, il est dans sa nature même de progresser par l'accumulation de données positives qu'elle ne peut obtenir que si, pour chacune de ses entreprises, elle se concentre sur des aspects limités de l'être.

La philosophie est réflexive

En philosophie, on ne procède pas en accumulant des résultats positifs (d'objet en objet) comme dans les sciences; la connaissance des objets extérieurs à la pensée n'est pas une fin en soi. Les réponses à nos questions entraînent toujours d'autres questions. La philosophie est un questionnement sans fin sur les réponses déjà données et sur leur relation à l'être pensé dans sa totalité. La philosophie est réflexive, ce qui veut dire qu'après s'être tournée vers le monde des objets, la pen- sée revient à elle-même. Elle se dégage alors des prises du monde pensé et prend conscience d'elle-même comme sujet qui pense. Prenant conscience d'elle-même, la pensée examine minutieusement les données de la science; elle cherche à leur attribuer la place qui leur convient dans l'univers humain.

Dans notre monde contemporain, nous avons peut-être trop tendance à croire que seule la méthode scientifique peut nous faire comprendre les choses qui nous entourent. Cependant, la réflexion sur notre propre pouvoir de connaître nous incite à être prudents et à prendre du recul face à cette attitude quelque peu crédule qui risque de nous abêtir en nous imposant de nouvelles croyances. Ce recul a pour avantage de nous dévoiler nos limites et de nous empêcher de nous engager, tête baissée, dans une voie exclusive et étroite où nous oublierions l'essentiel de nous-mêmes, la qualité de notre vie et celle de l'avenir de l'humanité.

Un animal, une fourmi par exemple, n'a pas à prendre conscience de ses limites. Une fourmi a au-dessous d'elle un monde microscopique vivant face auquel elle est un colosse; elle a au-dessus d'elle de multiples espèces qui lui font l'effet que nous font les montagnes, les nuages et le tonnerre[5]. Tenter d'imaginer la conception que la fourmi a de l'univers nous fait immédiatement sourire, car nous tenons notre savoir pour supérieur au sien. Mais imaginons, à l'autre extrême, un être qui nous serait de beaucoup supérieur et qui jugerait notre propre représentation du monde. Déjà, nous percevons les imperfections de notre science et, pis encore, un doute nous prend quant à la possibilité de limites insurmontables dans notre façon d'appréhender le réel. Bien sûr, nous pouvons objecter que notre intelligence est en voie d'évolution et que la science nous aide à développer le pouvoir qui existe potentiellement en nous. Toutefois, la philosophie doit veiller à ce que les certitudes scientifiques n'enferment pas l'homme dans un dogmatisme qui l'opprime. Elle doit relever les difficultés, les incompréhensions et les présupposés afin que ce soit l'homme qui, par sa réflexion, se serve de la science (réponde au pourquoi de la science), plutôt que d'être asservi par elle.

Philosophie et pensée mythique

Le mythe, premier mode d'explication de l'univers

L'emploi de l'adjectif ou du substantif «PRIMITIF» pour traiter d'un mode originel de pensée ou des gens qui utilisaient (ou utilisent) ce mode de pensée, n'a pas un sens péjoratif. Il renvoie simplement à *ce qui est au début*, ce qui est premier.

THALÈS de Milet, qui a vécu de la moitié du VIIe siècle au début du VIe siècle avant Jésus-Christ, est le premier philosophe dont nous ayons conservé des fragments de l'œuvre.

Traiter de la pensée mythique dans un cours d'introduction à la philosophie se justifie, pourrait-on dire, par des raisons inverses de celles qui ont justifié l'intérêt pour la pensée scientifique. Puisque la science naît d'une rupture au sein même de la recherche philosophique, il était essentiel, pour bien comprendre la nature de la philosophie, de les distinguer l'une de l'autre. Mais si la philosophie est mère de la science, elle apparaît, elle-même, fille de la pensée mythique. La présence dans la philosophie grecque d'une imagerie mythique et religieuse, qui pourtant contraste avec la pensée philosophique, nous contraint en effet à admettre que l'émancipation de la philosophie trahit un lien de continuité avec une forme de pensée plus PRIMITIVE. Pensons, par exemple, à THALÈS, qui affirme que «le monde est plein de dieux»; à Parménide (philosophe grec qui a vécu à la fin du VIe siècle et dans la première moitié du Ve siècle avant Jésus-Christ), qui, dans son poème *De la Nature*, invoque les Muses; à l'œuvre de Platon, enfin, qui est

---

5. Cet exemple s'inspire d'un passage de Victor Hugo dans *Choses vues* (dans *Œuvres complètes, histoire*, Paris, Robert Laffont, 1987).

parsemée de récits mythiques. La pensée mythique apparaît ainsi comme le fond sur lequel s'élabore la philosophie. Pour bien saisir la spécificité de cette dernière, il faut donc remonter à ses sources et tenter de découvrir les raisons qui l'ont finalement poussée à s'en différencier.

Le **mythe** est le premier mode d'explication utilisé par l'être humain pour comprendre le monde qui l'entoure. L'interprétation de ce mode de pensée est complexe, étant donné que les œuvres écrites avant l'avènement de la philosophie, comme celles d'HOMÈRE et d'HÉSIODE, puisent dans une tradition orale à laquelle nous n'avons accès que partiellement, grâce à la reconstitution d'un tronc commun à plusieurs civilisations auquel la mythologie grecque aurait emprunté certains éléments. Cela laisse dans l'ombre d'autres traits fondamentaux de la pensée mythique pour lesquels, n'ayant aucune référence écrite, nous devons nous limiter à des hypothèses. Les petites sociétés archaïques étudiées par les ethnologues offrent toutefois une précieuse contribution du fait qu'elles ont conservé, toute proportion gardée, un univers mental riche en pensée mythique.

> **MYTHE**
> Le mythe est le premier mode d'explication donné par l'être humain au monde qui l'entoure. De façon générale, on peut diviser l'évolution de la pensée mythique en deux grandes périodes. Une première où les humains se soumettent aux exigences des dieux et tentent de les imiter, et une seconde où ils conçoivent les dieux à leur image.

Si, aujourd'hui, il arrive souvent que nous employions de façon péjorative le terme «mythe» (le mythe de la gratuité scolaire, le mythe de la liberté d'expression, etc.), c'est certainement parce que, dans notre mode de pensée scientifique, nous n'acceptons rien qui ne soit pas strictement conforme au réel sensible. La crainte (ou le refus) de l'IRRATIONNEL, typique de la rationalité scientifique et philosophique, est cependant étrangère à la pensée mythique. Le mythe est, pour la communauté primitive, l'équivalent du rêve pour l'individu; il est le «penser onirique d'un peuple». Pour le primitif, tous les êtres (les objets, les images, les mots, tout comme les êtres vivants) sont engagés dans un réseau de participation mystique. Par exemple, les mots que prononce le sorcier agissent réellement. De même, on ne sera pas surpris si, dans les petites sociétés archaïques, le père participe à la naissance de son enfant en imitant les douleurs de l'accouchement, ou s'il participe à la guérison de son fils en avalant un remède à sa place.

La pensée mythique, qu'on a qualifiée de prélogique et qu'on identifie généralement à la conscience poétique, est une expérience vécue de l'intérieur, en étant présent aux choses. Elle s'oppose à la pensée rationnelle qui, prenant une distance par rapport aux choses, appose sur le réel des représentations. C'est là, par exemple, toute la différence qui existe entre celui qui vit de l'intérieur une déception amoureuse et celui qui tente de consoler un ami qui vit une telle déception, en rationalisant pour lui l'expérience douloureuse dont il est le témoin. Le primitif vit de façon affective son rapport au réel; il ressent de façon intuitive et immédiate l'ordre du monde. Pour lui, le mythe ne fait qu'un avec le réel; son rapport à la vérité est absolu, car il prend en charge tous les aspects de la réalité humaine.

Le mythe donne le sentiment d'une dépendance quotidienne à l'égard du surnaturel. Les éléments et les phénomènes naturels (la terre, l'eau, le feu, les phénomènes atmosphériques, le Soleil, les étoiles, le tonnerre, les tremblements de terre, etc.), les événements importants de la vie des êtres humains (le mariage, la naissance, la mort, la chasse, la guerre, les actes héroïques, etc.), tout est attribué à des puissances

HOMÈRE est un poète grec, auteur de *l'Iliade* et de *l'Odyssée*, qui a vécu vers le milieu du IXᵉ siècle avant Jésus-Christ.

HÉSIODE est un poète grec, auteur de la *Théogonie* et des *Travaux et les Jours*, qui a vécu vers le milieu du VIIIᵉ siècle avant Jésus-Christ.

Cette crainte n'exclut pas que, malgré nos sciences exactes, l'IRRATIONNEL trouve diverses voies d'expressions marginales; la prolifération de sectes et de multiples formes de thérapies, l'astrologie et le recours aux médiums en sont des exemples.

occultes et invisibles. Cela n'exclut en rien que le primitif fasse usage de sa raison. Le primitif a conscience que les éléments naturels sont des réalités matérielles, mais pour lui il n'y a pas de contradiction entre cette constatation et le fait que ces éléments soient également des puissances surnaturelles. Toute chose ou tout événement qui se distinguent par leur importance ou par leur étrangeté sont retirés du champ des réalités profanes qui font partie de la vie quotidienne et ordinaire et sont investis d'un pouvoir sacré. C'est de cette distinction entre le sacré et le profane que naissent la religion et la magie, par le moyen desquelles le primitif croit pouvoir agir sur le réel afin que ses activités de subsistance soient fécondes.

Le sacré se présente au primitif comme un signe ou une manifestation de puissances qui viennent d'un autre monde plus réel et plus vrai que le monde profane; ces puissances lui apparaissent comme étant de nature divine. Afin de s'assurer une vie paisible que ne peuvent détruire les forces sacrées qui agissent dans la nature, le primitif cherche à obtenir les faveurs des dieux. Il crée la religion, qui est un moyen d'entrer en relation avec eux, de les connaître et d'agir selon l'ordre qu'ils prescrivent. La religion est efficace parce qu'elle se structure à partir des mythes qui, en attribuant une origine à tout ce qui éveille la curiosité de l'être humain (la vie, le travail, la souffrance, la mort, le cycle des saisons, celui des récoltes et de la reproduction, etc.), en donnent une explication. Par exemple, la religion juive et la religion grecque justifient l'existence du travail et de la souffrance humaine en se basant respectivement sur les mythes suivants. Selon la religion juive, la souffrance a pour origine la désobéissance d'Adam et Ève lorsqu'ils ont mangé le fruit de l'arbre de la connaissance du bien et du mal. Pour les punir, Dieu condamna Ève à enfanter dans la souffrance et il condamna Adam à devoir travailler à la sueur de son front pour obtenir de quoi se nourrir. Ce récit confère un sens à la souffrance, de telle sorte que, pour expier le péché originel, tous les descendants d'Adam et Ève auront la volonté d'être bons. Selon la tradition grecque, la souffrance aurait pour cause une malédiction que ZEUS a envoyée aux mortels afin de se venger de PROMÉTHÉE qui avait volé des parcelles du feu divin pour les donner aux humains. Zeus fit façonner une femme, Pandore, à l'image des déesses immortelles. Lorsque Pandore fut sur la terre, elle ouvrit une jarre qui contenait tous les malheurs. Ceux-ci se répandirent aussitôt sur l'humanité. Seule l'espérance, qui était au fond, ne put s'échapper, Pandore ayant refermé le couvercle. Parce qu'il en dévoile la source, ce mythe contraint les hommes à accepter les tristesses qui les affligent, tout en gardant l'espoir que leurs efforts soient récompensés.

La religion renforce le sentiment d'appartenance qu'ont les individus à l'égard de la communauté au sein de laquelle ils vivent. Se reconnaissant comme les descendants d'un même ancêtre mythique, tous veillent à la conservation de l'ordre **tribal** qui, en retour, leur garantit un équilibre psychologique. Les rituels religieux ont donc pour fonction de rassembler les membres du clan et de renouveler leur sentiment de solidarité sur la base de leur origine commune. Par ailleurs, tous les phénomènes naturels (le cycle des saisons, les moissons, les récoltes, etc.) qui, au cours de l'année, influencent les activités des humains, sont sanctifiés par des fêtes religieuses exprimant la volonté des individus de protéger leur existence en se soumettant à un ordre sacré. Par exemple, les fêtes

ZEUS est le dieu de la lumière et de la foudre. C'est lui qui préside aux manifestations célestes, qui provoque la pluie et lance la foudre et les éclairs. Zeus est le roi des dieux et des humains. C'est lui qui maintient l'ordre et la justice dans le monde.

PROMÉTHÉE, cousin de Zeus, est le bienfaiteur de l'humanité. Il déroba à Zeus des parcelles du feu divin pour les offrir aux êtres humains. Zeus le punit en l'enchaînant sur le mont Caucase, où un aigle venait lui dévorer le foie, qui renaissait toujours. Il fut délivré par Héraclès.

Tribal

Le système tribal ou «tribu» est un groupement de familles ou de clans partageant un nom et un territoire communs, et obéissant lors de conflits intérieurs ou extérieurs à l'autorité d'un même chef.

chrétiennes ponctuent l'année au rythme des changements significatifs dans la longueur des jours. La naissance de Jésus est célébrée immédiatement après le jour le plus court de l'année, soit le 21 décembre, alors que sa résurrection est célébrée après l'équinoxe du printemps le 21 mars, ce qui marque la victoire du jour sur la nuit (de la lumière sur les ténèbres).

Accomplir les rites, c'est donc à la fois participer de la responsabilité de l'ordre de l'univers, s'assurer que les forces de la nature seront favorables et préserver le maintien de la cohésion sociale. On comprend par là toute l'importance accordée aux rites qui sont, par conséquent, toujours exécutés dans la crainte et le respect. Cela explique que le pouvoir d'y présider soit toujours réservé à un seul ou à quelques individus (les chefs), qui détiennent un rôle important dans la communauté et qui sont, par ailleurs, eux-mêmes confondus avec des dieux.

Les dieux de la pensée mythique ont longtemps été des forces diffuses sans identité précise. On doit aux poètes comme Homère et Hésiode d'avoir structuré leurs personnalités, attribuant à chacun un

Zeus, le roi des dieux et des êtres humains, a établi l'ordre définitif de l'univers.

aspect physique, des qualités morales, des passions et une fonction sociale. Par exemple, Athéna, la déesse aux yeux pers, reconnue pour son intelligence, veille sur l'ingéniosité des hommes; Artémis, déesse farouche des bois et des montagnes, est la protectrice des Amazones chasseresses; Hermès est le dieu de l'éloquence et le messager de Zeus. Cette description **anthropomorphique** des dieux a encouragé le renversement du rapport entre les humains et les dieux. Désormais, le monde divin apparaît moins comme un monde à craindre que comme un champ d'investigation où se reflètent les besoins et la volonté politique des hommes. La personnification des dieux, par ailleurs reliés entre eux par des **généalogies** et des hiérarchies, entraîne une explication plus achevée de l'ordre de l'univers. C'est ainsi qu'Hésiode, dans la *Théogonie*, raconte les luttes et les alliances de Zeus qui a la mission d'établir l'ordre définitif du monde à partir d'un chaos primitif. On voit aussi se dessiner une notion d'âme avec l'apparition de divinités personnelles (les *daímones*) qui déterminent la destinée des individus. On commence lentement à concevoir l'individu comme un tout unifié et différencié du groupe

Anthropomorphique
Terme composé à partir de deux mots grecs: *ánthropos* qui signifie «homme» et *morphè* qui signifie «forme». L'anthropomorphisme consiste à concevoir les dieux à l'image des hommes.

Généalogie
Du grec *génós*, «race» et *logos*, «science». Science qui cherche la filiation des familles, remontant de naissance en naissance jusqu'à l'origine.

auquel il appartient. Quatre siècles plus tard, avec Platon, ces divinités personnelles seront identifiées à l'élément rationnel en l'homme.

Bien que les récits des poètes appartiennent au domaine de la mythologie, l'esprit de système qu'ils recèlent suggère un certain souci de rationalité. Les hommes tendent ainsi peu à peu à se détacher d'une explication de l'univers basée exclusivement sur des croyances en des forces surnaturelles.

La recherche de causes rationnelles

Le passage de la pensée mythique à la philosophie suppose un changement en profondeur dans l'attitude des hommes à l'égard du mythe. Les premiers philosophes recherchent eux aussi comment un monde ordonné a pu émerger d'un chaos primitif, mais ils ne se satisfont plus d'une explication basée sur une expérience vécue et sur une croyance en des forces surnaturelles. Le point de départ de leur pensée ne se trouve plus dans ce que les mythes racontent sur les dieux, mais dans la réalité concrète et perceptible au moyen des sens. On assiste à une séparation entre la religion et la nature, entre les dieux invisibles et les choses visibles, entre le monde divin et l'expérience humaine. Les éléments naturels (l'eau, la terre, le feu, l'air) ne sont plus à la fois matière et divinité (terre et Gaia, mer et Pontos), mais ils deviennent exclusivement «nature». De même, les forces sacrées qui agissent dans la nature (la foudre, le tonnerre, la tempête, etc.) sont **laïcisées** et intégrées au monde profane. Les luttes entre les dieux deviennent de pures interactions mécaniques entre éléments matériels. Ce que recherchent les philosophes, ce sont des causes rationnelles déduites à partir de l'objet même qui suscite leur réflexion; ce sont des lois **immanentes** à la nature elle-même. Rechercher les causes et le sens de ce qui se produit dans la nature, c'est, pour eux, rechercher les lois naturelles, les principes permanents qui subsistent au-delà du mouvement. L'étonnement ne provoque plus la peur et la croyance en un monde divin, mais il suscite un questionnement rationnel. De mythique, l'explication devient rationnelle, logique.

> **Laïcisé**
> Dépouillé de tout caractère religieux.
>
> **IMMANENT**
> Ce qui est compris à l'intérieur même d'un être ou d'un ensemble d'êtres (par exemple la nature) et qui ne résulte pas d'une action extérieure (par exemple les divinités).

Cette mutation de la pensée, qui s'accomplit à l'occasion d'une rupture entre la religion et la raison, est indissociable des changements profonds que subit le monde grec. L'évolution des activités économiques et des formes sociopolitiques oblige la raison à prendre en charge tous les conflits, tant naturels que sociaux, et à trouver un équilibre rationnel entre les divers éléments et les diverses forces en jeu. C'est la naissance de la philosophie.

RÉSUMÉ SCHÉMATIQUE DE L'EXPOSÉ
Qu'est-ce que la philosophie?

Définition de la philosophie

La philosophie est l'amour de la sagesse. La sagesse concerne une activité d'ordre intellectuel. La philosophie est la science suprême parce qu'elle vise la connaissance des notions et principes premiers. La philosophie réunit en elle savoir et action.

Les problèmes dont traite la philosophie

1. Le problème de l'être consiste en une recherche sur les causes premières de tout ce qui existe et sur le sens premier de l'être. L'être au sens premier concerne ce qui est au fondement de toutes les choses, ce qui est l'essence des choses.

2. La philosophie de la nature s'intéresse aux êtres qui sont perceptibles au moyen des sens. Le mouvement est la caractéristique la plus manifeste des êtres de la nature. La recherche sur le mouvement s'est transformée en une recherche sur les lois et principes permanents. La psychologie est née de l'étude des êtres vivants.

3. Le problème du vrai concerne les conditions et les limites de la science. La raison humaine ne peut connaître qu'au moyen de notions universelles. La logique traite des règles qu'il faut suivre pour connaître de façon vraie.

4. La vertu est l'objet de la philosophie pratique. L'éthique cherche à définir les conditions d'une conduite vertueuse. La politique tente de réaliser les conditions d'une société juste.

La philosophie se rapporte à la totalité de l'être

La philosophie porte sur les principes fondamentaux à partir desquels il est possible d'énoncer des vérités valables pour tous les êtres. Les premiers philosophes ont découvert des principes, dont le principe de non-contradiction, qui ont une valeur universelle. Toutes les sciences se sont constituées à partir du questionnement général sur l'être. Contrairement aux sciences, la philosophie ne fournit pas de résultats certains et positifs. Elle est gardienne de l'unité de l'être. Elle a un rôle à jouer auprès des sciences.

Les degrés du savoir

La philosophie est au fondement de toutes les sciences et elle assure la cohésion de toutes les parties du savoir. Les sciences ont un rapport stable à la vérité parce qu'elles empruntent leurs principes à la philosophie. Dans la vie quotidienne, nous suivons la voie facile de la convention et de l'opinion commune. L'opinion a un lien très instable avec la vérité.

La raison, source de la pensée philosophique

La philosophie s'oppose à tout ce qui est irrationnel. Pour être une thèse philosophique, une opinion doit être justifiée à l'aide d'une argumentation rationnelle. La thèse doit viser à l'objectivité. Un jugement est l'affirmation d'une relation déterminée entre des concepts. Un concept est une notion universelle. Les arguments sont des jugements utilisés pour démontrer ou prouver rationnellement une thèse. Justifier n'est pas la même chose qu'expliquer. L'argumentation rationnelle n'admet aucune contradiction. En philosophie, on ne doit jamais faire appel à des moyens extérieurs à la logique interne de la discussion.

La philosophie n'est pas un savoir dogmatique

En philosophie, les questions sont plus importantes que les réponses. La philosophie n'est pas une accumulation de résultats définitifs.

L'étonnement philosophique

La philosophie a pour origine l'étonnement. L'étonnement provoqua la volonté d'échapper à l'ignorance et poussa les humains à explorer des problèmes de plus en plus complexes. L'étonnement est naturel chez tous les humains.

La philosophie a une fonction critique

La philosophie exige le choix d'un mode de vie qui est en accord avec son discours. Par son action, le philosophe se rend responsable des autres et il les incite à agir avec réflexion.

Philosophie et science

1. Avant le XVIe siècle, science et philosophie tendent vers un même savoir. Il y a séparation lorsque la connaissance scientifique ne trouve plus sa fin en elle-même, mais dans un rapport utilitaire aux choses. La science veut savoir comment fonctionnent les choses afin d'en transformer la nature pour qu'elles servent aux humains.

2. La méthode scientifique comprend trois étapes: l'observation, l'hypothèse, l'expérimentation. Alors que la philosophie porte sur le pourquoi des choses, seul le comment intéresse la science. Pour être efficace, la science ne se concentre que sur des aspects limités de l'être.

3. La philosophie ne se constitue pas par l'accumulation de données positives. Elle est un questionnement sans fin. En philosophie, la pensée fait un retour sur elle-même afin de prendre conscience de ses limites et d'intégrer les données positives à la totalité de l'être. La philosophie veille à ce que la science n'enferme pas l'humain dans une nouvelle croyance.

Philosophie et pensée mythique

1. La pensée mythique est le fond sur lequel s'élabore la philosophie. Son interprétation est difficile du fait qu'elle se rapporte à une tradition orale. La pensée mythique s'oppose à la pensée rationnelle; elle est une expérience vécue affectivement. Pour le primitif, les éléments naturels sont des réalités matérielles en même temps que des forces surnaturelles. Le primitif fonde la religion pour entrer en relation avec les forces sacrées qui interviennent dans la nature. La religion se structure à partir des mythes qui racontent l'origine de tout ce qui suscite de l'étonnement. Les rituels

religieux sauvegardent l'ordre de l'univers et renforcent la cohésion sociale. Les poètes ont donné une description anthropomorphique des dieux; leurs récits révèlent un souci de rationalité.

2. L'avènement de la philosophie se produit avec la séparation de la religion et de la nature. Les philosophes recherchent des lois immanentes à la nature elle-même. Il y a un rapport étroit entre le développement de la pensée et le développement politique.

LECTURES SUGGÉRÉES

Qu'est-ce que la philosophie?

JASPERS, Karl. *Introduction à la philosophie*, Paris, Union générale d'éditions, coll. «10/18», 1983. Voir surtout le chapitre 1.

PHILONENKO, Alexis. *Qu'est-ce que la philosophie? Kant et Fichte*, Paris, J. Vrin, 1991. Lire en particulier les pages 17 à 21 sur l'étonnement.

RICŒUR, Paul. *Interrogation philosophique et engagement* dans *Pourquoi la philosophie?*, Montréal, les éditions de Sainte-Marie, 1968.

RUSSELL, Bertrand. *Problèmes de philosophie*, Paris, Payot, 1989. Voir le chapitre XV.

Philosophie et science

FOURASTIÉ, Jean. *Les conditions de l'esprit scientifique*, Paris, Gallimard, 1966. Voir le chapitre V.

Philosophie et pensée mythique

VERNANT, Jean-Pierre. *Les origines de la philosophie* dans *La Grèce ancienne*, t. 1, Paris, éd. du Seuil, coll. «Points», 1990.

ACTIVITÉS D'APPRENTISSAGE

Qu'est-ce que la philosophie?

1. **Trouvez deux arguments justifiant chacune des propositions suivantes.**
   a) La curiosité est le premier pas vers la philosophie.
   b) La philosophie est gardienne de l'unité de l'être.
   c) En philosophie, l'opinion doit faire l'objet d'une argumentation rationnelle.
   d) La philosophie diffère d'une expérience vécue affectivement.
   e) La philosophie est la science humaine la plus élevée.
   f) Sans accord de l'action avec la pensée, il n'y a pas de philosophie.
   g) Il n'y a pas opposition entre philosophie et science.
   h) La philosophie n'est pas une doctrine qui donne des réponses définitives.
   i) La raison humaine connaît au moyen de notions universelles.
   j) Seuls les dieux sont sages.

2. **Pour chacun des thèmes suivants, composez un texte d'environ une demi-page en prenant soin de bien faire ressortir votre position (thèse) et les arguments (deux ou trois) qui la soutiennent.**
   a) La tendance naturelle des enfants à être philosophes.
   b) Le rôle de la philosophie dans notre société contemporaine.

Philosophie et science

3. **Comparez la science et la philosophie sur chacun des thèmes suivants:**
   a) L'objet (ce sur quoi elles portent);
   b) Le but (ce qu'elles visent);
   c) La méthode (la démarche qu'elles empruntent pour atteindre leurs fins).

Philosophie et pensée mythique

4. **Dans le texte «Les vaches du soleil», trouvez 10 endroits où une divinité est associée soit à un élément ou un phénomène naturel, soit à une activité humaine.**
   Exemple: Aux lignes 1-2, Zeus, assembleur des nues, est associé à un phénomène atmosphérique (phénomène naturel).

5. **En vous inspirant de l'extrait de la *Théogonie*, comparez l'explication mythique concernant l'ordre qui existe dans la nature avec l'explication qu'en donne la philosophie. (*Pour l'explication philosophique, reportez-vous à la page 22.*)**

6. **En 10 lignes environ, donnez les raisons qui permettent de dire que les mythes entretiennent un rapport à la vérité.**

7. **En 10 lignes environ, dites si, selon vous, notre façon contemporaine de penser est plus vraie que celle des hommes primitifs.**

Extraits de textes

Les vaches du Soleil

Homère, «Les vaches du Soleil» dans *l'Odyssée*, chant XII, Paris,
Gallimard, coll. «Folio», 1955, p. 261-266.

*L'Odyssée raconte le retour d'Ulysse à Ithaque, sa ville natale, après le pillage
de Troie. Emporté par la tempête vers des mers inconnues, Ulysse sera confronté
pendant 10 longues années à des événements périlleux et étranges où interviennent
des dieux et des monstres, et au cours desquels périront tous ses compagnons.
L'extrait suivant raconte un épisode des aventures d'Ulysse.*

Aux deux tiers de la nuit, quand les astres déclinent, Zeus, l'assembleur des nues, lâche
un Notos[1] terrible aux hurlements d'enfer, qui noie sous les nuées le rivage et les flots:
la nuit tombe du ciel. Aussi, dès qu'apparaît, en son berceau de brume, l'Aurore aux
doigts de roses, nous tirons le vaisseau et nous le remisons dans le creux d'une grotte,
où les Nymphes avaient leurs beaux chœurs et leurs sièges. Puis je tiens l'assemblée et,
prenant la parole:

Ulysse: Amis, dans le croiseur, on a boisson et vivres; laissons donc ces troupeaux:
nous en aurions malheur! C'est un terrible dieu qui possède ces bœufs et ces grasses
brebis: le Soleil qui voit tout, le dieu qui tout entend!

Je disais et leurs cœurs s'empressent d'obéir. Tout un mois, sans arrêt, c'est le Notos
qui souffle: jamais un autre vent que d'Euros à Notos[2]. Aussi longtemps qu'on a du pain
et du vin rouge, mes gens ne cherchent pas à vivre sur les bœufs. Mais quand sont
épuisés tous les vivres du bord, il faut se mettre en chasse et battre le pays et,
d'oiseaux, de poissons, prendre ce que l'on trouve.

Or, un jour pour prier, j'avais quitté la grève, avec l'espoir qu'un dieu viendrait me
révéler le chemin du retour. J'étais monté dans l'île et, sans plus voir mes gens, je
m'étais, à l'abri du vent, lavé les mains, pour invoquer chacun des maîtres de l'Olympe.
Voici que l'un des dieux me versa sur les yeux, le plus doux des sommeils.

C'est alors qu'à mes gens, Euryloque donna le funeste conseil:

Euryloque: Camarades, deux mots! Vous avez beau souffrir; écoutez-moi pourtant!
Toute mort est cruelle aux malheureux humains. Mais périr de famine! est-il sort plus
affreux? Allons! nous avons là ces vaches du Soleil. Pour faire aux Immortels, maîtres
des champs du ciel, la parfaite hécatombe, pourchassons les plus belles. Si jamais nous
devons retrouver notre Ithaque, le pays des aïeux, nous ferons sans tarder au Soleil, fils
d'En Haut, quelque beau sanctuaire, où nous entasserons les plus riches offrandes. Que
si, voulant venger ses bœufs aux cornes droites, il exige des dieux et leur fait décider
la perte du croiseur, j'aimerais mieux encore, pour en finir d'un coup, tendre la bouche
au flot que traîner et périr en cette île déserte.

---

1. Notos est le dieu du vent du Sud, vent chaud et chargé d'humidité.
2. Euros est le dieu du vent du Sud-Ouest.

Euryloque parlait; les autres, d'applaudir. Ils se mettent en chasse et cernent les meilleures des vaches du Soleil; ils n'ont qu'un pas à faire: elles passaient tout près de la proue azurée, ces vaches au grand front, si belles sous leurs cornes!

Pour invoquer les dieux, ils prennent du feuillage aux rameaux d'un grand chêne, au lieu de l'orge blanche dont il ne restait plus sous les bancs du vaisseau; puis, les dieux invoqués, on égorge, on écorche, on détache les cuisses; sur l'une et l'autre face, on les couvre de graisse; on empile dessus d'autres morceaux saignants; comme on n'a plus de vin pour les libations[3], c'est de l'eau qu'on répand sur les viandes qu'on brûle, et l'on met à griller la masse des viscères. Les cuisses consumées, on goûte des grillades et, découpé menu, le reste de la bête est rôti sur les broches. Le doux sommeil s'envole alors de mes paupières. Je reprends le chemin du croiseur, de la grève, et j'allais arriver sous le double gaillard, quand la bonne senteur de la graisse m'entoure. Je fonds en pleurs. Je crie vers les dieux immortels:

Ulysse: Zeus le père et vous tous, éternels Bienheureux! vous m'avez donc maudit, quand vous m'avez couché en ce sommeil perfide!... de quel forfait mes gens rêvaient en mon absence!

Mais déjà Lampétie, drapée en ses longs voiles, accourait prévenir le Soleil, fils d'En Haut, du meurtre de ses vaches, et le dieu courroucé disait aux Immortels:

Le Soleil: Zeus le Père et vous tous, éternels Bienheureux, faites payer aux gens de ce fils de Laërte[4] le meurtre de mes bêtes. Ah! les impies! c'était ma joie quand je montais vers les astres du ciel ou quand, mon tour fini, du haut du firmament, je rentrais sur la terre... Si je n'en obtiens pas la rançon que j'attends, je plonge dans l'Hadès[5] et brille pour les morts.

Zeus, l'assembleur des nues, lui fit cette réponse:

Zeus: Soleil, reste à briller devant les Immortels: et, sur la terre aux blés, devant les yeux des hommes. Quant à ceux là, je vais, de ma foudre livide, leur fendre leur croiseur en pleine mer vineuse.

Ce fut de Calypso, la nymphe aux beaux cheveux, que j'appris ces discours, qu'elle disait tenir d'Hermès le messager.

J'étais redescendu au navire, à la mer. J'allais de l'un à l'autre et je les querellais. Hélas! nous ne pouvions découvrir de remède: les vaches n'étaient plus, et voici que les dieux nous envoyaient leurs signes: les dépouilles marchaient; les chairs cuites et crues meuglaient autour des broches; on aurait dit la voix des bêtes elles-mêmes.

Durant six jours entiers, mes braves compagnons ont de quoi banqueter: ils avaient au Soleil pris ses plus belles vaches. Mais lorsque Zeus, le fils de Cronos, nous envoie la septième journée, le Notos qui soufflait en tempête s'apaise: on s'embarque à la hâte, on replante le mât, on tend les voiles blanches, on pousse vers le large. Mais notre course est brève. En hurlant nous arrive un furieux Zéphyr[6] qui souffle en ouragan; la rafale, rompant d'un coup les deux étais, nous renverse le mât et fait pleuvoir tous les agrès à fond de cale; le mât, en s'abattant sur le gaillard de poupe, frappe au front le pilote et lui brise le crâne. Zeus tonne en même temps et foudroie le vaisseau. Mes gens sont emportés par les vagues; ils flottent, autour du noir croiseur, pareils à des corneilles; le dieu leur refusait la journée du retour.

---

3. Les Grecs faisaient des libations lors des sacrifices, c'est-à-dire qu'ils répandaient un liquide (généralement du vin ou de l'huile) en offrande à une divinité.

4. Laërte est le père d'Ulysse. Laërte passa une vieillesse triste à cause de la longue absence d'Ulysse.

5. Hadès est le dieu des morts. Son royaume est le monde souterrain, les Enfers, ou Tartare. On dit également «l'Hadès» pour désigner le royaume des morts.

6. Le Zéphyr est un vent.

Moi, je courais d'un bout à l'autre du navire, quand un paquet de mer disloque la membrure; la quille se détache et la vague l'emporte. Mais le mât arraché flottait contre la quille, et l'un des contre-étais y restait attaché: c'était un cuir de bœuf; je m'en sers pour lier ensemble mât et quille, et sur eux je m'assieds: les vents de mort m'emportent.

Le Zéphyr cesse alors de souffler en tempête. Mais le Notos accourt pour m'angoisser le cœur, car il me ramènait au gouffre de Charybde[7]: toute la nuit, je flotte; au lever du soleil, je me trouve devant la terrible Charybde et l'écueil de Skylla[8].

Or Charybde est en train d'avaler l'onde amère. Je me lève sur l'eau; je saute au haut figuier; je m'y cramponne comme une chauve-souris. Mais je n'ai le moyen ni de poser le pied ni de monter au tronc; car le figuier, très loin des racines, tendait ses longs et gros rameaux pour ombrager Charybde. Sans faiblir, je tiens là, jusqu'au dégorgement qui vient rendre à mes vœux et le mât et la quille.

Quand je revois mes bois qui sortent de Charybde, c'était l'heure tardive où, pour souper, le juge, ayant entre plaideurs réglé mainte querelle, rentre de l'agora[9]. Je lâche pieds et mains pour retomber dessus; mais sur l'eau, je me plaque entre mes longues poutres... Je remonte dessus; je rame des deux mains, et le Père des dieux et des hommes me fait échappper cette fois aux regards de Skylla; sinon, j'étais perdu; la mort était sur moi; et neuf jours, je dérive; à la dixième nuit, le ciel me jette enfin sur cette île océane, où la nymphe bouclée, la terrible déesse douée de voix humaine, Calypso, me reçoit et me traite en amie...

---

7. Charybde est un monstre marin qui vit dans le détroit de Messine, entre l'Italie et la Sicile. Trois fois par jour, Charybde absorbe une grande quantité d'eau de mer, attirant dans son gosier tout ce qui flotte. Puis elle rejette l'eau.
8. Skylla est un autre monstre marin qui vit également dans le détroit de Messine. C'est une femme dont le corps, à sa partie inférieure, est entouré de six chiens féroces dévorant tout ce qui passe près d'eux.
9. L'agora est une place publique où se tenaient les assemblées politiques et les procès judiciaires.

THÉOGONIE

Hésiode, *Théogonie*, texte établi et traduit par Paul Nazon, 5e édition, Paris, Les Belles Lettres, 1960, p. 36-37, 48-50, 63.

D'Abîme[1] naquirent Érèbe[2] et la noire Nuit. Et de Nuit, à son tour, sortirent Éther et Lumière du Jour. Terre, elle, d'abord enfanta un être égal à elle-même, capable de la couvrir tout entière, Ciel Étoilé, qui devait offrir aux dieux bienheureux une assise sûre à jamais. Elle mit aussi au monde les hautes Montagnes, plaisant séjour des déesses, les Nymphes, habitantes des monts vallonnés. Elle enfanta aussi la mer inféconde aux furieux gonflements, Flot – sans l'aide du tendre amour. Mais ensuite, des embrassements de Ciel, elle enfanta Océan aux tourbillons profonds, – Croios, Crios, Hypérion, Japet – Théia, Rhéia, Thémis et Mnémosyne, – Phoibé, couronnée d'or, et l'aimable Téthys. Le plus jeune après eux, vint au monde Cronos, le dieu aux pensers fourbes, le plus redoutable de tous ses enfants; et Cronos prit en haine son père florissant.

---

1. Abîme ou Chaos.
2. Érèbe est le nom des ténèbres infernales.

Rhéia subit la loi de Cronos et lui donna de glorieux enfants, Histié, Déméter, Héra aux brodequins d'or; et le puissant Hadès, qui a établi sa demeure sous la terre, dieu au cœur impitoyable; et le retentissant Ébranleur du sol; et le prudent Zeus, le père des dieux et des hommes, dont le tonnerre fait vaciller la vaste terre. Mais, ses premiers enfants, le grand Cronos les dévorait, dès l'instant où chacun d'eux du ventre sacré de sa mère descendait à ses genoux. Son cœur craignait qu'un autre des altiers petits-fils de Ciel n'obtînt l'honneur royal parmi les Immortels. Il savait, grâce à Terre et à Ciel Étoilé, que son destin était de succomber un jour sous son propre fils, si puissant qu'il fût lui-même – par le vouloir du grand Zeus. Aussi, l'œil en éveil, montait-il la garde; sans cesse aux aguets, il dévorait tous ses enfants; et une douleur sans répit possédait Rhéia. Mais vint le jour où elle allait mettre au monde Zeus, père des dieux et des hommes; elle suppliait alors ses parents, Terre et Ciel Étoilé, de former avec elle un plan qui lui permît d'enfanter son fils en cachette et de faire payer la dette due aux Érinyes de son père et de tous ses enfants dévorés par le grand Cronos aux pensers fourbes. Eux, écoutant et exauçant leur fille, l'avisèrent de tout ce qu'avait arrêté le destin au sujet du roi Cronos et de son fils au cœur violent; puis, ils la menèrent à Lyctos, au gras pays de Crète, le jour où elle devait enfanter le dernier de ses fils, le grand Zeus; et ce fut l'énorme Terre qui lui reçut son enfant, pour le nourrir et le soigner dans la vaste Crète. L'emportant donc à la faveur des ombres de la nuit rapide, elle atteignit les premières hauteurs du Dictos, et, de ses mains, le cacha au creux d'un antre inaccessible, dans les profondeurs secrètes de la terre divine, aux flancs du mont Égéon, que recouvrent des bois épais. Puis, entourant de langes une grosse pierre, elle la remit au puissant seigneur, fils de Ciel, premier roi des dieux, qui la saisit de ses mains et l'engloutit dans son ventre, le malheureux! sans que son cœur se doutât que, pour plus tard, à la place de cette pierre, c'était son fils, invincible et impassible, qui conservait la vie et qui devait bientôt, par sa force et ses bras, triompher de lui, le chasser de son trône et régner à son tour parmi les Immortels.

Puis rapidement croissaient ensemble la fougue et les membres glorieux du jeune prince, et, avec le cours des années, le grand Cronos aux pensers fourbes recracha tous ses enfants, vaincu par l'adresse et la force de son fils, et il vomit d'abord la pierre par lui dévorée la dernière. Et Zeus la fixa sur la terre aux larges routes dans Pythô la divine, au bas des flancs du Parnasse, monument durable à jamais, émerveillement des hommes mortels. Ensuite de leurs liens maudits il délivra les frères de son père, les fils du Ciel, qu'avait liés leur père en son égarement. Ceux-là n'oublièrent pas de reconnaître ses bienfaits: ils lui donnèrent le tonnerre, la foudre fumante et l'éclair, qu'auparavant tenait cachés l'énorme Terre et sur lesquels Zeus désormais s'assure pour commander à la fois aux mortels et aux Immortels.

[...]

Et, lorsque les dieux bienheureux[3] eurent achevé leur tâche et réglé par la force leur conflit d'honneurs avec les Titans, sur les conseils de Terre, ils pressèrent Zeus l'Olympien[4] au large regard de prendre le pouvoir et le trône des Immortels, et ce fut Zeus qui leur répartit leurs honneurs.

---

3. Cronos et ses frères.
4. Les Olympiens, c'est-à-dire Zeus et ses frères.

CHAPITRE 2

*L'avènement
de la
rationalité*

Les Présocratiques

On regroupe sous le nom de Présocratiques tous ceux dont l'activité philosophique précède chronologiquement celle de Socrate (philosophe né à Athènes en 469 avant notre ère; il est mort en 399, condamné à boire la ciguë par le tribunal d'Athènes; *voir le chapitre 4*). Cette appellation suggère qu'à partir de Socrate quelque chose de nouveau et de très important se produit; c'est comme s'il y avait eu deux naissances de la philosophie: une première avec les Présocratiques, autour du vi^e siècle avant Jésus-Christ, et une deuxième avec Socrate et ses successeurs immédiats (aux ve et ive siècles avant notre ère).

Mais les Présocratiques étaient-ils vraiment des philosophes? Déjà au ive siècle avant notre ère, Aristote remettait en cause leur statut. En particulier, il les accuse de n'avoir été que des physiciens. Selon lui, les Présocratiques ne se sont préoccupés que de la cause matérielle et de la cause du mouvement, qu'ils ont identifiées à la nature totale de l'être. Cependant, il existe de bonnes raisons de croire que les Présocratiques étaient d'authentiques philosophes. D'abord, leur attitude à l'égard de la connaissance est conforme à l'une des premières exigences de la philosophie. Les Présocratiques, contrairement à leurs voisins Égyptiens et Phéniciens, recherchent le savoir pour le savoir, la vérité pour la vérité, et non pas un savoir qui vise un but extérieur à la connaissance, un but utilitaire. Par ailleurs, à leur époque, le savoir était indifférencié. Ce n'est que plus tard, à partir de l'avènement de différentes distinctions dont bénéficie Aristote, que ce dernier a pu formuler une telle critique. Mais les Présocratiques ne faisaient pas de distinction entre leurs recherches de physiciens, de mathématiciens ou de philosophes. Leur prétention à

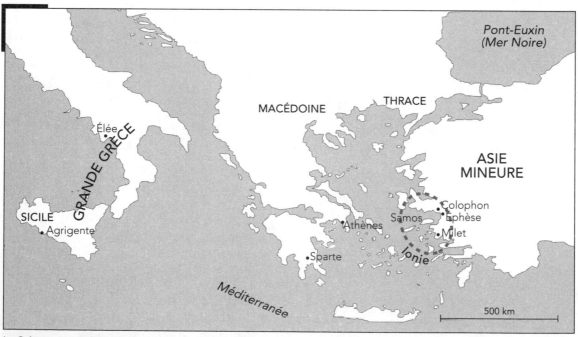

La Grèce et ses colonies

faire de la philosophie, alors qu'ils font plutôt de la physique aux yeux d'Aristote, est assurément digne de foi. Enfin, même si nous ne disposons que de fragments de leurs œuvres, ceux-ci suffisent pour que nous constations qu'une coupure s'est produite entre la pensée des Présocratiques et celle qui avait cours avant eux. Le peu de temps qui sépare les Présocratiques de la pensée mythique explique une certaine hésitation de leur pensée entre le mythe et la rationalité, mais ils ont, en majeure partie, délaissé l'explication mythique de l'univers pour lui substituer une explication rationnelle. Ils ont, les premiers, précisé les problèmes philosophiques et défini des concepts et une méthode propres à la philosophie. Les Présocratiques peuvent donc, sans hésitation, être considérés comme des philosophes. Par conséquent, nous leur attribuerons le titre de «premiers philosophes».

La philosophie est née autour du vi^e siècle avant Jésus-Christ, dans les colonies grecques (principalement Milet, Éphèse et Samos) de la région ionienne de l'Asie Mineure (emplacement actuel de la Turquie). À la fin du vi^e siècle, elle connut également une grande activité dans une autre colonie grecque, la Grande Grèce, en Italie du Sud. De part et d'autre, la recherche des premiers philosophes consiste à trouver ce qui demeure éternellement le même alors que tout ce que nous percevons par nos sens est en continuel mouvement; en effet, tout, dans la nature, naît, change et meurt[1]. Cette recherche conduira à l'élaboration de théories différentes se partageant entre deux grandes tendances. La première tendance consiste à rechercher un fond permanent au sein même de la multiplicité des êtres changeants qui composent la nature. C'est dans l'exploration de la réalité **sensible** elle-même (réalité qui s'offre à notre perception au moyen des sens) que des philosophes vont découvrir les causes premières de l'être des choses. Nous avons regroupé des représentants de cette tendance — Thalès, Anaximandre, Anaximène, Empédocle et Démocrite — dans la section «Le problème de la nature» du présent chapitre.

SENSIBLE
La réalité (ou le monde) sensible est constituée de la somme des choses particulières qui sont perçues par les sens (vue, ouïe, toucher, odorat, goût), sans que nous ayons besoin de recherche scientifique ou philosophique. Pour désigner la réalité sensible, on emploie également l'expression «multiplicité sensible».

La seconde tendance privilégie des principes abstraits qui, tout en pouvant expliquer l'essence des êtres sensibles, ne sont pas eux-mêmes de l'ordre de ce qui est perceptible au moyen des sens. Nous aborderons la pensée de certains philosophes qui avaient cette conception — Pythagore, Parménide et Héraclite — dans la section «Les problèmes de l'être et du vrai».

Malheureusement, les œuvres des Présocratiques sont perdues; seuls des fragments ont résisté à l'épreuve du temps. Pour comprendre leur pensée, nous sommes obligés de puiser dans des sources indirectes comme les œuvres de Platon et d'Aristote, où il est question de ces philosophes et du contenu de leurs œuvres écrites. Parce qu'elles sont écrites, ces œuvres témoignent, par ailleurs, d'une révolution sur le plan technique. Du temps de la pensée mythique, en effet, toutes les connaissances religieuses, historiques ou morales qu'un Grec devait avoir étaient transmises de façon orale. Des rhapsodes se déplaçaient de ville en ville récitant et chantant des extraits de poèmes épiques, particulièrement ceux d'Homère. Cependant, avec la naissance de la philosophie, on passe de la récitation orale des mythes à l'étude de textes écrits à caractère spéculatif. L'importance de ce changement

---

1. Pour une meilleure compréhension de cet aspect, reportez-vous à la section «Le problème de la nature», chapitre 1, p. 6.

technique est considérable, car il affecte en profondeur la tradition et les mentalités. On peut facilement comparer son impact à celui de la révolution technologique des dernières décennies qui, avec l'apparition des ordinateurs, a provoqué un désarroi chez les défenseurs des bienfaits de l'écriture. La divulgation des textes écrits des Présocratiques ne s'est pas faite non plus sans controverse. Deux siècles et demi plus tard, Platon s'inquiétera encore des conséquences d'un tel changement. Dans *Phèdre*, par exemple, il raconte comment Thamous, roi d'Égypte, jugea l'invention de l'écriture par Theut, une divinité du pays. Theut, mettant à profit sa découverte, présentait alors l'écriture comme un avantage pour la science et la mémoire. Mais Thamous répliqua ceci: «Cet art produira l'oubli dans l'âme de ceux qui l'auront appris, parce qu'ils cesseront d'exercer leur mémoire: mettant, en effet, leur confiance dans l'écrit, c'est du dehors, grâce à des empreintes étrangères, et non du dedans, grâce à eux-mêmes, qu'ils feront acte de remémoration[2].»

Mythe cosmogonique

Pour expliquer l'origine et l'ordre de l'univers, les poètes, s'inspirant des croyances religieuses traditionnelles, établissaient des filiations entre les dieux. Dans la *Théogonie* d'Hésiode, Zeus, le plus jeune des fils de Cronos, met fin aux guerres entre les dieux (représentant le chaos primitif) et établit un ordre entre eux (représentant l'ordre de l'univers).

Malgré cela, on peut dire que, grâce à l'écrit, l'étude plus systématique des théories explicatives de l'ordre de l'univers facilita le passage à une forme de pensée proprement rationnelle. Au lieu de raconter les naissances successives des dieux, comme cela se faisait dans les **mythes cosmogoniques**, les philosophes élaborent des cosmologies ou sciences des lois physiques qui gouvernent l'univers. Les dieux, se transforment lentement en des lois qui relèvent de la nature elle-même. Les philosophes recherchent les causes ou principes rationnels pouvant expliquer la permanence qui existe dans la nature, et ils exposent les résultats de leurs recherches sous forme de démonstration.

Le problème de la nature

Sous ce thème, nous regroupons les philosophes présocratiques de la première tendance, c'est-à-dire ceux qui ont recherché les principes fondamentaux de l'être au sein même de la nature. Ces philosophes de la nature peuvent, à juste titre, être considérés comme les précurseurs lointains de la pensée scientifique moderne. D'abord, nous traiterons de la pensée des philosophes de Milet, ensuite, de la théorie d'Empédocle et enfin de celle de Démocrite.

Le terme ÉCOLE a ici le sens d'un groupe de penseurs partageant des conceptions philosophiques semblables.

C'est dans la cité de Milet, qui était alors la cité la plus riche et la plus cultivée de l'Ionie, que nous rencontrons la première ÉCOLE philosophique comprenant des penseurs comme Thalès, Anaximandre et Anaximène. Thalès est né au cours du dernier tiers du VIIe siècle avant Jésus-Christ et il est mort au milieu du VIe siècle. On le reconnaît comme philosophe et physicien, mais il s'est occupé également de politique, d'astronomie et de mathématiques. Au nombre des mérites qu'on lui attribue, il aurait prédit une éclipse de Soleil qui s'est produite au cours d'une bataille opposant les Mèdes et les Lydiens. On dit aussi qu'il pouvait calculer la hauteur d'une pyramide en comparant deux triangles d'ombre peu importe la position du

2. Platon, *Phèdre*, dans J. Derrida, *Phèdre* suivi de *La pharmacie de Platon*, traduction de Luc Brisson, Paris, GF-Flammarion, 1992, p. 178.

Soleil. Par ailleurs, on se plaît souvent à railler le caractère méditatif de Thalès en racontant qu'une nuit, comme il scrutait les astres du ciel, il tomba dans un trou qu'on avait creusé. Mais, pour faire contraste avec cela, Aristote rapporte une anecdote montrant que Thalès avait l'esprit rusé et le sens pratique: lors d'un certain hiver, prévoyant une abondante récolte d'olives, il loua à bas prix tous les pressoirs à huile de la région et il les sous-loua, aux conditions qu'il voulut, au moment de la récolte.

Anaximandre est né vers l'an 610 avant Jésus-Christ et il est mort vers l'an 547. Nous ne connaissons pratiquement rien de sa vie si ce n'est qu'il prit la relève de Thalès comme chef de l'école milésienne vers le milieu du VIᵉ siècle. On croit aussi qu'il fut le premier à avoir l'idée de dresser une carte de la terre. Quant aux événements de la vie d'Anaximène, ils nous sont totalement inconnus. Nous savons qu'il est décédé vers l'an 520.

Empédocle est né vers l'an 490 avant Jésus-Christ et il est décédé vers l'an 430. Il était originaire d'Agrigente, en Grande Grèce (Italie). Il appartenait à une famille aristocratique qui détenait un pouvoir religieux et sacré. En plus d'être connu comme philosophe, Empédocle était un défenseur de la démocratie, un thaumaturge (faiseur de miracles) et un poète. On lui accorde d'avoir accompli de véritable prodiges, tels l'arrêt de la peste à Sélinonte et la guérison de maladies incurables. Par ailleurs, il aurait été le premier à affirmer que la Lune reçoit sa lumière du Soleil et à avoir donné une explication exacte des éclipses de Soleil. Tardivement banni d'Agrigente à cause de ses convictions politiques, Empédocle se réfugia dans le Péloponnèse (au sud de la Grèce). On raconte que, désespéré des maux de notre monde, il mit fin à ses jours en se précipitant dans le cratère d'un volcan (l'Etna).

Démocrite est né vers 465 avant Jésus-Christ et il est décédé vers 370. Il était originaire d'Abdère, en Thrace. Il aurait accompli de longs voyages aux Indes, en Perse, en Égypte et en Éthiopie pour s'instruire auprès des sages de ces pays.

Ce qui par-dessus tout provoqua l'étonnement de ces philosophes fut le changement qu'ils observaient dans la nature. Voici le type de questions qu'ils se posaient:

- Qu'est-ce qui nous permet de saisir un ordre dans la nature, malgré le fait que les êtres naturels sont toujours en mouvement, qu'ils changent continuellement?

Démocrite d'Abdère: le premier philosophe à donner une explication entièrement matérialiste de l'univers.

- Les choses que l'on voit dans la nature et qui changent continuellement n'ont-elles qu'une existence éphémère et factice ou existent-elles réellement?
- Qu'est-ce qui leur procure l'existence et qui nous permet de leur donner un sens (de les nommer, de les définir, de les connaître)?
- Quelle est leur cause première? Quelles sont les lois naturelles qui les déterminent?
- Comment se fait-il qu'il y ait des formes stables de vie (par exemple l'espèce humaine) alors que tous les êtres particuliers (par exemple les humains) ne cessent de changer et qu'ils meurent?
- Quels sont les principes permanents qui expliquent la subsistance et l'équilibre des divers éléments matériels dans l'univers malgré le mouvement des choses?

Ce qui s'est présenté à l'esprit des philosophes de la nature comme ce qui persiste au-delà de la composition et de la dégradation des choses, c'est *la matière*. Ils ont identifié la cause première des choses à une réalité sensible ou principe matériel. Voici deux exemples illustrant leur raisonnement:

1. Si l'on prend un lit et qu'on le décompose, il en résulte du bois;
   si l'on prend ce bois et qu'on le décompose, il en résulte de la terre;
   si l'on prend cette terre et qu'on la décompose, il en résulte de la terre.

   La terre est donc ce qui constitue l'unité indécomposable, l'élément premier.

2. Si l'on prend un homme, après sa mort, il en résulte des os;
   si l'on décompose ces os, il en résulte de la terre;
   si l'on décompose cette terre, il en résulte toujours de la terre.

   La terre est donc l'élément premier.

Au nombre des réalités matérielles conçues comme le principe fondamental des choses, on compte: l'eau, selon Thalès; l'air, selon Anaximène; la matière infinie, selon Anaximandre; l'atome, selon Démocrite. Quant à Empédocle, il attribue à quatre éléments (l'air, la terre, le feu et l'eau) une valeur équivalente et les intègre tous dans son explication du monde en tant que principes premiers.

Les Milésiens

Thalès: l'eau est le principe premier

C'est à partir d'observations faites sur les alluvions (dépôts de résidus) des fleuves de son pays que Thalès déduisit que tout provient de l'eau et retourne à l'eau. L'air et le feu ne sont que des exhalaisons de l'eau alors que la terre est un dépôt résiduel (déchets qui proviennent de la transformation d'un corps en un autre). Selon

Thalès, l'eau est donc l'élément premier qui explique l'origine et la permanence de l'être à travers le changement. Puisque l'eau, principe de vie, est en toutes choses, la matière est vivante et animée bien que cela ne nous soit pas toujours perceptible. C'est en ce sens que Thalès dit que «tout est plein de dieux». Thalès se représentait l'univers de la façon suivante: notre monde est au milieu de l'eau et s'en nourrit alors que les astres flottent sur les eaux d'en haut. Bien que la théorie de Thalès puisse sembler curieuse, elle ne manque pas de vraisemblance, étant donné l'importance de l'eau pour la vie dans son ensemble.

Anaximandre: l'infini est le principe premier

Le principe premier, selon Anaximandre, est l'infini (l'*ápeiron*). Même si, à la différence de l'eau chez Thalès, ce principe n'est pas une réalité observable, il est conçu à la fois comme quelque chose de divin et de matériel; il est la matière infinie produisant continuellement des êtres nouveaux. L'infini est inengendré, impérissable et inépuisable; il contient, alimente et gouverne toutes choses. Il est le commencement et la fin de tout ce qui existe. Il est ce dont naissent toutes choses et ce à quoi elles retournent afin de rétablir le juste équilibre entre les éléments. De l'infini sortent, par division, les contrariétés. C'est ainsi que, par une première séparation, qui s'est opérée au sein de l'infini, sont apparus le chaud et le froid. Une sphère de flamme s'est formée autour de l'air, de la terre et de l'eau, qui sont les produits du froid. Cette sphère s'est ensuite rompue et a formé les astres.

Par ailleurs, Anaximandre croyait que les premiers êtres vivants étaient tous d'une nature semblable à celle des poissons, et qu'ils se sont lentement adaptés aux changements de leur milieu pour donner naissance à des formes telle l'espèce humaine. Cela n'est pas sans rappeler la théorie actuelle de l'évolution, qui stipule que tout organisme biologique habitant la terre a pour lieu d'origine la mer. Cette dernière résulte cependant d'un bagage immense de données scientifiques dont ne jouissait pas Anaximandre. Cependant, il est possible de voir en l'explication de ce dernier un ancêtre lointain de la théorie de l'évolution. Pourtant, quand cette thèse a vu le jour, elle a gêné toutes nos croyances religieuses et morales.

Selon Anaximandre, après l'achèvement de l'évolution du monde, tout se dissout, le monde retourne à l'infini et le cycle recommence. Il existe donc une succession infinie de mondes dans le temps, mais il semble aussi qu'il existe d'innombrables mondes simultanés. Anaximandre se représentait notre univers de la façon suivante: la Terre est suspendue au milieu du ciel, à égale distance de tout le reste; elle a la forme d'une colonne dont la hauteur correspond à trois fois la largeur. Les astres sont des cylindres aplatis qui sont accrochés à des sphères qui tournent; l'intérieur en est plein de feu.

Anaximène: l'air est le principe premier

Selon Anaximène, c'est l'air qui est la cause première expliquant l'organisation du monde dans son ensemble et des individus qui le composent. L'air produit toutes choses en prenant des apparences différentes selon son degré de condensation ou de raréfaction (de dilatation).

De même que l'unité du monde lui vient de l'air qu'il absorbe, l'âme, parce qu'elle est de l'air, fait l'unité de l'individu. La vie elle-même n'est donc possible que grâce à l'air que les vivants respirent et qui est partout dans leur environnement. L'air est infini, éternel, intelligent et indécomposable en parties autres que lui-même. Anaximène se représentait notre univers de la façon suivante: la Terre est une vaste surface plate surplombant l'air comme un couvercle. Les astres se sont formés par la raréfaction des vapeurs s'éloignant de la Terre. Cinq planètes tournent autour de la Terre, alors que d'autres astres plus lointains restent fixes (les étoiles fixes).

Empédocle

À la matière unique des Milésiens (Thalès, Anaximandre et Anaximène), Empédocle substitue plusieurs substances éternelles, sources de toutes choses mortelles et immortelles. Selon lui, l'univers est constitué des quatre éléments fondamentaux (la terre, l'eau, le feu et l'air), tous également inengendrés et incorruptibles. À l'encontre des Milésiens, Empédocle ne croit pas possible que l'un ou l'autre des éléments puisse se transformer pour donner naissance à toutes choses. Il explique plutôt l'existence des choses par un procédé mécanique de mélange et d'échange produisant diverses formes de vie selon les proportions des différents éléments dans chaque combinaison.

La mythologie grecque est remplie d'êtres monstrueux, tels les minotaures d'Empédocle.

Empédocle soutient, par ailleurs, l'existence de deux forces motrices, l'Amitié (ou Harmonie) et la Discorde (ou Haine), grâce auxquelles les éléments communiquent entre eux. L'Amitié force les éléments séparés à se rapprocher et à se mélanger afin que règne le Sphéros, être parfait et sans dissensions. Mais la Discorde livre un combat à l'Amitié et force les éléments à se séparer pour produire des espèces multiples et distinctes jusqu'à formation de masses homogènes sans lien entre elles. Le monde évolue selon un cycle éternel entre ces deux extrêmes sans que jamais l'une ou l'autre des deux forces exclue totalement l'autre. Au début, on assiste à la création d'êtres imparfaits (des têtes sans cou, des bras dépourvus d'épaules, etc.) et monstrueux (des humains à tête de taureau, des taureaux à tête d'humain, des êtres munis d'innombrables mains, etc.) qui laissent lentement la place à des formes plus parfaites destinées à vivre et à durer. Ces figures de l'Amitié et de la Discorde ont touché profondément certains poètes, tel Hölderlin au XIXe siècle. Voici un court extrait du roman *Hypérion*, écrit par ce poète:

> Je serai. Comment pourrais-je me perdre hors de la sphère de la vie où l'amour éternel, qui est commun à tous, maintient tous les êtres naturels? Comment pourrais-je être exclue de l'alliance qui réunit tous les êtres? Elle ne se brise pas aussi facilement, elle, que les lâches liens de ce temps. Elle n'est pas comme une foire où le peuple accourt dans le vacarme et se disloque. Non! par l'esprit qui nous unit, par l'esprit divin qui est propre à chacun et à tous commun, non! non! Dans l'alliance de la nature la fidélité n'est pas un rêve. Nous ne nous séparons que pour être plus intimement unis, unis dans une paix divine avec tous, avec nous-mêmes. Nous mourons pour vivre[3].

La théorie des quatre éléments d'Empédocle joua par ailleurs un rôle en médecine; elle subsista à travers tout le Moyen Âge jusqu'à la constitution de la chimie moderne.

Démocrite

Au lieu d'identifier la cause de l'origine et de la permanence des choses à l'un des quatre éléments matériels (l'eau, la terre, le feu et l'air), DÉMOCRITE la reconnaît dans l'atome. Démocrite aurait été le premier à concevoir l'existence de l'atome qui, selon lui, est une petite particule imperceptible qui se déplace au hasard dans le vide. L'atome est inengendré, indestructible et indivisible en parties autres que lui-même. L'ensemble de la réalité se compose ainsi des atomes, principe fondamental de l'être, et du vide, le non-être. Les atomes se meuvent dans le vide et entrent en contact pour produire la vie. À partir d'un chaos primitif, on assiste alors à la création d'un monde qui, au cours du temps, se désagrégera pour laisser la place à un autre monde formé à partir des débris du premier.

DÉMOCRITE se rattache à l'école d'Abdère dont le fondateur était Leucippe. De ce dernier, nous ne connaissons cependant rien de certain.

3. Hölderlin, *Hypérion*, étude et présentation de Rudolph Leonhard et Robert Rovini, Poitiers, éd. Pierre Seghers, coll. «Poètes d'aujourd'hui», 1963, p. 117.

> **GÉNÉRATION**
> La génération est une espèce de mouvement. Elle concerne la production de la vie et la reproduction des espèces.

Les atomes existent en nombre infini et ils diffèrent entre eux par leurs propriétés géométriques (figure, ordre, position). C'est en raison de cela qu'ils sont à la source de la diversité des êtres. Le vide, n'opposant aucune résistance à la combinaison des atomes entre eux, est conçu comme principe du mouvement perpétuel des atomes et rend ainsi possible la **génération**. Ce principe exclusivement mécanique oppose la physique démocritéenne à toutes les philosophies qui font intervenir des divinités et des forces autres que matérielles pour expliquer le fondement des êtres vivants. L'âme même est, selon Démocrite, matérielle; elle est composée d'atomes très subtils et très mobiles.

On pressent, dans cette représentation matérialiste et mécaniste de l'univers, ce que sera l'esprit de la science moderne. Cependant, la pauvreté des instruments scientifiques de l'époque explique l'écart qui subsiste entre cette physique antique et l'expérimentation du monde réel. Par ailleurs, l'atomisme de Démocrite sera développé davantage au siècle suivant par Épicure (philosophe grec qui a vécu de 341 à 270 avant Jésus-Christ; *voir le chapitre 7*), à des fins éthiques et politiques.

Les problèmes de l'être et du vrai

La présente section traite des philosophes présocratiques qui ont délaissé l'explication matérielle de l'univers pour lui substituer une explication plus proprement rationnelle. Il sera question de Pythagore et du nombre, de Parménide et de l'être logique, et d'Héraclite et du feu ou Logos divin.

Pythagore est né à Samos, en Ionie. La date de sa naissance est inconnue, mais on sait qu'il est mort vers la fin du premier tiers du ve siècle avant Jésus-Christ. Tous connaissent le célèbre théorème de Pythagore: le carré de l'hypoténuse est égal à la somme des carrés des deux autres côtés ($a^2 + b^2 = c^2$). Après avoir voyagé en Égypte, à Babylone et aux Indes, Pythagore s'est établi à Crotone, en Italie, où il a fondé une école qui a eu une très grande renommée. Les adeptes devaient y respecter une règle de vie basée sur la communauté des biens et la concorde. Contrairement à la coutume, les femmes et les étrangers y étaient admis.

Le mouvement pythagoricien dans son ensemble est mieux connu que Pythagore lui-même, qui n'a laissé aucune œuvre écrite. Par ailleurs, aussitôt après sa mort, Pythagore est devenu un héros légendaire. On raconte qu'il est le descendant d'Hermès, qu'il fait des prophéties et des miracles, qu'il est descendu aux enfers et en est remonté, qu'il peut changer de lieu instantanément.

Parménide est né vers la fin du vi^e siècle avant notre ère et il est décédé vers l'an 450. Il vient d'une famille aristocratique d'Élée, en Italie du Sud (Grande Grèce). Il est celui à qui on attribue la doctrine de l'Être. On sait peu de choses de sa vie si ce n'est qu'il a joué un rôle de législateur. Il a eu pour disciples Zénon d'Élée et Mélissus de Samos.

Héraclite est né vers l'an 540 avant notre ère et il est décédé vers l'an 480[4]. Il était le descendant du fondateur d'Éphèse (en Ionie), Androclos, dont le père, Crodos, était

---

4. Chronologiquement, Héraclite précède Parménide. C'est par commodité théorique que nous abordons en premier lieu la doctrine de Parménide.

roi d'Athènes. Héraclite appartenait donc à une très illustre famille aristocratique d'Éphèse, où il aurait dû être roi. Mais son dédain pour les mœurs politiques de ses concitoyens le fit abandonner ce titre qui revint à son frère. Très tôt, Héraclite a été surnommé l'«Obscur» en raison du style hermétique de son écriture.

Pythagore

En plus d'être une école philosophique, le pythagorisme est une secte politico-religieuse. Avant d'accéder aux spéculations intellectuelles (philosophie, mathématiques, physique), les novices y reçoivent une initiation de deux à cinq ans qui consiste en des rites de purification afin que, libérée du corps, leur âme puisse se ressouvenir de ses vies antérieures. Les Pythagoriciens croient, en effet, en une réincarnation cyclique de l'âme, jusqu'à expiation complète des fautes. Peu importe, par ailleurs, le corps que revêt l'âme (plante, animal ou humain), celui-ci est toujours conçu comme une prison ou une tombe; ce qui se traduit, en grec, par l'expression *sôma sèma* (le corps est un tombeau). En s'évadant du corps, l'âme rompt avec le déroulement linéaire du temps que subit le monde matériel, et elle accède à la contemplation de ce qui est immuable et éternel.

L'initiation et les révélations concernant la purification et le salut de l'âme devaient obligatoirement être tenues secrètes. On raconte que le Pythagoricien Hippase a été mis à mort pour avoir dévoilé le mystère de l'incommensurabilité de la diagonale. Cette anecdote, bien qu'étrange à nos yeux, montre que même les connaissances intellectuelles (en l'occurence mathématiques) étaient considérées de nature

Démonstration, en langue arabe, du théorème de Pythagore. Au Moyen Âge, les penseurs islamiques ont porté un grand intérêt aux œuvres des philosophes grecs.

mystique et religieuse par la secte. Par ailleurs, le succès du mode de vie de l'École lui valut la haine des partis politiques rivaux. Les Pythagoriciens durent faire face à une révolte populaire pendant laquelle beaucoup d'entre eux périrent dans un incendie.

Selon Pythagore, c'est le nombre qui est la raison explicative de toutes choses. Le nombre est ce dont les choses proviennent, la substance dont elles sont constituées, et ce à quoi elles retournent. C'est à partir de constatations faites sur les accords musicaux que Pythagore a déduit que tout (les figures, les mouvements, les sons, etc.) se prête à la mesure, et que le nombre est l'élément fondamental de toutes choses. Tout est nombre. Le nombre est le principe de l'existence et de la connaissance que nous pouvons avoir des êtres. Seule la connaissance du nombre nous dévoile l'essence de l'être, l'ordre harmonieux qui existe dans l'univers. Celui qui s'y adonne saisit la correspondance qui existe entre les sons harmonieux de la lyre et la musique céleste du cosmos. Contrairement à ceux qui ont cherché dans la matière (l'eau, la terre, l'air et le feu) le principe de toutes choses, Pythagore propose donc un principe de nature mathématique et **intelligible**.

Cependant, le nombre, selon Pythagore, n'est pas encore une pure **abstraction**. Le nombre n'est pas une simple valeur arithmétique ou logique, mais il est une figure et une grandeur. Par exemple, le nombre 3 n'est pas simplement l'addition de trois unités, mais il correspond au triangle; le nombre 2 correspond à la ligne; le nombre 1 au point, etc. Seul l'Un (qui diffère du «un» identifié au point) est conçu comme principe purement abstrait, s'élevant au-dessus de tous les êtres matériels et doués de mouvement. Il contient en lui les nombres multiples qui déterminent la réalité sensible. Les nombres apparaissent ainsi les causes des choses en tant qu'ils sont les limites qui déterminent une étendue d'abord indéterminée (l'Un). Par exemple, la naissance de l'univers s'est produite lorsque l'espace indéterminé a reçu des nombres une limitation. Il en est de même pour toutes choses, y compris les êtres vivants.

En outre, il existe des nombres sacrés, comme 10, qui est le nombre parfait, et des nombres ayant une valeur morale ou intellectuelle: 1 correspond à l'intelligence, 2 à l'opinion, 4 ou 9 à la justice, 7 au temps critique, etc.

> **INTELLIGIBLE**
> Qui est connu par l'intelligence (ou raison), par opposition à ce qui est connu au moyen des sens.
>
> **Abstraction**
> Notion considérée en dehors des représentations concrètes où elle est donnée.

Parménide

Parménide a subi l'influence du spiritualisme des Pythagoriciens. Pour lui aussi, le point de départ de la réflexion porte non sur la matière des choses, mais sur l'élément immatériel et impérissable en l'humain: l'âme. De façon comparable au fait que, dans la pensée mythique, on croyait que le monde sacré était supérieur à notre monde profane et que les humains devaient se conformer aux exigences des dieux, chez Parménide, l'âme est reconnue supérieure au corps qui doit lui obéir. Pour Parménide, seule l'âme est en mesure de contempler les vérités immuables, seule elle peut nous dévoiler ce qui est toujours vrai, ce qui ne se contredit jamais. Dans la pensée mythique, certains individus privilégiés par les dieux avaient aussi la possibilité de connaître, au-delà du présent, les secrets des dieux. Par exemple, Tirésias, dans *l'Odyssée* d'Homère, était un devin; il pouvait prédire les événements et conseiller aux autres individus la conduite la plus sage à suivre. Cependant, en philosophie, lorsque l'âme se libère du corps pour saisir l'essence de l'être, elle ne cherche pas à communiquer avec les dieux au moyen d'un don surnaturel. Ce qu'elle vise, c'est la perfection de son propre pouvoir de connaître. Parménide croit, en effet, que l'âme a un pouvoir inné qui la rend capable de saisir par elle-même la vérité immuable de l'être, malgré l'obstacle que constitue le corps qui, à l'inverse de l'âme, porte l'humain vers les réalités matérielles et changeantes. Par opposition au corps, qui est mortel et tourné vers le monde terrestre, l'âme, qui est immortelle, veut s'évader vers un au-delà éternel.

L'âme a le pouvoir de dévoiler ce qui est au fondement des êtres parce qu'elle est capable de raisonnements logiques et rationnels; selon Parménide, l'âme et la raison sont une seule et même chose. On peut dire que, de façon générale, il y a deux méthodes pour rechercher la vérité. D'une part, les philosophes, comme Parménide, croient que les principes et les lois de la connaissance véritable (ou de la science) résident dans la raison elle-même. Pour eux, c'est uniquement lorsque la raison se replie sur elle-même et qu'elle fuit les données changeantes de l'expérience sensible qu'elle peut acquérir le vrai. La recherche philosophique sur l'être procède alors comme dans les mathématiques pures, où les démonstrations ne nécessitent jamais que nous recourions à la réalité extérieure. D'autre part, certains philosophes, empruntant une autre méthode, soutiennent que les lois de la permanence de l'être sont des lois qui appartiennent non à la raison, mais à la nature. Pour connaître, ils ont donc recours à l'expérimentation du monde sensible. Mais, selon Parménide, il n'y a rien dans la nature qui soit en mesure de nous faire comprendre la vérité de l'être, car tout y est changeant. Le monde sensible fournit des données différentes d'un moment à l'autre. Il y a de multiples points de vue ou de multiples opinions par rapport à un même objet dont aucune n'est plus vraie que les autres. De plus, chacune de ces multiples opinions est elle-même changeante, alors que la vérité exige que lorsque nous énonçons quelque chose sur un objet, nous ne nous contredisions jamais. On sait ou on ne sait pas.

On a conservé un ouvrage de Parménide. C'est un poème qui s'intitule *De la Nature*. Il comprend deux parties dont la première porte sur la vérité et la seconde sur l'opinion. Les thèses soutenues dans la seconde partie sont une reprise par Parménide des idées de son époque relatives à la physique. L'auteur y fait une description de la nature où nous assistons à la naissance de couples d'opposés (feu/terre, lumière/obscurité) et où une divinité préside au mélange des éléments et à la production de la vie. Dans la première partie du poème (celle sur la vérité), Parménide se demande cependant si le projet d'étudier ce qui devient, c'est-à-dire le changement des êtres naturels, est un projet légitime. Il en conclut que le mouvement n'est pas intelligible, qu'il ne peut être saisi par la raison.

Le point de départ du raisonnement de Parménide est le principe logique d'identité, ou principe de non-contradiction, qu'il définit comme l'impossibilité pour un même sujet de ne pas toujours être identique à lui-même. Selon ce principe, les êtres naturels sont contradictoires, car ils apparaissent toujours sous des aspects différents (vie et mort, bien et mal, vrai et faux, chaud et froid, etc.). Considérons, par exemple, un être humain. Les changements qu'il subit au cours de son existence sont de différents ordres (physique, émotif, intellectuel, etc.) et, dans chacun de ces ordres, ils sont infinis (par exemple, tous les états émotifs que nous subissons au cours d'une seule année). Devenir, pense Parménide, c'est donc être ce qu'on n'est pas ou ce qu'on n'était pas. Devenir c'est passer de ce que je suis à ce que je ne suis pas, c'est passer de ce que je suis à autre chose. Devenir autre ce n'est plus être identique à soi; ce n'est plus être véritablement. Devenir c'est donc ne pas être. En conclusion, la nature ne peut faire l'objet d'un véritable savoir, car le changement heurte sans cesse la raison et son principe de non-contradiction. Les êtres naturels sont donc illusoires: ils n'ont pas d'existence réelle. Tout ce qu'on peut en dire relève de l'opinion, qui varie elle-même selon la perception que tous et chacun ont des choses qui changent.

Quant à l'être au sens absolu et vrai, il ne devient pas; il est éternellement le même. Sinon, d'où naîtrait-il? Il n'a pas à naître de lui-même puisqu'il est déjà. Il ne peut sortir du non-être, car rien ne peut être engendré du néant. De plus, il ne peut être modifié par aucun attribut, car tout attribut que nous lui ajouterions serait susceptible de le corrompre en le faisant passer d'un état à un autre, puisque aucun attribut n'est éternel. L'être réel ne peut donc demeurer toujours que ce qu'il a toujours été. L'être est toujours identique à lui-même. Tout ce que nous pouvons dire de lui, c'est qu'il est. Il est alors que le non-être n'est pas.

Le tableau 2.1 récapitule ce que nous avons dit de l'être (le réel) par opposition au non-être (l'apparence).

Tableau 2.1 *L'être et le non-être*

Le réel	– L'être qui est toujours identique à lui-même (qui ne change pas)
	– L'Un
	– L'être toujours vrai
	– L'être intelligible (saisi uniquement par la raison)
	– L'être logique (qui ne se contredit jamais)
	– L'objet de la science
L'apparence	– Le multiple
	– La nature
	– Le mouvement ou devenir
	– Le monde changeant
	– Le monde sensible (perçu à l'aide de nos sens)
	– L'objet de l'opinion

Trois conséquences découlent de la réflexion de Parménide:

1. Parménide condamne le devenir. Il pense qu'un être naturel ne peut être quelque chose qui est véritablement. La nature est illusoire parce qu'elle est contradictoire.
2. Il n'admet pas la possibilité d'une science de la nature et lui substitue un savoir qui relève entièrement de l'opinion.
3. Ce que l'on peut dire de l'être, qui seul est objet de science, c'est simplement qu'il est.

La thèse dogmatique de Parménide a plongé la réflexion philosophique dans une impasse. La façon radicale avec laquelle il a usé du principe de non-contradiction a freiné l'entrain de ceux dont la recherche portait sur le monde sensible. Mais, en contrepartie, Parménide a éveillé le souci de la rigueur dans la démonstration. Après lui, les philosophes seront forcés de définir de façon plus nuancée le principe de non-contradiction, sans toutefois contrevenir aux règles de l'argumentation rationnelle.

Héraclite

Selon Héraclite, le feu est le principe d'où proviennent toutes les choses et auquel elles retournent. «Toutes choses sont convertibles en feu et le feu en toutes choses.» Héraclite croit que le feu est le principe premier parce qu'il possède les attributs de la matière la plus subtile et la moins corporelle. En cela, Héraclite est un physicien au même titre que les autres Ioniens comme Thalès ou Anaximène. Mais le feu n'appartient pas exclusivement au monde sensible. Selon Héraclite, il est identique à la Raison ou Logos divin. En cela, le feu d'Héraclite se rapproche de principes abstraits comme l'être logique de Parménide. Par ailleurs, tout comme Parménide, Héraclite aura beaucoup d'influence sur le développement ultérieur de la philosophie. Cependant, les doctrines respectives de ces deux penseurs diffèrent radicalement en ce qu'elles ont de plus essentiel. Alors que Parménide oppose l'être permanent aux êtres changeants de la réalité sensible, l'**un** au **multiple**, l'esprit à la matière, Héraclite privilégie le mouvement.

La doctrine d'Héraclite est appelée mobilisme ou dynamisme, car le feu, contrairement à l'être immuable de Parménide, ne s'oppose pas au mouvement. Le changement, c'est l'être des choses, et les choses ne sont que des moments de ce changement. Seule la quantité de la matière d'échange (dans la composition et la corruption des choses) demeure immuable par une loi de compensation universelle, mais tout dans la nature est toujours en mouvement. «Ce monde-ci, dit Héraclite, a toujours été et il est et il sera un feu toujours vivant, s'allumant avec mesure et s'éteignant avec mesure.» L'univers se maintient sans cesse entre deux mouvements (*voir la figure 2.1*).

> **UN OU UNITÉ**
> L'unité appartient à l'être qui est indécomposable en parties autres que lui-même. C'est l'être qui est toujours égal à lui-même. L'unité peut être attribuée à un élément matériel ou, plus généralement, à un être exclusivement rationnel.
>
> **MULTIPLE**
> Ce qui est multiple s'oppose à ce qui est un. Une chose est multiple lorsqu'elle est composée de parties distinctes.

Héréclite d'Éphèse. «Tout s'écoule, rien ne demeure.»

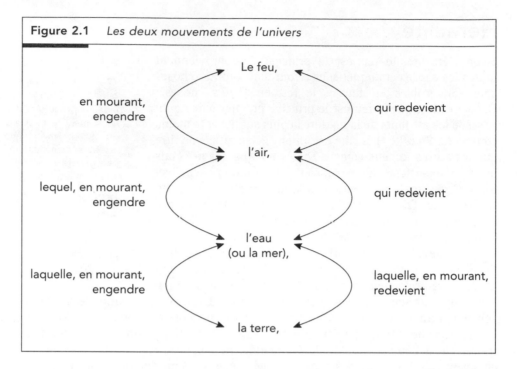

Figure 2.1   *Les deux mouvements de l'univers*

Les choses sont donc dans un état d'incessante mobilité; tout s'écoule, rien ne demeure. Selon Héraclite, «on ne plonge pas deux fois dans les mêmes eaux» et «ce n'est pas le même soleil qui se lève chaque jour». À l'immuabilité du principe (par exemple l'être de Parménide ou l'eau qui, selon Thalès, est indivisible en parties autres qu'elle-même), Héraclite substitue la loi de l'opposition et de l'harmonie entre les contraires. Tout ce qui existe n'existe que grâce aux contraires. Il y a un principe de transformation réciproque et continuelle entre les opposés; entre la vie et la mort, le jour et la nuit, le chaud et le froid. Au cours de la succession des contraires, le feu croît cependant toujours (tout devient de plus en plus feu) jusqu'à ce que toutes les choses du monde (le multiple) retournent à l'Un; c'est la conflagration universelle. Mais le feu procède aussitôt à une nouvelle formation du monde.

Ces luttes entre les contraires créent une sorte d'équilibre entre les choses, mais cet ordre harmonieux de l'univers, tout comme la paix entre les humains, n'est qu'une illusion. Cependant, au-dessus de cette relative permanence, il existe une Harmonie supérieure qui domine tout et qui veille à ce qu'aucun des contraires ne l'emporte définitivement; sinon, le mouvement et la vie cesseraient. Cette Harmonie supérieure a plusieurs dénominations: elle est Logos, Vérité, Zeus, Sagesse ou Loi. Elle est aussi le Feu primordial, immanent à toutes choses.

L'âme ou raison individuelle naît elle aussi du feu. Le but de son mouvement est d'être intégrée à la vérité universelle. L'immortalité consiste à s'élever au-dessus des contradictions du monde sensible pour se fondre, dès notre vie terrestre, dans le courant universel. Mais la multitude des hommes s'arrêtent à une connaissance des aspects éphémères de la nature, et ils n'ont aucune conscience de l'Harmonie. Selon Héraclite, «ils aiment mieux la paille que l'or».

Le problème de la vertu

De la fin du VIIIe siècle avant Jésus-Christ à la fin du VIe siècle, la Grèce a connu d'importantes transformations politiques. La colonisation des côtes de la Méditerranée, entraînant le développement de la vie urbaine et le commerce avec les étrangers, a marqué profondément les mentalités. Les Grecs ont découvert le **relativisme** culturel et ils en sont venus à contester la pertinence des mythes. Xénophane (philosophe né à Colophon, en Ionie, vers 570 avant Jésus-Christ et mort vers 475), par exemple, notera que chaque peuple a des dieux à son image: «les Éthiopiens ont des dieux noirs au nez écrasé, alors que les dieux Thraces ont les cheveux roux et les yeux bleus». De plus, la classe commerçante qui s'est enrichie revendique la formulation de lois écrites pour la protection de ses nouveaux droits. Ces bouleversements feront en sorte que la monarchie cédera la place à l'aristocratie d'abord, puis, à Athènes, à la démocratie [5]. Unique dans l'Antiquité, la démocratie grecque n'est pas sans surprendre puisque, après sa dissolution, il faudra attendre jusqu'au XVIIIe siècle de notre ère pour que d'autres nations en fassent l'expérience.

> **RELATIVISME**
> Théorie qui admet la variabilité des valeurs religieuses et morales, selon le temps et les sociétés, et parfois même selon les individus.

Le développement d'activités mercantiles et le délaissement des croyances religieuses anciennes ont provoqué chez les Grecs un besoin urgent de définir les règles d'une nouvelle conduite morale. Avant l'avènement de la philosophie, la responsabilité de l'ordre social, aussi bien que celle de l'ordre cosmique, était assurée par les rituels auxquels présidaient les rois, eux-mêmes reconnus de descendance divine. Cependant, au moment où la recherche sur la nature devient rationnelle et se sépare de la pensée religieuse et mythique, l'organisation politique de la société se sépare également de l'ordre religieux; elle devient aussi l'objet d'une activité et d'un savoir particulier. Les philosophes, dont les recherches portaient sur l'équilibre des divers éléments de la nature, étaient alors tout désignés pour proposer aux différents groupes de la cité un nouvel équilibre, une nouvelle et plus équitable répartition des droits et des biens; ce qui, par ailleurs, les a souvent contraints de fuir leur cité d'origine pour éviter des procès d'impiété.

Les premiers philosophes

Compte tenu du développement de formes politiques nouvelles, beaucoup de philosophes présocratiques ont participé de façon active à la vie publique. Ils ont contribué, par exemple, à l'établissement de lois écrites. Sur le plan éthique, ils se sont eux-mêmes distingués par une grande vertu. Certains, comme Héraclite, en renonçant aux honneurs royaux; d'autres, en partageant une partie de leurs biens matériels, comme Empédocle qui distribuait des dots; d'autres encore, en fuyant le luxe hérité de leur famille, comme Démocrite qui préféra voyager plutôt qu'accumuler des biens. Les philosophes ont, en outre, proposé de nouvelles attitudes qui

---

5. On trouvera des précisions sur ces différents régimes politiques au chapitre 3, dans la section «La démocratie athénienne».

témoignent de l'abandon d'anciennes croyances. On raconte, par exemple, que lors d'une victoire à Olympie, Empédocle, pour qui il était immoral de tuer, de sacrifier et de manger les animaux, offrit un taureau fait de farine et de miel.

L'interdiction de toute nourriture animale était également une règle que devaient respecter les pythagoriciens. La conduite de ceux-ci était déterminée par un code moral auquel ils devaient obéir de façon stricte. Dès le réveil, ils devaient régler l'emploi de leur journée et, tous les soirs, ils devaient procéder à un examen de conscience en se posant les questions suivantes: «Quel bien ai-je fait? Quelle faute ai-je commise? Ai-je oublié un devoir?».

Par ailleurs, la plupart des Présocratiques ont énoncé des **maximes** dans le but de guider la conduite de leurs concitoyens. On en a conservé de très belles, venant en particulier de Thalès et de Démocrite. Les maximes qui suivent ont été choisies dans le répertoire de Démocrite[6].

> **Maxime**
> Une maxime est une règle de conduite énoncée en une formule brève et pénétrante.

Le bien et le vrai sont identiques pour tous les hommes, mais le plaisant varie avec les hommes.

C'est une cause d'erreur que l'ignorance du meilleur.

On ne saurait posséder ni la pratique ni la théorie sans les avoir apprises.

Celui qui préfère les biens de l'âme, préfère les choses divines; celui qui préfère ceux de la chair, préfère les choses humaines.

Celui qui commet l'injustice est plus malheureux que celui qui la subit.

Ce n'est pas la crainte, mais le devoir qui doit détourner des fautes.

Seuls sont aimés des dieux ceux qui haïssent l'injustice.

L'usage intelligent des richesses est utile pour la liberté et le bien public; mais son usage insensé constitue un impôt considérable dont tout le monde pâtit.

La communauté de pensée crée la sympathie.

Une vie sans fêtes est une longue route sans auberges.

Les plaisirs les plus rares sont les plus délicieux.

Les Sept Sages

Un jour, sept hommes se sont réunis au temple d'Apollon, à Delphes, pour offrir des maximes au dieu, en guise de prémisses de leur sagesse; ils ont fait graver ces maximes à l'entrée du temple afin que tous les passants les lisent. Ces hommes étaient Thalès de Milet, Pittacos de Mytilène, Solon (instigateur de la démocratie à

---

6. Ce choix a été fait à partir de l'ouvrage *Les écoles présocratiques*, édition établie par Jean-Paul Dumont, Paris, Gallimard, coll. «Folio/Essais», 1991, chap. IV. En ce qui concerne Thalès, nous y reviendrons plus loin, car il était du nombre des Sept Sages.

Athènes), Chilon de Sparte, Périandre de Corinthe, Bias de Priène et Cléobule de Lindos; ils ont été dénommés les Sept Sages. Bien que seul Thalès soit, parmi eux, un philosophe reconnu, on peut dire qu'ils ont tous contribué à l'éducation morale des Grecs en élaborant des formules éthiques qui, par leur caractère d'universalité, ont favorisé et précisé l'idée de justice et de droit. Certaines d'entre elles, comme «Connais-toi toi-même», sont restées depuis dans la mémoire de tout l'Occident. Voici un certain nombre de ces maximes, regroupées d'après le type de vertu qu'elles visent[7].

La connaissance

«L'étude embrasse tout»; «Connais-toi toi-même»; «Il convient de savoir beaucoup, non d'ignorer»; «L'ignorance est un lourd fardeau»; «Apprends et enseigne ce qui vaut le mieux».

La justice

«C'est le propre de la vertu et le contraire de la méchanceté que de détester l'injustice»; «Considère comme un ennemi public quiconque hait le peuple»; «La démocratie est préférable à la tyrannie»; «Obéis aux lois»; «À tes concitoyens conseille non ce qui est le plus agréable, mais ce qui est le meilleur»; «Non seulement châtie les coupables, mais empêche-les de faire des fautes»; «Si tu commandes, gouverne-toi toi-même».

Ruines du site de Delphes, lieu sacré où Apollon rendait des oracles.

---

7. Ce choix de maximes est tiré de l'ouvrage *Les penseurs grecs avant Socrate; de Thalès de Milet à Prodicos*, traduction, introduction et notes de Jean Voilquin, Paris, Garnier-Flammarion, 1964, chap. 1.

L'honnêteté

«Ne mens pas, dis la vérité»; «Rends ce qu'on t'a confié»; «Ne t'enrichis pas malhonnêtement»; «Transgresse les mauvais engagements que tu as pris malgré toi»; «Il faut te regarder dans un miroir: si tu te trouves beau, agis honnêtement; si tu te trouves laid, corrige par l'honnêteté de ta conduite l'imperfection de la nature»; «Ce que tu reproches à autrui, ne le fais pas toi-même».

La juste mesure ou la modération

«Rien de trop»; «La mesure est la meilleure des choses»; «Ne fais rien avec violence»; «L'intempérance est un mal»; «Ne sois ni sot ni méchant»; «La témérité est dangereuse».

La prudence

«Sache discerner le moment favorable»; «Fais des promesses; la faute n'est pas loin»; «Garde-toi de donner à tous indistinctement ta confiance»; «Réfléchis à ce que tu fais».

L'amitié

«Aie des amis»; «Respecte tes amis»; «Souviens-toi de tes amis, qu'ils soient absents ou présents»; «Ne t'empresse pas trop d'acquérir des amis; quand tu en possèdes, ne les repousse pas après épreuve».

La piété

«Au sujet des dieux, dis qu'ils sont des dieux»; «Honore tes parents».

RÉSUMÉ SCHÉMATIQUE DE L'EXPOSÉ

Les Présocratiques

Les Présocratiques visent un savoir pour l'amour même de ce savoir. Ils sont des innovateurs dans le domaine de la pensée. La philosophie est née en Grèce autour du VIe siècle avant notre ère. Les premiers philosophes recherchent ce qui est permanent à travers le changement. Alors que certains recherchent les principes premiers de l'être au sein même de la multiplicité des êtres naturels, d'autres recherchent des principes non perceptibles au moyen des sens. Le passage du mythe à la raison s'accomplit parallèlement au passage de l'oral à l'écrit. Les mythes cosmogoniques se transforment en cosmologies.

Le problème de la nature

Les philosophes de la nature sont les précurseurs lointains de la pensée scientifique moderne. Milet est le berceau de la philosophie. Le changement suscita l'étonnement des philosophes de la nature. La matière leur est apparue comme ce qui persiste au-delà du changement.

1. Selon Thalès, l'eau est le principe premier. «Tout est plein de dieux», d'après lui, car l'eau, principe de vie, est en toutes choses. Pour Anaximandre, le principe premier est l'infini. Pour Anaximène, c'est l'air.

2. À la matière unique des Milésiens, Empédocle substitue un procédé mécanique de mélange et d'échange entre les quatre éléments fondamentaux: la terre, l'eau, le feu et l'air. L'Amitié et la Discorde sont deux forces motrices entre lesquelles évolue le monde.

3. Démocrite substitue l'atome aux éléments, comme principe de l'être des choses. Le vide, ou non-être, est cause du mouvement des atomes qui se combinent pour produire la vie. Cette doctrine mécaniste fait pressentir l'esprit de la science moderne.

Les problèmes de l'être et du vrai

1. Le pythagorisme est une secte politico-religieuse aussi bien qu'une école philosophique. Les pythagoriciens croient en la réincarnation de l'âme. Selon Pythagore, le nombre est le principe de l'être et de la connaissance des choses. Tout est nombre. Le nombre est un principe intelligible. Le nombre est une figure et une grandeur. Seul l'Un est une pure abstraction. Il existe des nombres sacrés.

2. Selon Parménide, seule l'âme peut saisir l'essence de l'être. L'âme et la raison sont identiques. La connaissance que possède l'âme est d'ordre logique et elle s'oppose à la connaissance sensible. Le point de départ du raisonnement de Parménide est le principe de non-contradiction. La nature ne peut faire l'objet d'un véritable savoir, car tout y est changeant et contradictoire. La nature est illusoire; elle est objet d'opinion. L'être ne devient pas.

Il est, alors que le non-être n'est pas. La rigueur de la démonstration de Parménide a plongé ses successeurs dans une impasse.

3. Selon Héraclite, le feu est le principe de l'origine et de l'existence des choses. Le feu est à la fois matériel et abstrait. Le feu ne s'oppose pas au mouvement. Le changement est l'être des choses. La nature est déterminée par la loi de l'opposition et de l'harmonie entre les contraires. Il existe une Harmonie supérieure qui veille à ce que subsiste un état d'équilibre dans la nature. Cette Harmonie est à la fois Logos et Feu. Le but de l'âme individuelle est d'être intégrée à la vérité universelle.

Le problème de la vertu

Le développement de nouvelles formes politiques a suscité le besoin de redéfinir la conduite morale. La séparation du mythe et de la raison s'articule autour des recherches sur la nature et sur l'organisation politique.

1. Les Présocratiques ont contribué à l'établissement de lois écrites et se sont penchés sur le problème de la vertu. La plupart d'entre eux ont énoncé des maximes dans le but de guider la conduite de leurs concitoyens.

2. Les Sept Sages ont formulé des maximes dont on retrouve la trace à l'entrée du temple de Delphes, où ils les avaient offertes à Apollon. Par leur caractère d'universalité, ces maximes ont encouragé la réflexion sur les problèmes de justice et de droit.

LECTURES SUGGÉRÉES

BRUN, Jean. *Les Présocratiques*, Paris, PUF, coll. «Que sais-je?», n° 1319, 1989.

DUMONT, Jean-Paul. *Les écoles présocratiques*, Paris, Gallimard, coll. «Folio/Essais», n° 152, 1991.

HERSCH, Jeanne. *L'étonnement philosophique; une histoire de la philosophie*, Paris, Gallimard, coll. «Folio/Essais», n° 216, 1993. Les pages 11 à 26, qui traitent de la philosophie présocratique, sont fortement recommandées à tous les débutants.

ROBIN, Léon. *La pensée grecque et les origines de l'esprit scientifique*, Paris, éd. Albin Michel, coll. «L'Évolution de l'humanité», 1973.

VOILQUIN, Jean. *Les penseurs grecs avant Socrate. De Thalès de Milet à Prodicos*, Paris, Garnier-Flammarion, 1964. Voir les pages 23 à 57, 71 à 141 et 163 à 195.

WERNER, Charles. *La philosophie grecque*, Paris, Petite bibliothèque Payot, 1966. Voir le chapitre I.

ACTIVITÉS D'APPRENTISSAGE

Le problème de la nature

1. À partir de l'exposé portant sur le problème de la nature et des Fragments et témoignages I, discernez les traits caractéristiques de la philosophie des Présocratiques. Précisez sur quels passages des fragments et témoignages vous vous basez.

Les problèmes de l'être et du vrai

2. À partir de l'exposé portant sur le problème de l'être et des Fragments et témoignages II, montrez:

   a) ce qui oppose l'être parménidien et l'être héraclitéen;

   b) ce qui oppose la science parménidienne et la science héraclitéenne.

Le problème de la vertu

3. Imaginez qu'un de vos camarades de classe a été absent le jour où votre professeur a fait un exposé sur la vertu selon les Présocratiques. Votre professeur vous demande de reprendre pour cet étudiant l'essentiel de son exposé. Écrivez une demi-page sur ce que, selon vous, il serait le plus important de lui dire.

4. Parmi les maximes des Sept Sages (*voir les pages 49-50*), choisissez-en une qui vous touche particulièrement et défendez-la à l'aide de deux arguments.

Extraits de textes

Fragments et témoignages I

Les Fragments et témoignages I sont tirés des sources suivantes:

Les écoles présocratiques, édition établie par Jean-Paul Dumont, Paris, Gallimard, coll. «Folio/Essais», 1991 et *Les penseurs grecs avant Socrate*; de *Thalès de Milet à Prodicos*, traduction, introduction et notes de Jean Voilquin, Paris, Garnier-Flammarion, 1964.

Thalès de Milet

«Des propos abondants ne sont jamais la preuve
D'un jugement sensé.
Ne cherche qu'un objet: le savoir,
Et ne fais qu'un seul choix: ce qui est estimable.
Ainsi tu couperas la langue à ces bavards
Qui se noient en un flot infini de discours.» (Diogène Laërce)

«Quant aux célèbres quatre éléments, dont nous disons que le premier est l'eau, que nous posons en quelque sorte en élément unique, ils se mélangent mutuellement par combinaison, solidification et composition des choses du monde.» (Galien)

Anaximandre

«[...] l'Illimité (l'Infini) est le principe des choses qui sont [...]. Ce dont la génération procède pour les choses qui sont, est aussi ce vers quoi elles retournent sous l'effet de la corruption, selon la nécessité; car elles se rendent mutuellement justice et réparent leurs injustices selon l'ordre du temps.» (Simplicius)

Anaximène

Anaximène de Milet, fils d'Eurystratos, qui fut ami d'Anaximandre, reconnaît, lui aussi, comme son maître, une seule matière indéfinie, comme substratum; mais, au lieu de la laisser indéterminée, comme Anaximandre, il la détermine en disant que c'est l'air. Elle diffère d'après lui d'une substance à l'autre par le degré de dilatation ou de condensation; ainsi, devenant plus subtile, elle forme le feu; en se condensant, au contraire, elle forme le vent, puis la nuée, à un degré plus loin, l'eau, puis la terre et les pierres; les autres choses proviennent des précédentes. Il admet aussi le mouvement éternel comme amenant la transformation. (Simplicius)

Empédocle

[Empédocle] porte au nombre de quatre les éléments corporels: le feu, l'eau, l'air et la terre, qui sont éternels, mais changent en quantité, c'est-à-dire en plus et en moins, conformément à l'association et à la dissociation; à ceux-ci s'ajoutent les principes proprement dits, par lesquels les quatre éléments sont mus: Amitié et Haine. Il faut en effet que les éléments ne cessent de se mouvoir alternativement, tantôt s'associant par l'action de l'Amitié, tantôt dissociés par la Haine. Par conséquent, il admet six principes. Et, en effet, il confère une puissance efficiente à la Haine et à l'Amitié, quand il dit:

«Tantôt de par l'Amour ensemble ils constituent
Une unique ordonnance. Tantôt chacun d'entre eux
Se trouve séparé par la Haine ennemie.» (Simplicius)

«Sous la domination de la Haine, les choses
Sont toutes séparées et distinctes de formes,
Mais sous l'effet d'Amour ensemble elles concourent,
Animées du désir partagé d'être ensemble.
Car c'est des éléments que sortent toutes choses,
Tout ce qui a été, qui est et qui sera:
C'est d'eux que les arbres ont surgi, et les hommes
Et les femmes, et les bêtes, et les oiseaux,
Et dans l'eau les poissons, et les dieux qui jouissent
De la longévité et des plus hauts honneurs.
Ils sont donc les seuls à avoir l'être, et dans leur course,
Par échanges mutuels, ils deviennent ceci
Ou cela; tant est grand le changement produit
Par l'effet du mélange.» (Simplicius)

DÉMOCRITE

Démocrite déclare qu'aucun des éléments n'est engendré par un autre élément; c'est au contraire le corps commun (le plein) qui est le principe de toutes choses, et celui-ci diffère dans ses parties (les atomes) en grandeur et en figure. (Aristote)

Démocrite d'Abdère posait comme principe le plein et le vide, appelant *être* le premier et *non-être* le second; étant donné qu'il formait l'hypothèse que les atomes sont la matière dont sont formés les objets, il considérait que le reste des choses est engendré par leurs différences. (Simplicius)

Certains ont supposé que nous étions arrivés à la notion de dieux à partir des événements merveilleux qu'on rencontre dans le monde, et telle paraît être la thèse de Démocrite: «Lorsque, dit-il, les Anciens virent les événements dont le ciel est le théâtre, comme le tonnerre, les éclairs, la foudre, les conjonctions d'astres ou les éclipses de Soleil et de Lune, leur terreur leur fit penser que des dieux en étaient les auteurs.» (Sextus Empiricus)

FRAGMENTS ET TÉMOIGNAGES II

Les Fragments et témoignages II sont tirés des sources suivantes:
Extraits de J. Beaufret, *Le poème de Parménide*, Paris, PUF,
coll. «Épiméthée», 1955, p. 79, 83, 85 et 87.

EXTRAITS DU POÈME DE PARMÉNIDE

Eh bien donc je vais parler — toi, écoute mes paroles et retiens-les — je vais te dire quelles sont les deux seules voies de recherche à concevoir: la première — comment il est et qu'il n'est pas possible qu'il ne soit pas — est le chemin auquel se fier — car il suit la Vérité —. La seconde, à savoir qu'il n'est pas et que le non-être est nécessaire, cette voie, je te le dis n'est qu'un sentier où ne se trouve absolument rien à quoi se fier. Car on ne peut ni connaître ce qui n'est pas — il n'y a pas là d'issue possible — ni l'énoncer en une parole.

Le même, lui, est à la fois penser et être.

On n'arrivera jamais à plier l'être à la diversité de ce qui n'est pas; écarte donc ta pensée de cette voie de recherche, et que l'habitude à la riche expérience ne t'entraîne pas de force sur cette voie: celle où s'évertuent un œil pour ne pas voir, une oreille remplie de bruit, une langue, mais, d'entendement, décide de la thèse sans cesse controversée que te révèle ma parole.

Il ne reste donc plus qu'une seule voie dont on puisse parler, à savoir qu'il est; et sur cette voie, il y a des signes en grand nombre indiquant qu'inengendré, il est aussi impérissable

[...]

Il n'est pas non plus divisible, puisqu'il est tout entier identique. Et aucun plus ici ne peut advenir, ce qui empêcherait sa cohésion, ni aucun moins, mais tout entier il est plein d'être. Aussi est-il tout entier d'un seul tenant; car l'être est contigu à l'être.

[...]

Or c'est le même, penser et ce à dessein de quoi il y a pensée. Car jamais sans l'être où il est devenu parole, tu ne trouveras le penser; car rien d'autre n'était, n'est ni ne sera à côté et en dehors de l'être, puisque le Destin l'a enchaîné de façon qu'il soit d'un seul tenant et immobile [...]

HÉRACLITE [1]

Le Tout est divisé indivisé
engendré inengendré
mortel immortel. (Hippolyte)

Toutes choses sont convertibles en feu
et le feu en toutes choses
Tout comme les marchandises en or
et l'or en marchandises. (Plutarque)

La route, montante descendante
Une et même. (Hippolyte)

Le feu est doué de conscience et cause de
l'ordonnance de toutes choses. (Hippolyte)

Aussi il faut suivre ce qui est à tous car
à tous est le commun (l'universel)
Mais bien que le Logos soit commun
La plupart vivent comme avec une pensée en propre. (Sextus Empiricus)

Ceux qui parlent avec intelligence
il faut qu'ils s'appuient sur ce qui est
commun à tous

de même que sur la loi une cité
et beaucoup plus fortement encore
Car toutes les lois humaines
se nourrissent
d'une seule loi, la loi divine,
car elle commande autant qu'elle veut
elle suffit pour tous
et les dépasse. (Stobée)

Dieu est
jour-nuit, hiver-été
guerre-paix, richesse-famine
(tous contraires: l'intellect [le Logos] est
cela). (Hippolyte)

L'opposé est utile, et des choses différentes naît la plus belle harmonie et toutes choses sont engendrées par la discorde. (Aristote)

Car on ne peut entrer deux fois dans le même fleuve. (Plutarque)

---

1. Les fragments d'Héraclite sont tirés de l'ouvrage *Les écoles présocratiques*, édition établie par Jean-Paul Dumont, Paris, Gallimard, coll. «Folio/Essais», 1991, p. 67, 77, 80-81, 86-87, 91-92.

CHAPITRE 3

Les
Sophistes

La démocratie athénienne

PÉRICLÈS est un homme politique qui a vécu de 495 à 429 avant Jésus-Christ. De l'an 443 à l'an 429, il a été réélu quinze fois stratège (magistrat chargé de toutes les questions militaires) par les citoyens d'Athènes. Même s'il partageait ce titre avec neuf autres citoyens, dans les faits, Périclès a été le chef de la démocratie athénienne. Grâce à lui, Athènes devint prestigieuse sur le plan des arts et des lettres.

La Grèce étant un pays naturellement morcelé par sa structure montagneuse, les habitants de chacune des plaines partageaient une administration et des cultes religieux particuliers. Chaque CITÉ-ÉTAT possédait une agora (place où se tiennent les assemblées politiques), un marché et une acropole ou citadelle.

Bien que les Sophistes, tout comme les grands philosophes avec lesquels nous ferons connaissance dans les prochains chapitres, ne soient pas tous originaires d'Athènes, c'est là que chacun venait partager son point de vue concernant les questions philosophiques et politiques de l'époque. À partir de PÉRICLÈS principalement, Athènes devint, en effet, le centre par excellence de l'activité culturelle et philosophique. La constitution d'Athènes offrait la possibilité d'une telle distinction. De l'an 508 à l'an 338 avant Jésus-Christ, Athènes fit l'expérience d'un régime **démocratique** dans lequel les citoyens jouissaient d'une totale liberté de penser et de s'exprimer.

Démocratique

Un régime est *démo*cratique lorsque le gouvernement est régi par le peuple (du grec *dêmos*).

Monarchique

Un régime est mon*archique* lorsque le gouvernement est régi par un seul (du grec *mónos*) chef. La monarchie est dite tyrannique lorsque le roi ne respecte pas le bien commun et qu'il gouverne (du grec *árkhein*) dans son unique intérêt.

Jusqu'à la fin du VIIIᵉ siècle avant Jésus-Christ, le régime politique athénien, comme celui de toutes les autres CITÉS-ÉTATS de la Grèce, avait consisté en un régime **monarchique** telles les royautés décrites par Homère dans ses épopées. Mais, lentement, les riches propriétaires qui formaient le Conseil du roi s'acca-

L'Acropole, forteresse et sanctuaire d'Athènes.

parèrent du pouvoir de ce dernier et formèrent un régime **aristocratique**, ne laissant provisoirement au roi que les fonctions religieuses. Cependant, l'aristocratie allait elle-même devoir modifier ses vues sous les pressions de la classe commerçante qui, s'étant enrichie, se mit à la tête du peuple et forma un parti qui exigea la formulation de lois écrites, égales pour tous. Ces bouleversements entraînèrent la création de régimes plus modérés où les moins nantis se libéraient petit à petit de la tyrannie des plus puissants; à Athènes, ces changements aboutirent à l'instauration de la démocratie. Mais la démocratie athénienne prit fin à la suite de l'assujettissement de la Grèce par l'empire de Philippe de Macédoine. Le tableau 3.1 récapitule les faits historiques les plus importants ayant eu lieu sous le régime démocratique.

Tableau 3.1 Faits historiques sous le régime démocratique

De 508 à 338	Démocratie athénienne
De 499 à 479	Guerres médiques; la victoire finale des Grecs sur les Perses a pour conséquence la confédération des cités grecques qu'Athènes subjugue et entraîne bientôt dans son empire
De 480 à 430	Époque surnommée le «Siècle de Périclès»
De 431 à 404	Guerre du Péloponnèse (Athènes contre Sparte)
411	Brève oligarchie dite des «Quatre cents»
De 404 à 403	Brève oligarchie des «Trente tyrans»
338	Fin de la démocratie; victoire de Philippe de Macédoine sur la Grèce
336	Règne d'Alexandre le Grand (fils de Philippe)
146	La Grèce devient une province romaine

Solon (v. 640 – v. 558) fut le premier haut fonctionnaire à répondre de façon significative aux revendications du peuple athénien; c'est pourquoi on le surnomme le «père de la démocratie». Parmi les principales modifications qu'il apporta à la constitution d'Athènes, on compte l'abolition des dettes imposées par les riches propriétaires terriens aux paysans — ces derniers purent dès lors devenir possesseurs des terres sur lesquelles ils travaillaient —, la libération des esclaves et la substitution de l'aristocratie de fortune (ou ploutocratie) à l'aristocratie de naissance. Cette dernière modification ouvrait la voie à la démocratie, car tout CITOYEN ayant désormais le droit de s'enrichir, une certaine flexibilité s'installait parmi les différentes couches sociales de la cité. Les charges publiques n'allaient plus être l'affaire exclusive des nobles de sang.

Le statut de CITOYEN n'était pas accordé à tous. La Grèce a toujours connu des esclaves qui ne comptaient pas au nombre des citoyens. À l'apogée d'Athènes, qui compte 300 000 habitants, les esclaves sont au moins trois fois plus nombreux que les personnes libres. Par ailleurs, parmi les 30 000 à 40 000 personnes libres (celles qui peuvent voter et participer à l'administration de la Cité), nous devons exclure les femmes, les enfants qui ont moins de 18 ans et les métèques (étrangers domiciliés à Athènes).

Solon, *réformateur athénien*, d'après une représentation de l'École flamande.

Au sujet de l'esclavage, la majorité des auteurs de l'Antiquité partageaient une conception voulant que l'inégalité entre esclaves et citoyens de droit soit fondée en nature. Cependant, il y avait désaccord concernant la pratique d'asservir d'autres Grecs. Il existait deux catégories d'esclaves. La première, la plus importante, comprenait des esclaves non grecs qu'on avait fait prisonniers à la suite de guerres. La seconde était constituée de Grecs nés de parents esclaves ou asservis à la suite de dettes non remboursées. La réforme de Solon touchait cette seconde catégorie d'esclaves. Quant aux Barbares (les non-Grecs), personne ne voyait en leur asservissement un fait choquant, d'autant plus qu'à Athènes, ils étaient généralement bien traités. Par ailleurs, il convient de souligner que la pratique de la démocratie athénienne n'était possible que dans la mesure où l'esclavage permettait aux citoyens de bénéficier de tout leur temps pour participer aux activités politiques et se livrer aux loisirs. Bien que cela nous semble aujourd'hui inacceptable, il ne faut pas oublier que l'existence de l'esclavage fondé sur une supposée différence de nature n'est pas un fait si loin de nous historiquement. Aux États-Unis, par exemple, l'esclavage ne prit fin qu'en 1865 à la suite de la guerre de Sécession. En outre, le sentiment d'infériorité raciale persiste, on le sait, au-delà de l'esclavage.

Malgré la réforme de Solon (594), il faudra attendre jusqu'en 508, au moment de l'application du système décimal de Clisthène, pour qu'un réel régime démocratique voie le jour. Dans le but de supprimer les privilèges des aristocrates, Clisthène répartit le territoire d'Athènes en 10 tribus où se trouvaient rassemblés pêle-mêle les citoyens de différentes souches socio-économiques. Les membres du gouvernement de la cité étaient alors sélectionnés dans les tribus sans distinction de classe ou de profession. Le gouvernement était formé de 10 stratèges ou généraux (un par tribu) élus annuellement par voie de scrutin, et de 500 conseillers (50 par tribu) tirés au sort; les conseillers de chaque tribu siégeaient au **Prytanée** pendant un dizième de l'année administrative. Par ailleurs, un tribunal populaire composé de 5000 juges (500 par tribu) tirés au sort rendait la justice. Le tirage au sort permettait à tout citoyen d'être tour à tour

Prytanée

Le Prytanée est l'édifice public où logent et siègent à tour de rôle les 10 groupes de conseillers ayant le droit de préséance au sénat. C'est là aussi que l'on rend un culte à l'État, auquel seuls les citoyens sont admis.

gouvernant et gouverné. Cela limitait les intrigues ainsi que le pouvoir des individus ayant une trop grande influence. Dans le même but, Clisthène institua l'ostracisme, qui consistait à expulser de la cité tout citoyen qui, devenu trop influent, risquait de faire basculer la démocratie du côté de la tyrannie.

L'Assemblée du peuple devenait souveraine dans toutes les affaires publiques. Elle nommait et surveillait les magistrats, votait toutes les lois élaborées par le Conseil, administrait la justice. Le peuple possédait ainsi tous les pouvoirs directement. En ce sens, la démocratie athénienne diffère de nos démocraties modernes où des représentants sont élus pour exercer le pouvoir à la place du peuple. Dans la démocratie athénienne, les libertés individuelles étaient liées de façon indissociable aux devoirs que chacun avait à remplir envers ses concitoyens. Au XVIIIe siècle de notre ère, Jean-Jacques Rousseau (philosophe de langue française né à Genève en 1712 et mort en 1778) rêvera d'un système de démocratie directe semblable à celui des Athéniens. Cependant, l'étendue des États modernes empêche qu'un tel souhait soit réalisable.

À Athènes, seules les lois avaient désormais un statut supérieur à celui de citoyen. Les Athéniens méprisaient le fait qu'on puisse se prosterner devant un maître autre que la loi. Qu'ils soient pauvres ou riches, les citoyens partageaient tous les mêmes droits. Cependant, s'il y avait égalité devant la loi, les classes sociales subsistaient. Pour remédier à la situation, on établit des mesures visant à adoucir les trop grandes différences de richesse. Par exemple, tous pouvaient participer aux assemblées, aux fêtes populaires et aux cultes religieux, mais on imposait des frais aux riches exclusivement.

Les Athéniens valorisaient au-delà de tout la suprématie du principe de liberté. Cela se faisait sentir surtout dans l'importance qu'ils accordaient aux dialogues et aux discours tenus devant l'Assemblée du peuple. On y pratiquait une grande tolérance à l'égard des opinions d'autrui. Bref, les décisions politiques étaient prises à la suite de discussions publiques au cours desquelles tout citoyen pouvait suggérer les avis qu'il jugeait bons pour la cité et tous les points de vue étaient confrontés librement.

Ce contexte était bien entendu idéal pour les SOPHISTES, qui étaient des maîtres dans l'art de parler. Les Sophistes, qui avaient pour coutume de se déplacer de cité en cité, étaient en demande à Athènes plus que partout ailleurs. Contre rémunération, ils enseignaient aux jeunes gens riches à faire de beaux discours capables de persuader la foule et d'influencer la majorité des votes.

Bien que la démocratie eût alors des avantages réels, à l'époque qui suivit le règne de Périclès, elle suscita de vives controverses qui ont pris leur plus nette expression dans un débat confrontant les Sophistes à Socrate et à Platon. Ces derniers déploraient le fait que la scène politique soit passée entre les mains des beaux parleurs.

Socrate et Platon pensent que les Sophistes ne sont ni des sages ni des pédagogues comme ils le prétendent; ils ne sont que des démagogues, c'est-à-dire des flatteurs ne cherchant qu'à se rendre agréables aux yeux de la foule. Ils utilisent leur éloquence et leur connaissance de la psychologie de groupe pour soulever l'enthousiasme populaire et faire valoir des intérêts personnels. Qui plus est, l'aveuglement du peuple, lequel se laisse emporter facilement par ses passions, conduit lentement, selon Platon, vers l'anarchie politique. Les lois se font et se défont au rythme des besoins immédiats. Le peuple s'affaire à émettre des décrets qui souvent vont

Les SOPHISTES sont des enseignants professionnels de tout ordre de connaissances. Les Sophistes les plus connus sont Protagoras, Gorgias, Hippias, Thrasymaque et Antiphon (voir le chapitre 1, p. 3).

à l'encontre des lois. Dans *La République*, Platon proposera le modèle d'une cité idéale pour remédier au désordre démocratique. Selon lui, le fait que n'importe quel citoyen soit tour à tour gouvernant et gouverné est la cause principale de l'injustice et de tous les vices qui se sont fixés dans le cœur des Athéniens. On a aussi reproché à Socrate, lors du procès qui le conduisit à la condamnation à mort, cette protestation contre l'incompétence des administrateurs et des juges sans formation. À ce sujet, l'historien Xénophon, dans les *Mémorables*, nous rapporte ce qui suit:

> Mais, par Zeus, dit son accusateur, Socrate poussait ses disciples à mépriser les lois en vigueur: il disait qu'il était insensé de désigner par une fève les gouvernants de la cité, alors que personne ne consentirait à employer un pilote, un architecte ou un joueur de flûte désigné par le sort, non plus que pour toute activité analogue, où les fautes ont pourtant un effet bien moins grave que lorsqu'il s'agit de l'État.

Les accusations de Socrate et de Platon contre les Sophistes sont-elles justifiées? Les pages qui suivent nous permettront d'en décider. Cependant, si, concernant les Sophistes eux-mêmes, ces accusations sont peut-être exagérées, il est incontestable que certains de leurs élèves, qui étaient riches et ambitieux, ont profité de leurs leçons pour entraîner la foule dans des décisions extravagantes et dans un certain amoralisme. Par exemple, en 406, lors de la victoire des Athéniens aux îles Arginuses, les généraux vainqueurs ont été condamnés en bloc pour ne pas avoir rapporté les dépouilles des morts, alors qu'il faisait tempête. Le lendemain, les Athéniens pleuraient sur le sort de ces mêmes généraux.

La démocratie qui, à ses débuts, réunissait les fins de l'individu et celles de l'État, a perdu peu à peu de son essence en encourageant l'individu à se retourner contre l'État.

Le problème de l'être

Les Sophistes se consacrent surtout à la formation de bons orateurs et de bons politiciens. Leur enseignement ne consiste pas tant en la transmission d'un savoir théorique qu'à celle d'une habileté dont a besoin celui qui vise la réussite dans le domaine public. Néanmoins, certains d'entre eux, les «grands Sophistes», ont démontré la légitimité de leur pratique en lui donnant des assises ontologiques. À cette fin, ils se devaient de prendre position vis-à-vis de leurs prédécesseurs. C'est de cela que nous traiterons d'abord dans la présente section. Ensuite, nous nous intéresserons à la pensée du sophiste le plus célèbre, Protagoras.

Les conséquences des pensées parménidienne et héraclitéenne sur la pensée des Sophistes

La séparation radicale que Parménide a établie entre le monde intelligible et le monde sensible, entre l'être et le non-être, a forcé tous ceux qui se préoccupaient de philosophie, dont les Sophistes, soit à trancher en faveur de l'un ou l'autre élément de l'alternative, soit à tenter une réconciliation entre ces deux extrêmes (ce sera le cas pour Platon et pour Aristote). S'appuyant sur le sens commun, les Sophistes ont d'abord réagi face au discrédit que Parménide a jeté sur les êtres sensibles lorsqu'il déclara que ces derniers n'étaient que non-être[1]. Mettant l'argumentation de Parménide sens dessus dessous, les Sophistes optent pour l'univers sensible plutôt que pour l'existence d'un être permanent toujours identique à lui-même. Selon eux, il n'existe pas de réalité supérieure à celle des êtres changeants de la nature. Toutefois, et contrairement à ce que l'on pourrait s'attendre, les Sophistes n'ont pas cherché à prouver l'existence réelle et objective des êtres sensibles. Puisque Parménide disait que le monde sensible n'était fait que d'apparences et que, par conséquent, il excluait la possibilité d'une science de la nature, les Sophistes ont délaissé cette dernière et ils ont élaboré un **humanisme**; leur recherche porte non sur l'objet de la connaissance, c'est-à-dire les êtres de la nature, mais sur le sujet connaissant, c'est-à-dire l'homme. S'il n'existe rien au-delà de la nature et si celle-ci n'offre rien de stable à la connaissance, pourquoi, en effet, ne pas s'intéresser aux habiletés de l'homme qui, par la parole, a le pouvoir d'agir sur les choses? Les Sophistes se consacrent donc au perfectionnement du langage, visant ainsi à insérer un ordre logique dans le monde d'apparences au sein duquel nous vivons. Ce qui apparaît aux sens sera jugé réel et vrai en autant que le discours organise de façon cohérente ce que l'homme perçoit.

> **HUMANISME**
> Doctrine qui subordonne la vérité à l'esprit humain et à l'expérience. L'homme devient le juge exclusif de la réalité. Dans le domaine des choses humaines, l'humanisme privilégie la croyance au salut de l'homme au moyen des seules forces humaines.

Par ailleurs, si le réel et le vrai ne sont que des effets du langage et de ce qui apparaît aux sens, pour les Sophistes, il n'y a pas de contradiction à dire que l'être peut différer d'un individu à l'autre et, qui plus est, chez le même individu dans le temps. Par exemple, beaucoup de choses peuvent apparaître agréables aux uns et désagréables aux autres sans que ni les uns ni les autres ne soient dans l'erreur. Puisqu'il n'y a aucune vérité absolue et que tout n'est qu'apparence, toutes les opinions ont une valeur égale, toutes sont aussi vraies les unes que les autres.

Cette conception s'appuie sur la thèse héraclitéenne du mobilisme universel[2]: tout ce qui existe se meut et change constamment; l'être n'est pas ce qui est toujours identique, mais de lui émergent les contraires. Les Sophistes, ayant délaissé la philosophie de la nature et s'étant préoccupés davantage de l'action, ont transposé ce principe d'Héraclite dans le domaine des choses humaines (domaine dont s'occupe la philosophie pratique). Pour eux, aucun bien ne peut être reconnu pour vrai de façon définitive. L'idée que l'on se fait du bien ne dépend en aucune manière d'un modèle unique et absolu. La réalité humaine est livrée à un débat d'opinions dont aucune n'est essentiellement plus vraie que les autres.

---

1. Voir dans le chapitre 2 la section intitulée «Parménide», p. 42 à 44.
2. Voir dans le chapitre 2 la section intitulée «Héraclite», p. 45 à 46.

L'homme-mesure de Protagoras

Protagoras est né vers 490 avant notre ère et il est mort vers 420. Bien qu'originaire d'Abdère, en Thrace, il a visité plusieurs fois Athènes où il faisait des discours et où, à la fin de sa vie, il a été jugé, puis banni pour l'impiété de ses affirmations sur les dieux. Protagoras a été le premier des Sophistes professionnels à initier les Grecs à la vie publique. Il est devenu aussi le plus célèbre d'entre eux grâce à ses traités où il proclame, par opposition à l'absolu radical de Parménide, un relativisme et un **subjectivisme** radicaux.

> **SUBJECTIVISME**
> Théorie qui rattache l'existence et la valeur des choses à la conscience et à l'assentiment individuels sans tenir compte des qualités objectives des choses.

> **AGNOSTIQUE**
> Relatif à l'agnosticisme, doctrine qui considère qu'il est inutile de se préoccuper de métaphysique et de théologie, car leur objet est inconnaissable. L'agnosticisme diffère de l'athéisme qui nie l'existence même de Dieu.

Le fondement théorique de toutes les affirmations de Protagoras réside dans la phrase d'ouverture de son ouvrage *La Vérité*: «L'homme est la mesure de toutes choses: de celles qui sont, de leur existence, et de celles qui ne sont pas, de leur non-existence[3].» Ce que veut dire Protagoras, c'est que l'humain est le seul être capable d'instaurer un ordre stable au sein de la réalité fuyante des apparences; qu'il a le pouvoir d'orienter de façon signifiante le monde humain à travers le chaos originel des opinions fluctuantes et contradictoires. Car, au-delà de la raison humaine qui, au moyen du langage, ordonne le monde des apparences perçues par les sens, il n'existe aucune réalité permanente et objective. Toute propriété que l'on attribue aux choses n'existe qu'en fonction de ce que l'individu perçoit et croit. L'être humain fait le réel.

Par ailleurs, si chacun juge de la réalité selon des critères purement subjectifs et si ce qui apparaît à chacun existe réellement, c'est donc dire que la réalité est pour chacun différente. Ce qui, pour chacun, apparaît, est. Cela explique la primauté que les Sophistes accordent au langage. Étant donné que les choses apparaissent à chaque individu sous un jour différent, c'est uniquement au moyen de discours persuasifs que les sages peuvent faire adopter l'opinion qu'ils jugent être la plus utile pour l'ensemble de la communauté politique. Le Sophiste est donc celui qui influence les foules et oriente la vie commune en proposant le choix qui lui apparaît le meilleur. Sans cela, la cité tomberait dans le désordre et la lutte perpétuelle puisque, en dehors de l'opinion, il n'existe aucune raison supérieure. En ce sens, Protagoras est **agnostique**; il refuse de faire intervenir les dieux dans toute discussion portant sur la réalité humaine, car, dit-il, «Touchant les dieux, je ne suis pas en mesure de savoir ni s'ils existent, ni s'ils n'existent pas, pas plus que ce qu'ils sont quant à leur aspect. Trop de choses nous empêchent de le savoir: leur insensibilité [leur imperceptibilité] et la brièveté de la vie humaine[4]».

---

3. Cette phrase est rapportée par Platon dans le *Théétète*, 152a. La traduction présente se retrouve dans Jean-Paul Dumont, *Les écoles présocratiques*, Paris, Gallimard, coll. «Folio/Essais», n° 152, 1991, p. 678.

4. Fragment du traité *Sur les dieux* de Protagoras dans Jean-Paul Dumont, *op. cit.*, p. 680.

Le problème du vrai

Les Sophistes ont posé qu'il n'existe pas de réalité supérieure à celle des êtres changeants de la nature. Rien n'est stable; tout n'est qu'apparence. Comment alors peut-on avoir accès à une connaissance véritable? Qu'est-ce qu'un savoir vrai? La vérité et l'opinion diffèrent-elles? En nous inspirant de la pensée du Sophiste Gorgias, nous répondrons à ces questions dans la sous-section suivante. Nous obtiendrons en même temps une explication des pratiques et de l'enseignement des Sophistes. Les deuxième et troisième sous-sections porteront respectivement sur une description de l'art des Sophistes et sur les types de raisonnements qu'ils ont développés.

Le scepticisme de Gorgias

Gorgias est né à Léontini, en Sicile, vers l'an 490 avant notre ère. Il serait mort vers l'âge de 105 ans. Comme les autres Sophistes, il se déplaçait de cité en cité où il faisait des discours publics et donnait des leçons particulières en échange d'honoraires. Le style particulier de Gorgias et son éloquence ont créé une si grande impression sur ses auditeurs que parler comme lui, ou «gorgianiser», était devenu une mode.

Gorgias, tout comme PROTAGORAS, croit qu'il n'existe aucune réalité supérieure au monde de l'expérience, où s'affrontent perpétuellement les contraires. Pour lui, rien n'existe en dehors des apparences qui, par ailleurs, ne sont valables que pour l'individu qui les perçoit. Dans son traité intitulé *Sur le non-être ou sur la Nature*, Gorgias oppose trois principes à la thèse de Parménide selon laquelle seul l'être qui est toujours identique à lui-même existe, alors que les êtres changeants du monde sensible ne sont pas:

PROTAGORAS, l'initiateur du mouvement sophistique, est contemporain de Gorgias.

1. *Rien n'existe*. L'être et le non-être ne sont pas.

   Le non-être n'est pas. Si le non-être est le non-être, alors il est. Or, une même chose ne peut être et ne pas être à la fois. Donc le non-être n'existe pas.

   L'être n'est pas. Si l'être existe, il est soit éternel, soit dérivé (engendré), soit les deux à la fois. S'il n'est aucun des trois, il n'est pas.

   Si l'être est éternel, il n'a pas de commencement; s'il n'a pas de commencement, il est infini. Or, s'il est infini, il n'est nulle part. En effet, s'il est quelque part, ce quelque part est différent de lui, et alors il n'est pas infini (puisqu'il existe quelque chose d'autre que lui). Et, s'il n'est nulle part, il n'existe pas, donc il n'est pas éternel.

   Si l'être est dérivé (créé par autre chose que lui-même), il vient soit de l'être soit du non-être. Or, s'il vient de l'être, il existait déjà, donc il n'est pas dérivé. Et il est impossible qu'il vienne du non-être, puisque pour engendrer il faut d'abord exister. Donc l'être n'est pas dérivé.

   L'être ne peut être à la fois dérivé et non dérivé puisque cela est contradictoire. Ainsi, il n'est pas dérivé ni non dérivé ni les deux à la fois, donc il n'existe pas.

2. *Même si quelque chose existe, ce quelque chose serait inconnaissable.* La raison serait impuissante à le saisir.

Nous pouvons penser des choses qui ne sont pas. Ce n'est pas, en effet, parce que nous nous représentons un homme volant ou des chars roulant sur la mer que de telles choses existent réellement. Si donc il nous arrive parfois de nous représenter ce qui n'existe pas, nous n'avons aucun moyen de le distinguer de ce qui existe puisque notre pensée porte aussi bien sur l'être que sur le non-être. Nous sommes donc impuissants à connaître l'être.

3. *Même si l'être était connaissable, nous ne pourrions le communiquer à autrui.* S'il était possible, au moyen du langage, de rendre clair aux auditeurs la vérité sur la réalité, il n'y aurait jamais de conflits puisque le jugement de tous et chacun suivrait inévitablement ce qui a été dit. Mais il ne peut en être ainsi, car la parole, différant des sens (l'ouïe, la vue, etc.) par lesquels nous percevons les objets extérieurs, traduit difficilement le contenu de nos perceptions. Quand nous communiquons, nous livrons des mots, mais ceux-ci ne sont pas la même chose que ce que nous avons vu ou entendu. Entre les deux, discours et chose perçue, il n'y a pas de lien déterminé. De plus, puisque l'auditeur est différent de l'orateur, il n'est pas nécessaire qu'une chose lui apparaisse exactement telle qu'on lui en parle. La vérité étant donc impossible à atteindre, le **scepticisme** est la seule attitude à adopter quant à la nature de l'être.

> **SCEPTICISME**
> Doctrine qui consiste à suspendre son jugement parce que l'esprit humain est inapte à atteindre une vérité certaine d'ordre général.

En fait, pour les Sophistes, il n'y a pas de séparation entre vérité et opinion. La vérité est elle-même changeante. Il n'y a rien de vrai éternellement. Les perpétuelles contradictions des apparences sur lesquelles chacun fonde ses opinions constituent le principe même de la réalité. L'opinion transmet la réalité, car il y a autant de vérités que de croyances ou de choix faits par les humains. Aucun recours à des normes générales et supérieures aux opinions individuelles n'est possible. La vérité est relative à l'individu. La valeur de l'être ne dépend donc pas de sa persistance dans le temps. Bien au contraire, selon Gorgias, le meilleur peut être de très courte durée; il dépend d'un choix fait au moment opportun. C'est pourquoi Gorgias accordait énormément d'importance au pouvoir de persuasion, comptant sur le fait que l'opinion peut être transformée. Les Sophistes, qui étaient des maîtres du langage et de la persuasion, savaient faire en sorte que, dans une situation donnée, tel aspect de la réalité apparaisse non plus vrai, mais plus avantageux que tous les autres. Les jeunes hommes qui voulaient se consacrer à la vie politique étaient donc prêts à payer des sommes importantes pour acquérir ce savoir.

Rhétorique et persuasion

La pratique de la démocratie athénienne offrait l'occasion idéale aux Sophistes de mettre à profit leur savoir. Le propre d'un régime démocratique est, en effet, de laisser libre cours à l'expression des opinions contradictoires jusqu'à ce qu'un consensus se forme autour de la décision jugée la plus avantageuse pour l'ensemble des citoyens. On peut par ailleurs toujours s'opposer à cette décision, la modifier ou la renverser. Or, les Sophistes enseignaient la rhétorique, c'est-à-dire l'art de faire des discours persuasifs en public, ou art du *lógos*. Ils visaient ainsi à former d'habiles orateurs et d'habiles politiciens. L'enseignement de la rhétorique que donnaient les Sophistes recouvrait à la fois l'art du raisonnement, l'usage correct du langage (comprenant l'étude de la grammaire et de l'étymologie), l'éloquence et la critique de la poésie.

Partant du principe que tout est relatif à l'être humain et qu'il n'y a pas de vérité absolue qui permette de trancher à coup sûr dans les situations politiques ou judiciaires concrètes, Protagoras disait que, pour toutes choses, il existe deux discours opposés qui se valent l'un l'autre. L'enseignement de la rhétorique incluait par conséquent des exercices d'argumentation où les élèves devaient louer et blâmer chacun des deux aspects d'un même problème. Par exemple, il fallait dire que posséder beaucoup d'argent est un grand bien parce que cela permet d'acquérir tout ce que l'on veut, et dire qu'avoir beaucoup d'argent est un malheur parce que cela nous fait oublier ce qui est essentiel. Ou il fallait dire qu'un instant de bonheur vaut mieux que 10 années de monotonie, et dire que 10 années de santé valent mieux qu'un instant de folie. Par la maîtrise de cette technique dite du discours double, les élèves des Sophistes acquéraient l'habileté nécessaire pour vaincre tout contradicteur éventuel. Puisque toutes les sensations et toutes les opinions sont reconnues pour

Périclès s'adressant aux citoyens d'Athènes lors d'une assemblée populaire.

être aussi vraies les unes que les autres, l'argumentation sophistique ne peut en effet consister en une recherche commune où l'on tend à surmonter les contradictions et à se rapprocher graduellement de la vérité, tous ensemble. Dans l'esprit des Sophistes, l'accord des thèses contraires est impossible et tout débat est un combat au terme duquel le point de vue le mieux défendu doit l'emporter sur tous les autres.

Un exemple de la subtilité de cet art de l'argumentation est fourni par la discussion qui eut lieu entre Protagoras et Périclès à la suite d'une compétition athlétique lors de laquelle un homme avait été tué accidentellement par un javelot. Les deux hommes passèrent une journée entière à se demander si la cause de cet événement devait être attribuée au javelot, à celui qui l'avait lancé ou aux organisateurs des jeux. Selon le point de vue que l'on adopte, chacune de ces trois causes peut être justifiée. Ainsi, pour le médecin, c'est le javelot qui est responsable de la mort; pour le juge, c'est l'athlète; pour l'autorité politique, ce sont les organisateurs des jeux.

Devenir un bon orateur exigeait cependant plus que l'habileté à inventer des preuves logiques. Il fallait posséder également des techniques psychologiques propres à éveiller les émotions, à envoûter les âmes et à convaincre tout auditoire de la justesse de son point de vue. La persuasion alliée à l'argumentation remportaient ainsi l'adhésion de la majorité.

En conclusion, selon les Sophistes, la valeur d'un discours se vérifie à ceci que, étant assez persuasif pour provoquer le consensus, il peut dicter ce que sera la réalité politique de toute la communauté. Pour les Sophistes, il n'y a pas de sagesse plus grande que cet art puisque, lorsqu'il est accompli avec perfection, il consiste à rassembler la majorité autour des opinions qui orienteront toute l'organisation des affaires humaines.

Les sophismes

Soucieux de former des orateurs capables de vaincre à tout coup leurs adversaires, les Sophistes ont mis au point différents types de procédés argumentatifs connus plus tard sous le nom de sophismes. Ce nom leur a été attribué de façon péjorative par Aristote, dans le but de dénoncer leur caractère illogique. En effet, un examen des procédés de la sophistique montre qu'elle diffère de l'argumentation rationnelle parce qu'elle enfreint sciemment les règles de la logique. Visant uniquement à persuader leur auditoire de la valeur de leurs opinions, sans pour cela tenir compte d'une vérité objective et universelle, les Sophistes ne ressentent aucune honte à user de tous les moyens à leur portée, même si ceux-ci sont la plupart du temps extérieurs à la logique interne de la discussion. Tout en ayant la prétention de posséder un art rationnel, ils utilisent toutes sortes de ruses trompeuses pour atteindre leur but.

Il est utile de se familiariser avec ce genre d'arguments, car cela permet, d'une part, de ne pas se laisser tromper par eux et, d'autre part, d'éviter de les employer dans nos propres dissertations. La liste qui suit présente différents types de sophismes.

1. *L'attaque contre la personne (argument* ad hominem*)*

   Ce sophisme consiste à s'attaquer à la réputation d'une personne ou d'une institution qui soutient un point de vue avec lequel on est en désaccord, plutôt que de réfuter le point de vue lui-même. En éveillant le mépris quant au caractère ou à la situation de la personne, on souhaite entraîner la désapprobation concernant ce qu'elle dit.
   - L'opinion politique de cet homme ne vaut rien; il n'a qu'une 3e année de scolarité.
   - Socrate prétendait enseigner la nature de ce qui est beau, mais il avait lui-même un nez camus et des yeux à fleur de tête!

2. *L'argument «toi aussi»*

   On incite l'adversaire à approuver un point de vue en profitant des circonstances particulières dans lesquelles il se trouve.
   - Tu es mal placé pour me dire de ne pas abandonner mes cours, car tu n'as même pas fini ton secondaire.
   - Tu ne peux me reprocher de pratiquer la chasse puisque tu n'es même pas végétarien.

3. *Le procès d'intention*

   On réfute le point de vue d'un adversaire en feignant d'y découvrir une intention cachée.
   - Le professeur prétend que mon travail de session n'est pas bien documenté; en fait, il n'accepte pas que mes opinions diffèrent des siennes.
   - Les assistés sociaux prétendent être victimes d'injustice. En vérité, ils souhaitent tout avoir sans travailler.

4. *Le sophisme par ignorance*

   On fonde la vérité d'une proposition sur le fait que l'adversaire ne peut prouver qu'elle est fausse; ou on fonde sa fausseté sur le fait qu'il ne peut prouver qu'elle est vraie.
   - Les fantômes existent car personne n'a prouvé le contraire.
   - La télépathie est un phénomène illusoire; il n'en existe aucune preuve certaine.

5. *L'appel aux sentiments*

   Ce sophisme consiste à faire accepter un point de vue en exploitant les émotions, les sentiments et les passions des interlocuteurs plutôt qu'en traitant directement le sujet concerné.
   - L'indépendance du Québec serait une mauvaise chose; elle provoquerait l'hostilité des pays voisins.
   - Punir les mineurs lorsqu'ils ont accompli un délit judiciaire est immoral. Les pauvres petits vivent la plupart du temps dans des conditions misérables; ils habitent des logements insalubres, sont sous-alimentés et souvent même battus par des parents alcooliques.

6. *L'appel à la majorité*

   On fonde la crédibilité d'un point de vue sur le fait que la plus grande partie de la population y croit.
   - L'argent fait le bonheur; personne ne choisirait d'être pauvre plutôt que riche.
   - Tout l'monde le fait, fais-le donc!

7. *L'appel à la tradition*

   Ce sophisme consiste à s'appuyer sur les coutumes pour provoquer un sentiment de sécurité chez l'auditeur et le faire adhérer à un point de vue.
   - Les Québécois devraient parler le joual; c'est la langue du patrimoine.
   - Il faut se battre contre l'invasion de l'Internet. Les innovations techniques bouleversent l'ordre établi et corrompent les nouvelles générations.

8. *L'appel à la modernité*

   On fonde la valeur d'une croyance ou d'un produit sur son originalité et son avant-gardisme.
   - Il faut d'abord penser à soi; la famille est une valeur dépassée.
   - Le Musée d'art contemporain possède la plus extraordinaire collection d'œuvres d'art; on n'y trouve que des tableaux d'avant-garde.

9. *L'appel à l'autorité*

   Pour éviter de s'embrouiller dans une argumentation compliquée, on invoque l'autorité de quelqu'un de reconnu.
   - Le parfum Chanel est le meilleur, car c'est celui que porte Catherine Deneuve.
   - Les cours de formation technique sont plus profitables que ceux de formation générale; le professeur nous l'a dit.

10. *Le sophisme de l'accident*

    On fonde une affirmation sur une proposition générale qui ne tient pas compte de certaines particularités.
    - Tous les hommes sont doués d'intelligence;
      Brutus est un imbécile heureux;
      Donc Brutus n'est pas un homme.

11. *La généralisation hâtive*

    Ce sophisme consiste à ériger en règle générale ce qui ne vaut que pour certains cas particuliers.
    - L'opium est apprécié pour ses vertus médicinales; tout le monde devrait pouvoir l'utiliser.
    - Marie, Denise et Victor n'apprennent jamais leurs leçons; les étudiants d'aujourd'hui ne sont pas studieux.

12. *Le sophisme de la fausse cause*

    On prend ce qui n'est pas la cause d'un effet pour sa cause réelle. Par exemple, on déduit uniquement du fait qu'un événement survient avant un autre qu'il en est la cause. On prend «après cela» pour «à cause de cela». Ou on prend une cause potentielle (probable) pour une cause nécessaire et suffisante.
    - Le sida est une conséquence de la perte des valeurs religieuses et morales.
    - L'accident qu'il a subi explique les excès de colère de mon ami.

13. *La pétition de principe ou cercle vicieux*

On utilise ce sophisme lorsque notre thèse est reproduite dans les arguments que l'on emploie pour la prouver. Dans ce cas, l'argumentation ne fait que répéter la thèse sous une forme différente.
- Il faut toujours dire la vérité parce qu'il n'est pas bien de raconter des mensonges.
- L'économie du Canada ne peut se rétablir que si le gouvernement hausse les impôts des particuliers, car ce n'est qu'au moyen de la participation active de tous les citoyens que le problème de la dette pourra se régler.

14. *L'implicite*

L'implicite est une affirmation qui, n'étant pas formellement exprimée, soutient une autre affirmation énoncée de façon explicite.
- L'indépendance du Québec n'est pas une chose souhaitable puisque le nationalisme allemand a entraîné des atrocités raciales.

Dans cet exemple, on présuppose sans le dire que tout nationalisme conduit nécessairement au racisme. Si son public est neutre ou en faveur de l'indépendance, l'orateur qui s'oppose à un Québec souverain préférera dissimuler une telle opinion parce qu'elle serait difficilement acceptable et qu'elle exigerait le développement d'une argumentation compliquée. L'orateur tentera plutôt de créer un état passionnel au sein de son auditoire.

Les implicites constituent un moyen fréquemment utilisé dans les médias d'information, les discours politiques et même les procès judiciaires. Il est important de les dépister lorsqu'on veut accéder à des points de vue rationnels. Dans les procès judiciaires, il arrive souvent que ce type d'argumentation soit formulé sous forme de question piège.
- À quelle heure avez-vous tué votre père?

La question suppose que l'on tient déjà pour acquis que vous avez tué votre père.

15. *Le faux dilemme*

Un dilemme est une alternative contenant deux propositions opposées entre lesquelles on est tenu de choisir, et dont le choix de l'une entraîne immédiatement et nécessairement le rejet de l'autre. Un faux dilemme est une alternative entre deux propositions qui ne s'opposent pas nécessairement et dont chacune mériterait un examen particulier.
- Il faut choisir entre prendre les armes ou être un lâche.
- Ou bien tu es mon amie, ou bien tu es son amie.

16. *Le subjectivisme*

La valeur d'un point de vue se fonde uniquement sur le fait que l'orateur affirme que c'est vrai.
- C'est vrai puisque je te le dis.
- Tu peux te fier à mon avis: il ne faut pas faire confiance à ces gens-là.

Le problème de la vertu

Table des lois du IVe siècle avant Jésus-Christ.

Les Sophistes sont les premiers grands humanistes de l'Antiquité. Pour tout ce qui concerne l'agir humain, ils sont les premiers à écarter de façon délibérée l'intervention des dieux. Avec eux, l'ordre social dépend exclusivement du libre choix des hommes.

Dans la présente section, il sera question de la conception des Sophistes concernant la justice et la loi. Nous traiterons également de l'opposition qu'ils ont établie entre la nature et la loi ainsi que des conséquences qui résultent de cette opposition.

La convention

Avec la naissance de la philosophie, au VIe siècle avant Jésus-Christ, on abandonna l'explication mythique et religieuse de l'univers pour lui substituer une explication scientifique et rationnelle. L'ordre du monde naturel est reconnu, alors, comme le résultat non de l'action des dieux mais de lois naturelles telle la combinaison d'éléments matériels donnant forme à différentes espèces animales. Parallèlement, l'ordre social, qui reposait sur les liens sacrés qu'entretenait le roi avec les dieux, est remis en question. La laïcisation des faits et phénomènes naturels se prolonge dans le domaine des affaires humaines. Le relativisme des croyances et des coutumes que les échanges commerciaux ont fait découvrir aux Grecs les pousse à remettre en question l'existence de lois divines universellement valables. Désormais, les lois ne sont plus considérées comme faisant partie de l'ordre immuable des choses; on tend plutôt à leur attribuer une origine **conventionnelle**. Par ailleurs, l'avènement de nouvelles classes sociales a provoqué la revendication de lois écrites et égales pour tous. Conséquemment, l'usage des lois non écrites, dont les tyrans pouvaient abuser, devient une menace pour les droits que le peuple a difficilement acquis. La substitution d'une justice humaine, ou droit positif (ensemble de règles codifiées), à une justice divine, ou droit naturel.

La croyance en l'origine conventionnelle des lois est également renforcée par une THÉORIE historique DE L'ÉVOLUTION DES SOCIÉTÉS HUMAINES. Selon Protagoras, ce n'est que par un lent apprentissage que les hommes apprirent à se protéger contre

La THÉORIE DE L'ÉVOLUTION DES SOCIÉTÉS HUMAINES de Protagoras contient en germe les théories du contrat social des XVIIe et XVIIIe siècles de notre ère. Selon la théorie de Thomas Hobbes (1588 – 1679), par exemple, les hommes contractèrent un accord visant à protéger leurs droits et libertés contre un état de nature dans lequel, chacun agissant comme un loup à l'égard des autres hommes, régnait une guerre perpétuelle de tous contre tous.

> **CONVENTION**
> La convention est un accord auquel on consent par choix, par opposition à ce qui est déterminé par la nature ou par les dieux.

une nature sauvage, en se libérant de leurs instincts primitifs et égoïstes au profit d'un contrat d'entraide mutuelle. La nature (*phúsis*) brutale et désordonnée faisant obstacle à la sécurité des hommes, tous s'empressèrent d'obéir à la loi (*nomós*), seule garantie d'un ordre politique équitable. Selon cette explication, la loi, en même temps qu'elle exclut toute intervention divine du domaine de l'action humaine, oppose à une nature primitive et égoïste une sociabilité acquise par l'expérience. Par ailleurs, même si les vertus politiques comme le sens de la justice et le respect d'autrui ne sont pas un don de la nature, selon Protagoras, elles s'acquièrent au moyen de l'éducation. Selon lui, cette aptitude à faire l'apprentissage des vertus donne l'assurance que les citoyens respecteront la convention et participeront activement à la vie politique.

Si la loi est d'origine humaine, qu'elle répond aux besoins et croyances d'un regroupement circonscrit d'êtres humains et que par conséquent elle diffère d'une cité-État à une autre cité-État, on peut se demander jusqu'à quel point elle coïncide avec la justice au sens moral du terme (par opposition au sens légal du terme). La convention sociale, qui en fait résulte d'un consensus d'opinions, apparaît-elle, aux yeux des Sophistes, nécessairement bonne et juste pour tous? Autrement dit, le juste et le légal sont-ils identiques? Pour la majorité des Sophistes, la réponse à cette question est oui. Dans la mesure où Protagoras soutient qu'il n'y a aucune réalité extérieure à celle que l'homme conçoit, il s'ensuit, en effet, qu'il ne peut y avoir de bien moral ou de justice plus haute que la convention humaine. La loi est une convention et elle est identique à la justice aussi longtemps que la communauté politique la croit telle. La réalité politique dépend exclusivement de l'initiative humaine, car, en lui-même, le monde ne présente rien qui soit bon ou mauvais de façon déterminée. La vérité, qui permet aux hommes de subsister, est l'opinion qu'ils jugent être la plus avantageuse pour leur communauté. Sans ce parti pris commun, la vie humaine ne serait qu'une perpétuelle confrontation de croyances particulières et contradictoires; elle régresserait vers son état de désordre originel.

Par ailleurs, ce qui est juste n'est pas nécessairement toujours la même chose. Par exemple, il se peut que, sous l'influence de la parole persuasive d'un bon orateur, l'Assemblée du peuple juge que ce qu'elle avait considéré comme avantageux pour la cité lui soit maintenant nuisible; ou, à l'inverse, il se peut que ce qu'elle avait rejeté lui semble présentement favorable. Il faut alors, par un consentement commun, voter de nouvelles lois et modifier ou annuler les anciennes. En fait, pour les Sophistes, il n'y a pas de rapport déterminé entre la justice et la vérité puisque, pour eux, les opinions individuelles et divergentes sont toutes aussi vraies les unes que les autres. La justice se base sur une norme **pragmatique** pour décider de ce qui apparaît le meilleur dans une situation donnée. Le rôle du bon orateur ou de l'homme d'État consiste par conséquent à rallier les volontés autour du choix politique le plus utile. La sagesse de cet homme se vérifie non par la possession d'une vérité supérieure mais par l'importance de l'adhésion qu'il recueille.

> **PRAGMATIQUE**
> Ce terme a plusieurs sens. Dans le présent contexte, on peut le définir ainsi: est pragmatique ce qui ne considère les choses (le mot «chose» en grec se dit *prâgma*) que de point de vue de leur utilité pour la conduite humaine.

La loi du plus fort

L'opposition établie entre la nature et la loi justifie, selon la pensée de Protagoras, l'obligation pour les hommes de se conformer à la convention sociale. La loi substitue une justice égale pour tous à un état de nature sauvage et désordonné.

D'autres Sophistes, tout en se basant sur la même conception du développement historique de la société, prennent cependant parti en faveur de la nature. Étant donné que, dans l'esprit des Grecs, la loi n'est plus qu'affaire de convention humaine, ils jugent qu'elle est artificielle comparativement à la nature et que, par conséquent, il faut lui désobéir toutes les fois qu'on ne risque pas de se faire prendre.

Pour certains, dont le sophiste Thrasymaque, les hommes sont à l'évidence plus enclins à suivre leur nature égoïste qu'à respecter la loi. En conséquence, il est normal que chacun suive ses intérêts personnels sans égard pour autrui. La loi de la nature, opposée à la loi par convention humaine, est ainsi faite que toujours le plus fort commande et établit des lois dans son propre intérêt, alors que le plus faible obéit, uniquement dans la crainte de représailles. Plus celui qui commande est cruel et injuste, plus la foule se soumet et loue son tyran comme s'il était un bienfaiteur. La justice n'est que l'intérêt du plus fort.

Dans le but de justifier la nécessité où se trouve chacun de suivre ses instincts égoïstes, Glaucon, un personnage de *La République* de Platon, raconte ce qui un jour arriva à Gygès, un berger qui était au service du roi de Lydie. À la suite d'un séisme, Gygès découvrit dans le sol un anneau d'or qui, chaque fois qu'il en tournait le chaton vers l'intérieur de sa main, le rendait invisible. Dès qu'il prit connaissance de son nouveau pouvoir, le berger se rendit chez le roi, séduisit la reine, tua le roi et s'empara du trône[5]. Donc, si chacun, selon Glaucon, possédait cet anneau légendaire, il n'y aurait aucune distinction entre le juste et l'injuste, car personne ne résisterait à la tentation de commettre le mal. Le respect de la loi n'est jamais volontaire; la loi n'est qu'un obstacle à la réalisation de la nature humaine.

Le sophiste Antiphon a un point de vue plus radical encore. Selon lui, la loi n'est qu'une invention de la majorité, composée de faibles et de vauriens qui sont impuissants à réaliser leurs désirs et qui veulent empêcher les plus forts de dominer.

Bien que tous les Sophistes soient d'avis qu'il n'y a ni vérité absolue ni justice divine, en ce qui concerne la justice humaine, ils se divisent, comme on l'a vu, en deux clans: ceux qui, comme Protagoras, soutiennent qu'il faut obéir à la loi, et ceux qui, à l'inverse, soutiennent qu'elle met injustement un frein à la nature humaine. Cependant, comme l'enseignement des uns et des autres visait beaucoup plus l'acquisition des moyens de réussite que la connaissance des fins morales pour lesquelles on doit gouverner, leurs auditeurs et élèves pouvaient, s'ils le désiraient, utiliser l'habileté qu'ils avaient acquise uniquement au service de leurs intérêts personnels. Par exemple, tout en persuadant le peuple que telle ou telle option politique était la plus avantageuse, ils pouvaient garder secrètes des intentions tout autres. Au fond, laissée entre leurs mains, la loi devenait une affaire de stratégie et de calcul.

---

5. On retrouve la fable «L'anneau de Gygès» dans le livre II de *La République* de Platon.

Calliclès, riche aristocrate et ami des Sophistes, offre un exemple typique de l'immoralité dans laquelle la démocratie athénienne avait sombré à l'époque où Socrate et Platon livraient un combat aux Sophistes. Selon Calliclès, les plus forts ont le devoir de mépriser la loi érigée par convention et de suivre la loi de la nature qui dicte d'user de tous les moyens pour dominer les autres. La nature fait que les plus forts satisfont sans exclusion tous leurs désirs, et il est juste de se comporter ainsi. L'homme véritablement juste est le tyran le plus cruel; à côté de cela, la convention n'est que sottise.

En conclusion, le relativisme radical des Sophistes a fait en sorte que, au sein même de la sophistique, l'éloge de la démocratie s'est transformé en un éloge de la tyrannie et de l'égoïsme.

RÉSUMÉ SCHÉMATIQUE DE L'EXPOSÉ

La démocratie athénienne

De 508 à 338 avant notre ère, Athènes vit sous un régime démocratique. En 594, Solon, le père de la démocratie, a apporté d'importantes modifications à la constitution d'Athènes, dont la substitution de la ploutocratie à l'aristocratie de naissance et l'abolition de l'esclavage des Grecs par les Grecs. Un réel régime démocratique voit le jour avec l'application du système décimal de Clisthène, en l'an 508. L'Assemblée du peuple détient directement le pouvoir. Il y a égalité de droit mais non de richesse. On valorise au-delà de tout le principe de liberté. Socrate et Platon se battent contre les Sophistes, qui enseignent l'art de faire de beaux discours et qui, selon eux, conduisent le peuple vers l'anarchie.

Le problème de l'être

1. Par réaction à la pensée de Parménide, les Sophistes nient l'existence d'un être permanent et optent pour l'univers sensible. Ils élaborent une philosophie humaniste et se consacrent à l'art du langage. Le réel et le vrai ne sont que des effets de ce qui apparaît aux sens. La pensée des Sophistes s'appuie sur la thèse héraclitéenne du mobilisme universel qu'ils transposent dans le domaine de l'action.

2. Protagoras soutient une doctrine relativiste et subjectiviste. L'homme est la mesure de toutes choses. L'homme fait le réel. La réalité est différente pour chacun. Le Sophiste oriente la société au moyen de discours persuasifs. Protagoras est agnostique.

Le problème du vrai

1. Selon Gorgias, l'être n'existe pas. Même s'il existait, il serait inconnaissable. Même s'il était connaissable, il serait incommunicable. Le scepticisme est la meilleure attitude à adopter. La vérité et l'opinion sont identiques. La vérité est relative à l'individu et à la situation.

2. La démocratie athénienne offre le terrain idéal pour l'enseignement de la rhétorique. L'argumentation sophistique, repose sur le principe que, sur toutes choses, il existe deux discours opposés aussi valables l'un que l'autre. L'accord des thèses contraires est impossible. Les élèves des Sophistes étaient formés pour vaincre dans tout débat d'opinions et pour persuader leur auditoire que leur point de vue était le meilleur. La sagesse consiste à remporter l'adhésion de la majorité des suffrages.

3. Les Sophistes ont mis au point différents types d'arguments connus plus tard sous le nom de sophismes. Ces arguments ne sont pas d'ordre rationnel.

Le problème de la vertu

1. La croyance en des lois divines universellement valables est remplacée par la croyance en l'origine conventionnelle des lois. Cette nouvelle croyance repose sur une opposition établie entre une nature hostile et la loi. Les vertus politiques s'acquièrent par l'éducation. Il n'y a pas de justice plus haute que la convention humaine. Il n'y a pas de rapport déterminé entre la justice et la vérité. La réalité politique dépend d'une norme pragmatique qui reflète ce qui apparaît le plus avantageux.

2. Selon certains Sophistes, la convention est artificielle comparativement à la loi de la nature. Cela justifie qu'on puisse lui désobéir. La loi n'est qu'un obstacle à la réalisation de la nature égoïste des humains. La loi est une invention de la majorité des faibles. Les élèves des Sophistes ont fait de la loi une affaire de calculs et d'intérêts. Selon Calliclès, la justice est la loi du plus fort.

LECTURES SUGGÉRÉES

ROMEYER DHERBEY, Gilbert. *Les Sophistes*, Paris, PUF, coll. «Que sais-je?», n° 2223, 1989.

VOILQUIN, Jean. *Les penseurs grecs avant Socrate. De Thalès de Milet à Prodicos*, Paris, Garnier–Flammarion, 1964. Voir les pages 197 à 224.

ACTIVITÉS D'APPRENTISSAGE

Le problème de l'être

1. Dans le texte «Théétète I», Socrate questionne Théétète, un jeune élève des Sophistes, au sujet de la science. Théétète soutient que la science n'est pas autre chose que la sensation. Socrate assimile ce point de vue à celui du sophiste Protagoras, selon lequel *ce qui apparaît à chacun est comme tel, réel*. Trouvez deux arguments, dans le texte, en faveur de cette thèse. (Attention à ne pas répéter la thèse en d'autres mots. Pour bien différencier une thèse d'un argument, reportez-vous aux pages 11 à 13 du chapitre 1.)

Le problème du vrai

2. Dans le texte «Gorgias», ce dernier expose à Socrate sa conception de la rhétorique. Comment la définit-il et sur quel argument fonde-t-il son assertion?

3. Dans le texte «Théétète II» , Socrate expose la position de Protagoras concernant le rôle éducatif du sophiste. D'après ce témoignage, quel rapport entretiennent entre elles l'opinion et la vérité?

4. D'après vous, la rhétorique et la philosophie sont-elles identiques? Donnez deux arguments justifiant votre position. (Pour répondre à cette question, reportez-vous au chapitre 1, aux sous-sections «La définition de la philosophie» et «Les degrés du savoir», en particulier, au tableau 1.2.)

5. Identifiez les sophismes suivants.

   a) Je réussis tout ce que j'entreprends parce que je prie tous les matins.

   b) Le directeur a accepté le projet des étudiants uniquement parce que sa fille va en bénéficier.

   c) Le bonheur, c'est de vivre harmonieusement avec les autres parce que lorsqu'on est en paix, on est nécessairement heureux.

   d) Les gens qui conduisent sous l'effet de l'alcool provoquent des accidents; donc, il faut interdire l'alcool.

   e) Cette fille est vraiment plus intéressante que les autres; elle s'habille toujours selon la dernière mode.

   f) Tu peux bien proclamer que la répartition des richesses devrait être plus équitable; tu habites le quartier le plus chic de la métropole.

   g) La guerre est une bonne chose; la majorité des grands hommes de l'histoire, tels Napoléon et Alexandre le Grand, sont des conquérants.

   h) Les Expos vont gagner la série mondiale, c'est moi qui te le dis.

   i) La mort est la fin de tout; personne ne peut fournir de preuve du contraire.

j) Nous devons comprendre qu'il est nécessaire pour le gouvernement de réduire les services sociaux, car le pays n'a plus d'argent pour s'occuper de ceux qui vivent à ses dépens.

k) Ce n'est pas de ma faute; le destin a été si cruel envers moi.

l) Ce cordonnier est incompétent; il est lui-même mal chaussé.

m) Il faut absolument choisir entre le capitalisme ou l'anéantissement de l'individu.

n) Il faut se battre contre la laïcisation des écoles; sinon, nos enfants ne seront plus nos enfants.

o) Si tu veux, tu peux.

p) Le Parti libéral incite toute la population à voter en sa faveur parce que c'est le choix de la majorité des électeurs.

q) Il est injuste que Marc profite de l'aide sociale; il possède une caméra et un téléviseur Sony.

r) Les féministes sont des femmes qui militent pour les droits des femmes; certains disent que Platon était féministe; donc, Platon était une femme.

s) Tu ne peux me reprocher d'être gourmand; je t'ai vu dévorer trois éclairs au chocolat.

t) La cigarette est la cause la plus importante du cancer; le nombre de personnes atteintes du cancer serait de beaucoup moindre si la cigarette était interdite.

6. **Inventez un sophisme de chacun des types suivants:**

a) La généralisation hâtive;

b) L'attaque contre la personne;

c) Le faux dilemme;

d) L'appel à l'autorité;

e) La pétition de principe.

Le problème de la vertu

7. *a)* D'après le texte «La République», quelle est la thèse de Thrasymaque concernant la nature de la justice?

b) Quel argument Thrasymaque fournit-il en faveur de cette thèse?

c) Donnez, en une phrase, l'essentiel de l'antithèse présentée par Socrate.

8. *a)* Selon vous, à partir de quoi peut-on juger de la valeur d'une action (c'est-à-dire décider si elle est juste ou non)? Formulez une thèse en vous aidant des suggestions suivantes:

– La conformité avec les lois;

– L'intention de l'individu qui accomplit une action;

– Le résultat de l'action;

– Un concept idéal de la justice (par exemple des valeurs plus fondamentales que la loi);

– La justice divine.

b) Trouvez deux arguments justifiant votre thèse.

9. Quel serait pour vous le crime le plus grave qui soit? Imaginez qu'un avocat ait réussi à faire acquitter un homme qui aurait commis ce crime. Pensez-vous que justice aurait été faite? Justifiez votre réponse.

EXTRAITS DE TEXTES

THÉÉTÈTE I

Platon, *Théétète* dans *Œuvres complètes*, tome VIII, 2e partie, texte établi et traduit par Auguste Diès, Paris, éd. Les Belles Lettres, 1967, 151d–153a.

THÉÉTÈTE: Au fait Socrate, puisque toi-même m'y exhortes si vivement, il y aurait honte à ne point faire tous ses efforts pour dire ce que l'on a dans l'esprit. Donc, à mon jugement, celui qui sait sent ce qu'il sait et, à dire la chose telle au moins qu'actuellement elle m'apparaît, science n'est pas autre chose que sensation.

SOCRATE: Voilà qui est beau et noble, mon jeune ami: voilà comment il faut, en sa parole, faire apparaître sa pensée. Eh bien, allons et de concert examinons si c'est là, au fait, produit viable ou apparence creuse. C'est la sensation, dis-tu, qui est la science.

THÉÉTÈTE: Oui.

SOCRATE: Tu risques, certes, d'avoir dit là parole non banale au sujet de la science et qui, au contraire, est celle même de Protagoras. Sa formule est un peu différente, mais elle dit la même chose. Lui affirme, en effet, à peu près ceci: «l'homme est la mesure de toutes choses; pour celles qui sont, mesure de leur être; pour celles qui ne sont point, mesure de leur non-être.» Tu as lu cela, probablement?

THÉÉTÈTE: Je l'ai lu bien souvent.

SOCRATE: Ne dit-il pas quelque chose de cette sorte: telles tour à tour m'apparaissent les choses, telles elles me sont; telles elles t'apparaissent, telles elles te sont? Or, homme, tu l'es et moi aussi.

THÉÉTÈTE: Il parle bien en ce sens.

SOCRATE: Il est vraisemblable, au fait, qu'un homme sage ne parle pas en l'air: suivons donc sa pensée. N'y a-t-il pas des moments où le même souffle de vent donne, à l'un de nous, le frisson et, à l'autre, point; à l'un, léger, à l'autre violent?

THÉÉTÈTE: Très certainement.

SOCRATE: Que sera, en ce moment, par soi-même, le vent? Dirons-nous qu'il est froid, qu'il n'est pas froid? Ou bien accorderons-nous à Protagoras qu'à celui qui frissonne, il est froid; qu'à l'autre, il ne l'est pas?

THÉÉTÈTE: C'est vraisemblable.

SOCRATE: N'apparaît-il pas tel à l'un et à l'autre?

THÉÉTÈTE: Si.

SOCRATE: Or cet «apparaître», c'est être senti?

THÉÉTÈTE: Effectivement.

SOCRATE: Donc apparence et sensation sont identiques, pour la chaleur et autres états semblables. Tels chacun les sent, tels aussi, à chacun, ils risquent d'être.

THÉÉTÈTE: Vraisemblablement.

SOCRATE: Il n'y a donc jamais sensation que de ce qui est, et jamais que sensation infaillible, vu qu'elle est science.

THÉÉTÈTE: Apparemment.

SOCRATE: Etait-ce donc, par les Grâces, une somme de sagesse que ce Protagoras, et n'a-t-il donné là qu'énigmes pour la foule et le tas que nous sommes, tandis qu'à ses disciples, dans le mystère, il enseignait la vérité?

Théétète: Qu'est-ce donc, Socrate, que tu entends par là?

Socrate: Je vais te le dire et ce n'est certes point thèse banale. Donc, un en soi et par soi, rien ne l'est; il n'y a rien que l'on puisse dénommer ou qualifier avec justesse: si tu le proclames grand, il apparaîtra aussi bien petit; si lourd, léger; et ainsi de tout, parce que rien n'est un ni déterminé ni qualifié de quelque façon que ce soit. C'est de la translation, du mouvement et du mélange mutuels que se fait le devenir de tout ce que nous affirmons être; affirmation abusive, car jamais rien n'est, toujours il devient. Disons qu'à cette conclusion, tous les sages à la file, sauf Parménide, sont portés d'un mouvement d'ensemble: Protagoras, Héraclite et Empédocle; parmi les poètes, les cimes des deux genres de poésie, dans la comédie Épicharme, dans la tragédie Homère. Quand celui-ci parle de

L'Océan générateur des dieux et leur mère Téthys,

c'est dire que toutes choses ne sont que produits du flux et du mouvement. N'est-ce pas, à ton avis, cela qu'il veut dire?

Théétète: Si, à mon avis.

GORGIAS

Platon, *Gorgias* dans *Œuvres complètes*, tome III, 2e partie, texte établi et traduit par Alfred Croiset, Paris, éd. Les Belles Lettres, 1923, 455d–456d.

Gorgias: Je vais essayer, Socrate, de te dévoiler clairement la puissance de la rhétorique dans toute son ampleur, car tu m'as toi-même admirablement ouvert la voie. Tu n'ignores certainement pas que ces arsenaux, ces murs d'Athènes et toute l'organisation de vos ports doivent leur origine pour une part aux conseils de Thémistocle et pour le reste à ceux de Périclès, mais nullement à ceux des hommes du métier.

Socrate: C'est là, en effet, ce qu'on rapporte au sujet de Thémistocle, et quant à Périclès, je l'ai moi-même entendu proposer la construction du mur intérieur.

Gorgias: Et quand il s'agit d'une de ces élections dont tu parlais tout à l'heure, tu peux constater que ce sont encore les orateurs qui donnent leur avis en pareille matière et qui le font triompher.

Socrate: Je le constate avec étonnement, Gorgias, et c'est pour cela que je demande depuis si longtemps quelle est cette puissance de la rhétorique. À voir ce qui se passe, elle m'apparaît comme une chose d'une grandeur quasi divine.

Gorgias: Si tu savais tout, Socrate, tu verrais qu'elle englobe en elle-même, pour ainsi dire, et tient sous sa domination toutes les puissances. Je vais t'en donner une preuve frappante.

Il m'est arrivé maintes fois d'accompagner mon frère ou d'autres médecins chez quelque malade qui refusait une drogue ou ne voulait pas se laisser opérer par le fer et le feu, et là où les exhortations du médecin restaient vaines, moi je persuadais le malade, par le seul art de la rhétorique. Qu'un orateur et un médecin aillent ensemble dans la ville que tu voudras: si une discussion doit s'engager à l'assemblée du peuple ou dans une réunion quelconque pour décider lequel des deux sera élu comme médecin, j'affirme que le médecin n'existera pas et que l'orateur sera préféré si cela lui plaît.

Il en serait de même en face de tout artisan: c'est l'orateur qui se ferait choisir plutôt que n'importe quel compétiteur; car il n'est point de sujet sur lequel un homme qui sait la rhétorique ne puisse parler devant la foule d'une manière plus persuasive que l'homme de métier, quel qu'il soit. Voilà ce qu'est la rhétorique et ce qu'elle peut.

THÉÉTÈTE II

Platon, *Théétète* dans *Œuvres complètes*, tome VIII, 2e partie, texte établi et traduit par Auguste Diès, Paris, éd. Les Belles Lettres, 1967, 166d–167c.

SOCRATE: [...] Car, moi [Protagoras], j'affirme que la Vérité est telle que je l'ai écrite: mesure est chacun de nous et de ce qui est et de ce qui n'est point. Infinie pourtant est la différence de l'un à l'autre, par le fait même qu'à l'un ceci est et apparaît, à l'autre cela. La sagesse, le sage, beaucoup s'en faut que je les nie. Voici par quoi, au contraire, je définis le sage: toutes choses qui, à l'un de nous, apparaissent et sont mauvaises, savoir en invertir le sens de façon qu'elles lui apparaissent et lui soient bonnes. Cette définition elle-même, ne va point la poursuivre dans le mot-à-mot de sa formule. Voici plutôt qui te fera, plus clairement encore, comprendre ce que je veux dire. Rappelle-toi, par exemple, ce que nous disions précédemment: qu'au malade un mets apparaît et est amer qui, à l'homme bien portant, est et apparaît tout le contraire. Rendre l'un des deux plus sage[1] n'est ni à faire ni, en réalité, faisable; pas plus qu'accuser d'ignorance le malade parce que ses opinions sont de tel sens et déclarer sage le bien-portant parce que les siennes sont d'un autre sens. Il faut faire l'inversion des états; car l'une de ces dispositions vaut mieux que l'autre. De même, dans l'éducation, c'est d'une disposition à la disposition qui vaut mieux que se doit faire l'inversion: or le médecin produit cette inversion par ses remèdes, le sophiste par ses discours. D'une opinion fausse, en effet, on n'a jamais fait passer personne à une opinion vraie; car l'opinion ne peut prononcer ce qui n'est point ni prononcer autre chose que l'impression actuelle, et celle-ci est toujours vraie. Je pense, plutôt, qu'une disposition pernicieuse de l'âme entraînait des opinions de même nature; par le moyen d'une disposition bienfaisante, on a fait naître d'autres opinions conformes à cette disposition; représentations que d'aucuns, par inexpérience, appellent vraies; pour moi, elles ont plus de valeur les unes que les autres; plus de vérité, pas du tout.

---

1. Le terme «sage» a ici le sens de «savant», c'est-à-dire celui qui détient la vérité concernant tel ou tel sujet.

LA RÉPUBLIQUE

Platon, *La République*, livre I, introduction, traduction et notes de Robert Baccou, Paris, GF/Flammarion, 1966, p. 87 et 90-91.

THRASYMAQUE: Eh bien! ne sais-tu pas que, parmi les cités, les unes sont tyranniques, les autres démocratiques, les autres aristocratiques?

SOCRATE: Comment ne le saurais-je pas?

THRASYMAQUE: Or l'élément le plus fort, dans chaque cité, est le gouvernement?

SOCRATE: Sans doute.

THRASYMAQUE: Et chaque gouvernement établit les lois pour son propre avantage: la démocratie des lois démocratiques, la tyrannie des lois tyranniques et les autres de même; ces lois établies, ils déclarent juste, pour les gouvernés, leur propre avantage, et punissent celui qui le transgresse comme violateur de la loi et coupable d'injustice. Voici donc, homme excellent, ce que j'affirme: dans toutes les cités le juste est une même chose: l'avantageux au gouvernement constitué; or celui-ci est le plus fort, d'où il suit, pour tout homme qui raisonne bien, que partout le juste est une même chose: l'avantageux au plus fort.

[...]

SOCRATE: [...] Mais dis-moi: le médecin au sens précis du terme, [...] a-t-il pour objet de gagner de l'argent ou de soigner les malades? Et parle-moi du vrai médecin.

THRASYMAQUE: Il a pour objet [...] de soigner les malades.

SOCRATE: Et le pilote? le vrai pilote, est-il chef des matelots ou matelot?

THRASYMAQUE: Chef des matelots.

SOCRATE: Je ne pense pas qu'on doive tenir compte du fait qu'il navigue sur une nef pour l'appeler matelot; car ce n'est point parce qu'il navigue qu'on l'appelle pilote, mais à cause de son art et du commandement qu'il exerce sur les matelots.

THRASYMAQUE: C'est vrai [...].

SOCRATE: Donc, pour le malade et le matelot il existe quelque chose d'avantageux?

THRASYMAQUE: Sans doute.

SOCRATE: Et l'art [...] n'a-t-il pas pour but de chercher et de procurer à chacun ce qui lui est avantageux?

THRASYMAQUE: C'est cela [...].

SOCRATE: Mais pour chaque art est-il un autre avantage que d'être aussi parfait que possible?

THRASYMAQUE: Quel est le sens de ta question?

SOCRATE: Celui-ci [...]. Si tu me demandais s'il suffit au corps d'être corps, ou s'il a besoin d'autre chose, je te répondrais: «Certainement il a besoin d'autre chose. C'est pourquoi l'art médical a été inventé: parce que le corps est défectueux et qu'il ne lui suffit pas d'être ce qu'il est. Aussi, pour lui procurer l'avantageux, l'art s'est organisé.» Te semblé-je [...] en ces paroles, avoir raison ou non?

THRASYMAQUE: Tu as raison [...].

SOCRATE: Mais quoi! la médecine même est-elle défectueuse? en général un art réclame-t-il une certaine vertu — comme les yeux la vue, ou les oreilles l'ouïe, à cause de quoi ces organes ont besoin d'un art qui examine et leur procure l'avantageux pour voir et pour entendre? Et dans cet art même y a-t-il quelque défaut? Chaque art réclame-t-il un autre art qui examine ce qui lui est avantageux, celui-ci à son tour un autre semblable, et ainsi à l'infini? Ou bien examine-t-il lui-même ce qui lui est avantageux? Ou bien n'a-t-il besoin ni de lui-même ni d'un autre pour remédier à son imperfection? Car aucun art n'a trace de défaut ni d'imperfection, et ne doit chercher d'autre avantage que celui du sujet auquel il s'applique: lui-même, lorsque véritable, étant exempt de mal et pur, aussi longtemps qu'il reste rigoureusement et entièrement conforme à sa nature. Examine en prenant les mots dans ce sens précis dont tu parlais. Est-ce ainsi ou autrement?

THRASYMAQUE: Ce me semble ainsi [...].

SOCRATE: Donc [...] la médecine n'a pas en vue son propre avantage, mais celui du corps.

THRASYMAQUE: Oui [...].

SOCRATE: Ni l'art hippique son propre avantage, mais celui des chevaux; ni, en général, tout art son propre avantage — car il n'a besoin de rien — mais celui du sujet auquel il s'applique.

THRASYMAQUE: Ce me semble ainsi [...].

SOCRATE: Mais, Thrasymaque, les arts gouvernent et dominent le sujet sur lequel ils s'exercent.

Il eut bien de la peine à m'accorder ce point.

Donc, aucune science n'a en vue ni ne prescrit l'avantage du plus fort, mais celui du plus faible, du sujet gouverné par elle.

Il m'accorda aussi ce point à la fin, mais après avoir tenté de le contester; quand il eut cédé:

SOCRATE: Ainsi [...] le médecin, dans la mesure où il est médecin, n'a en vue ni n'ordonne son propre avantage, mais celui du malade? Nous avons en effet reconnu que le médecin, au sens précis du mot, gouverne les corps et n'est point homme d'affaires. Ne l'avons-nous pas reconnu?

Il en convint.

SOCRATE: Et le pilote, au sens précis, gouverne les matelots, mais n'est pas matelot?

THRASYMAQUE: Nous l'avons reconnu.

SOCRATE: Par conséquent, un tel pilote, un tel chef, n'aura point en vue et ne prescrira point son propre avantage, mais celui du matelot, du sujet qu'il gouverne.

Il en convint avec peine.

SOCRATE: Ainsi donc, Thrasymaque, [...] aucun chef, quelle que soit la nature de son autorité, dans la mesure où il est chef, ne se propose et n'ordonne son propre avantage, mais celui du sujet qu'il gouverne et pour qui il exerce son art; c'est en vue de ce qui est avantageux et convenable à ce sujet qu'il dit tout ce qu'il dit et fait tout ce qu'il fait.

CHAPITRE 4

Socrate

Socrate: le personnage

Socrate (470-399), le fondateur de la science morale, exhortait les gens à remettre en question leurs préjugés et leurs opinions.

Les JEUX ISTHMI-QUES se déroulaient sur l'isthme de Corinthe tous les quatre ans, en l'honneur du dieu Poséidon.

Plus tard, Alexandre d'Aphrodise, un aristotélicien, utilisera cet exemple pour démontrer que, contrairement à ce que croient les Stoïciens, l'action humaine ne relève pas de la NATURE.

Socrate a vécu de 470 à 399 avant notre ère. Il est né à Athènes d'où, dit-on, il ne sortait jamais, sauf pour les expéditions militaires auxquelles il a participé et, une fois, pour la représentation des JEUX ISTHMIQUES de Corinthe. Phénarète, sa mère, était sage-femme; son père, Sophronisque, était sculpteur. On raconte que Socrate a lui-même pratiqué le métier de sculpteur avant de se consacrer à la philosophie. Il s'est marié avec Xanthippe, avec qui il a eu trois enfants.

Socrate n'était pas beau. Le contraste entre sa laideur physique et sa beauté intérieure étonnait pour le moins ses concitoyens. C'est que les Grecs, qui accordaient beaucoup d'importance à la beauté physique, croyaient qu'une belle âme s'accompagnait nécessairement d'une belle physionomie. Socrate, qui ne s'opposait pas à ces croyances, disait de lui-même qu'il se serait naturellement adonné à un genre de vie approprié à son allure grotesque s'il n'était devenu, grâce à l'exercice de la philosophie, meilleur que sa NATURE.

L'activité philosophique de Socrate a lieu au moment même où la démocratie athénienne bat son plein. De grands poètes tragiques tels Sophocle (496 – 406 av. J.-C.) et Euripide (480 – 406 av. J.-C.) sont ses contemporains. On assiste alors à une surabondance de débats privés et publics touchant toutes les questions relatives aux affaires humaines. Les Sophistes, qui se sont faits les maîtres à penser de la jeunesse athénienne, enseignent toutes les subtilités de la rhétorique et de la persuasion. C'est principalement pour mettre un frein à ces pratiques qui, selon lui, entraînent la désobéissance aux lois et la dégradation des mœurs que Socrate se préoccupe de rechercher la vérité dans le domaine moral. Socrate ne s'intéresse ni aux problèmes de la métaphysique ni à ceux de la philosophie de la nature; il se consacre entièrement à l'édification d'une science morale. Avec lui, on assiste donc à un déplacement de l'objet de la science. Le tableau 4.1 récapitule les grandes étapes de l'évolution de la connaissance scientifique depuis les Milésiens.

Tableau 4.1   *L'évolution de la connaissance scientifique depuis les Milésiens*

Avec les premiers philosophes,	la nature	(prétend être objet de) ⟶	science.
Avec la critique de Parménide,	la nature	(n'est qu'objet d') ⟶	opinion.
Avec les Sophistes,	l'éthique	(n'est qu'objet d') ⟶	opinion.
Avec Socrate,	l'éthique	(est objet de) ⟶	science.

L'influence de Socrate a été des plus importantes dans toute l'histoire de la pensée occidentale. Il est un révolutionnaire dans le domaine moral et l'acteur principal du bouleversement des modes de pensée de son temps. Depuis sa mort, il est devenu l'emblème des intellectuels persécutés pour leurs idées. Bien que Socrate ait côtoyé des gens d'élite, il vivait également sur la place publique, dénonçant les prétentions et le conformisme irréfléchi et bavardant avec n'importe quel homme de métier qui était prêt à l'entendre. Contre ceux qui prônaient la loi du plus fort et l'accumulation de plaisirs et de richesses matérielles, il exhortait les hommes à prendre soin de leur vie intérieure et de leur âme. Avec lui, philosopher ne veut plus dire acquérir une habileté propre à manier la crédulité des autres (comme c'était le cas avec beaucoup de Sophistes), mais cela signifie se remettre en question soi-même, mesurer ses croyances et ses préjugés à une norme de vérité. Socrate s'est valu l'admiration d'un grand nombre de ses concitoyens, parmi lesquels on compte de grands noms comme Alcibiade, général d'armée reconnu, et Xénophon, historien et général. Toutefois, son sens critique et son combat acharné contre l'injustice lui ont attiré de graves ennuis, allant jusqu'à la condamnation à mort. C'est ainsi qu'en l'an 399, le tribunal d'Athènes réclamait la mort de Socrate sous prétexte qu'il corrompait les jeunes gens et qu'il ne croyait pas aux dieux vénérés par la cité, mais leur substituait des divinités nouvelles. Dans son *Apologie de Socrate*, Platon relate les propos de Socrate lors de son procès. Selon ce témoignage, les hommes puissants d'Athènes ont cherché à lui créer une mauvaise réputation parce qu'il démasquait leur prétention et leur ignorance. Socrate se résolut cependant à boire la ciguë mortelle, voulant à tout prix respecter la loi athénienne en obéissant au tribunal qui l'avait condamné. Ainsi, il ne fit aucune concession à l'injustice et au mal.

On a établi plusieurs analogies entre Socrate et Jésus de Nazareth. Tous deux ont eu, en effet, une influence historique immense alors qu'ils se déplaçaient chacun dans une petite cité, ou dans un petit pays, pour transmettre un enseignement moral à qui voulait bien les entendre. Tous deux s'opposaient à la tradition de leur époque. L'un et l'autre ont été mis à mort par les gens de leur propre communauté. Par ailleurs, tous deux perçoivent leur mort comme un signe du règne ultérieur de la justice ou de l'amour. Enfin, aucun n'a laissé d'œuvres écrites. De part et d'autre, ce sont des disciples qui ont fondé des écoles pour propager le message des maîtres. Dans le cas de Socrate, cependant, les disciples ont développé des doctrines qui sont en désaccord entre elles et, dans bien des cas, en désaccord avec Socrate lui-même.

Parmi les successeurs de Socrate, on distingue les grands socratiques et les petits socratiques. Les grands socratiques, ce sont Platon (428-427 – 347-346 av. J.-C.) et les ACADÉMICIENS d'une part, et Aristote (384–322 av. J.-C.) et les PÉRIPATÉTICIENS d'autre part. Chez les petits socratiques, on distingue Antisthène

Les ACADÉMICIENS sont ceux qui fréquentaient l'Académie, célèbre école fondée par Platon.

Les PÉRIPATÉTICIENS sont les disciples d'Aristote. Ce nom vient du grec *peripateîn* qui veut dire «se promener». On appelait ainsi les disciples d'Aristote, parce que ce dernier leur enseignait en marchant.

(445–365 av. J.-C.) et Diogène de Sinope (413–327 av. J.-C.) de l'école cynique qui influencera le stoïcisme; Aristippe (IVᵉ s. av. J.-C.), le fondateur de l'école des Cyrénaïques, qui se prolongera dans l'épicurisme[1]; enfin, Euclide dit le socratique (450–380 av. J.-C.), le fondateur de l'école des Mégariques, qui aura une influence sur le SCEPTICISME. Cette diversité de doctrines s'explique probablement par le fait que la pensée de Socrate était à l'opposé du dogme et qu'on pouvait dès lors suivre à partir d'elle des voies multiples; car l'essentiel, d'après les dires mêmes de Socrate, était non pas de prétendre tout savoir, mais de rechercher par soi-même la vérité.

En outre, les témoignages qui nous livrent la pensée de Socrate sont eux aussi parfois contradictoires. Comme il n'a lui-même rien écrit, ce que nous connaissons de son enseignement nous provient soit de Xénophon (v. 430 – v. 355 av. J.-C.), historien et disciple de Socrate, soit d'Aristophane (v. 445 – v. 386 av. J.-C.), poète comique qui, dans les *Nuées*, a ridiculisé Socrate, soit de Platon, qui a été l'élève de Socrate, ou soit d'Aristote, qui ne l'a connu que par voie indirecte. Le

> Le SCEPTICISME représente ici une école de pensée dont le fondateur est Pyrrhon d'Élis, qui a vécu de 365 à 275 avant Jésus-Christ. Le scepticisme consiste à nier que la vérité puisse être atteinte par l'être humain. En conséquence, ses adeptes pratiquent la suspension de tout jugement.

Diogène, le cynique, faisait consister le bonheur dans la satisfaction exclusive des nécessités vitales. Alexandre lui ayant offert de lui donner ce dont il avait besoin, Diogène lui demande de ne pas lui cacher le soleil.

Socrate qui a été le plus retenu par la tradition est celui de Platon. Ce dernier a fait de Socrate le héros de presque tous ses dialogues, dans lesquels il oppose sa pensée à celle des Sophistes. Cependant, comme Platon a lui-même élaboré sa propre philosophie, il est parfois difficile de déterminer si c'est celle-ci qu'il expose par le biais d'un Socrate fictif ou si c'est bien du Socrate réel qu'il expose la pensée. On s'entend généralement pour dire que les premiers dialogues qu'a écrits Platon rapportent véritablement la pensée et la nature de l'activité de Socrate. Dans les dialogues ultérieurs, ce serait au contraire sa propre philosophie qu'il transmettrait par la bouche de Socrate. L'une des différences principales entre ces deux groupes de dialogues consiste dans le fait que la philosophie de Socrate, par opposition à celle de Platon, est exclusivement une philosophie morale. En conséquence, dans le présent chapitre, nous ne traiterons ni du problème de l'être ni du problème de la nature. La prochaine section portera sur le problème du vrai, même si Socrate n'a

---

1. L'épicurisme et le stoïcisme feront l'objet du chapitre 7.

pas élaboré comme telle une philosophie de la connaissance. Grâce à la méthode qu'utilisait Socrate pour discuter de problèmes moraux, nous tenterons de discerner si, selon lui, il n'y a pas tout de même des règles à suivre pour l'acquisition d'une connaissance véritable. Enfin, la dernière section traitera du problème de la vertu.

Le problème du vrai

Selon Platon et Aristote, Socrate est le premier à avoir fondé une science morale. Il est le premier à avoir eu le souci de la rigueur en ce qui concerne les questions éthiques. Il a dénoncé les prétentions de ceux qui cherchaient à acquérir du pouvoir en séduisant les autres par leurs «beaux discours». Contrairement à eux, Socrate a cherché à dire ce qui est vrai au-delà des opinions et des intérêts particuliers. Pour cela, il a développé une méthode de discussion dans laquelle chacun devait procéder à un examen de soi et participer à la mise en commun des raisons pour progresser dans la voie de la vérité. Selon Socrate, ce qui est vrai a nécessairement une portée universelle.

Dans la présente section, nous traiterons la science de Socrate, la méthode qu'il utilisait pour discuter des problèmes moraux et les exigences que nécessite la recherche de définitions universelles. Nous verrons aussi les éléments de l'argumentation rationnelle.

Vérité et opinion

Socrate se bat contre le relativisme des Sophistes. Il veut fonder une science sur le terrain de la morale. La science morale veut dire: connaître de façon certaine ce que sont chacune des différentes vertus morales. Contre les Sophistes qui prétendent qu'il y a autant de vérités que d'opinions et de choix exprimés par les hommes, Socrate soutient qu'il n'y a qu'une seule vérité à partir de laquelle il est possible de juger de la valeur de nos actions. Le bien et le mal ne sont pas relatifs à chacun, mais ils dépendent d'une norme universelle. Socrate s'indigne de ce que ceux qui s'affairent à rédiger les lois soient impuissants à définir correctement la nature de la justice. Comment, en effet, peuvent-ils juger de la rectitude d'une loi s'ils ne savent ce qu'est en lui-même le juste?

Par ailleurs, Socrate tourne le dos aux spécialistes qui réservent leur enseignement aux jeunes aristocrates désireux d'acquérir du pouvoir. Selon lui, la recherche sur la juste façon de vivre implique un travail en commun qui appartient aux gens du peuple autant qu'à ceux de l'élite et dans lequel chacun doit s'engager pour lui-même à perfectionner son âme. La recherche de la vérité implique un engagement total de la personne, sinon les paroles, même les plus éloquentes et les plus persuasives, ne sont que bavardages. Cette conception de la pratique de la philosophie s'oppose radicalement à la conception pragmatique des Sophistes. Pour Socrate, la recherche de la vérité dans le domaine moral ne peut ni s'accorder à la poursuite mesquine d'intérêts personnels, ni s'accommoder de ce qui *apparaît* le meilleur dans une situation donnée. Selon lui, la recherche du bien est nécessairement associée à la raison qui seule, contrairement aux sens, peut nous faire voir ce que le bien *est* véritablement. Lorsque nous jugeons mal, c'est que notre raison est fautive, qu'elle manque d'exercice dans la recherche, qu'elle tient pour acquis ce qui apparaît sans rien remettre en question. Pour les humains, le vrai n'est pas toujours une donnée évidente; pour l'atteindre, nous devons employer notre raison.

Pour faire progresser cette quête de la vérité, Socrate croit que nous devons mettre nos raisons en commun plutôt que de confronter nos opinions. Socrate valorise avant tout le dialogue. Ce qui n'exclut pas que l'échange soit parfois vécu douloureusement lorsque nous sommes amenés à reconnaître nos préjugés et nos erreurs. Socrate s'oppose à la croyance que toutes les opinions sont aussi vraies les unes que les autres. Il ne s'agit pas non plus d'imposer un point de vue particulier. Il faut dépasser les opinions pour atteindre un savoir rationnel et universel. L'opinion défendue avec beaucoup d'éloquence, même si elle remporte l'adhésion de la majorité, ne reste en elle-même qu'une opinion susceptible de se transformer. L'orateur le plus habile qui séduit les foules et qui réussit à vaincre tous ses adversaires ne détient pas pour autant une connaissance véritable. La vérité est, selon Socrate, indépendante des opinions individuelles.

La discussion réfutative

Partant de la thèse que tout homme a en lui le sens du vrai, Socrate a développé une méthode de discussion grâce à laquelle tout participant est amené à remettre en question ses fausses croyances, à ne plus se satisfaire d'un savoir extérieur, à prendre conscience des exigences réelles d'un savoir véritable. Cette méthode ou art de l'échange se nomme la discussion réfutative ou, tout simplement, la réfutation. La discussion réfutative comporte des règles. Elle se fait entre deux interlocuteurs dont l'un pose des questions afin d'examiner une thèse que l'autre défend en répondant aux questions. Les rôles, dans la discussion, sont non interchangeables. Socrate avait l'habitude de jouer le rôle de l'interrogateur. Par exemple, les premiers dialogues de Platon débutent la plupart du temps par une question que Socrate pose à un interlocuteur, qui est soit lui-même un Sophiste, soit l'un de leurs auditeurs. En général, la question, portant sur la nature de l'une ou l'autre des vertus, est du type: «Qu'est-ce que le juste?» ou «Qu'est-ce que le beau?» ou encore «Crois-tu que la vertu puisse s'enseigner?». Le répondant énonce son opinion en tenant pour acquis qu'elle est vraie. Socrate lui pose alors des questions auxquelles l'autre est tenu de répondre. L'enquête se poursuit ainsi jusqu'à ce que le répondant soit amené à admettre que certaines des conclusions auxquelles aboutit l'argumentation sont en contradiction entre elles ou avec la thèse de départ. Le répondant prend ainsi conscience que son savoir n'était au fond qu'un faux-savoir et que la recherche du vrai implique plus que l'adhésion à des opinions toutes faites. Les deux interlocuteurs doivent alors reprendre la question à partir du commencement et procéder à une autre tentative pour surmonter les contradictions et se rapprocher, d'un commun accord, de la vérité.

Bien que par la réfutation, Socrate vise la saisie de **définitions** universelles, les discussions qu'il entretient avec autrui ne les conduisent jamais à des vérités absolues. En fait, la mission philosophique de Socrate consiste principalement à entraîner les humains à se débarrasser de leurs fausses idées et de leurs illusions; il s'agit de désapprendre ce qu'on croit savoir. C'est, en d'autres termes, la déconstruction d'un pseudo-savoir. Selon Socrate, ce n'est que lorsque l'âme sera placée dans ce vide de connaissance qu'elle pourra chercher à le combler avec un autre savoir plus profond et plus vrai. Socrate dit avoir reçu sa mission du dieu APOLLON. Dans l'*Apologie de Socrate*, Socrate raconte que l'oracle de Delphes avait dévoilé à son ami Chéréphon que nul n'était plus sage que lui. Socrate, ne comprenant pas d'abord ce que l'oracle voulait dire, se mit à enquêter auprès des gens qu'il croyait être plus savants que lui. Questionnant tous ceux qu'il rencontrait, artisans, poètes, orateurs et hommes d'État, il comprit tout à coup ce qu'avait voulu dire l'oracle. Tous ces gens qui prétendaient tout savoir, en réalité, ne savaient rien. Alors que lui, Socrate, qui ne prétendait pas savoir, savait du moins qu'il ne savait rien. Sur quoi il conclut qu'*il est plus sage d'être conscient de son ignorance que de croire que l'on sait tout.*

> ### DÉFINITION
> Proposition qui exprime ce qu'est une chose. Elle a pour but de rendre plus claire et plus complète la connaissance que nous livre le concept d'une chose (*pour une définition du mot «concept», voir le chapitre 1, p. 12*). La définition *essentielle* ou *logique* est celle qui explique une chose au moyen des éléments propres et permanents de cette chose. Dans la définition essentielle, la chose définie et la définition sont réciproques et convertibles.
>
> *Exemple:*   – Tout homme est un animal rationnel;
>   – Tout animal rationnel est un homme.
>
> Socrate est à la recherche de définitions essentielles concernant les vertus morales telles que le juste, le bien, le courage, etc.

Socrate a considéré dès lors que sa mission, qu'il conçoit comme un devoir qu'il doit rendre au dieu, consistait à faire prendre conscience aux autres de leur propre non-savoir.

Socrate dit ne rien savoir; cela explique pourquoi, dans les discussions, il préfère jouer le rôle de l'interrogateur. Socrate n'a pas de savoir tout fait à communiquer à ses disciples. Ce qu'il leur enseigne, c'est à découvrir par eux-mêmes que leur prétendu savoir n'est en somme qu'un faux-savoir. En réalité, lorsque Socrate dit qu'il ne sait rien et qu'il n'enseigne rien, cela veut dire que, dans le domaine moral, on n'aboutit jamais à une explication totale de l'objet de la recherche, à une certitude indubitable. Il y a toujours place pour une nouvelle enquête. Cependant, cela n'exclut pas le fait que Socrate revendique comme vraies de nombreuses propositions lorsqu'elles sont rationnellement justifiées et qu'elles résistent à la réfutation. C'est pourquoi ses interlocuteurs ont parfois l'impression que Socrate ne fait que feindre de ne rien savoir. C'est de là que vient ce qu'on appelle l'«ironie socratique».

APOLLON est le dieu de la divination, de la musique et de la poésie. À Delphes, Apollon tua le dragon Python et il prit possession du sanctuaire où il rendait des oracles par l'intermédiaire de la pythie, une prêtresse.

La définition universelle

Selon Socrate, une proposition portant sur la nature d'une chose ne peut être reconnue pour vraie si ce qu'elle exprime renvoie à un simple cas particulier. Définir correctement une chose, ce n'est ni énumérer une série d'exemples ni énoncer ce qui apparaît le plus pertinent uniquement dans une situation donnée. Quand, par exemple, Socrate recherche ce qu'est la vertu, il ne veut pas savoir ce qu'est la vertu d'un homme, d'une femme, d'un enfant ou d'un esclave, mais ce qu'est la vertu en elle-même, indépendamment des vertus particulières. De même, lorsque Socrate recherche la définition de chacune des vertus, il réfute toutes propositions n'exposant que des exemples et des opinions relatives à ses interlocuteurs. Par exemple, si quelqu'un définit le courage comme étant le fait de participer à un affrontement périlleux dans une bataille sur mer, il ne fournit qu'un exemple de ce qu'est le courage, exemple choisi entre de multiples autres exemples possibles. Il ne définit pas le courage en lui-même, lequel est toujours identique malgré la multitude d'actes où il est exemplifié. Selon Socrate, une proposition n'est donc valable que si ce qu'elle affirme sur une chose vaut pour l'ensemble des cas qui se rapportent à cette même chose. Par exemple, pour être vraie, la définition de la justice doit englober tout ce qui est juste. Ainsi, une définition universelle fait voir la raison pour laquelle telle ou telle chose particulière appartient à un ensemble de choses ayant en commun une même propriété générale ou une même **forme**. La forme d'une chose, que fournit la définition universelle, est donc commune à toutes les choses qu'on appelle par le même nom. Accéder aux définitions universelles, c'est donc acquérir un savoir stable et supérieur à celui que procurent les opinions, qui ne valent que dans des cas particuliers.

Avec ce que nous avons appris de la philosophie de Socrate, il nous est possible d'établir différentes étapes décrivant le rapport des humains à la connaissance. Le tableau 4.2 énumère ces étapes selon un ordre ascendant allant de l'état le plus naïf jusqu'à l'état le plus savant.

Tableau 4.2 *Les étapes de la connaissance*

1. Celui qui ne sait pas mais qui croit tout savoir.	Socrate situe les Sophistes à ce niveau.
2. Celui qui sait qu'il ne sait pas.	C'est ainsi que Socrate définit la science qu'il possède.
3. Celui qui ne sait pas qu'il sait.	La vérité est d'une certaine manière en chacun de nous, mais il faut nous débarrasser de nos fausses croyances pour y accéder.
4. Celui qui sait.	C'est-à-dire celui qui est en possession d'une connaissance universelle. Cette étape représente le savoir que Socrate désire acquérir.

Nous avons déjà traité des étapes 1, 2 et 4. Nous verrons l'étape 3 dans les deux paragraphes suivants.

Celui qui ne sait pas qu'il sait

Socrate croit que la science ne peut se transmettre au moyen de cet exercice qui consiste à ce que l'élève reçoive des informations toutes faites de l'enseignant. Le véritable savoir ne peut venir de l'extérieur; il doit surgir des profondeurs de l'âme. Tout individu a la possibilité de savoir si, le désirant de tout son être, il est prêt à laisser tomber les fausses croyances qu'il a acquises par conformisme et paresse de l'esprit. Placé dans ce vide de connaissance, il est alors bien disposé pour découvrir par lui-même la vérité. Socrate avait, selon Platon, un rôle d'accoucheur des esprits, ce qui n'est pas sans rappeler la profession de sa mère, qui était sage-femme. Socrate croyait que ses interlocuteurs avaient toujours parmi leurs nombreuses fausses croyances quelque vérité qu'il pourrait rallumer et qui engendrerait d'autres vérités. Ces vérités ne sont toutefois jamais des certitudes inébranlables. Les interlocuteurs de Socrate apprennent par eux-mêmes à fuir la vanité d'un prétendu savoir, ils se remettent en question, et ils découvrent le souci des choses les plus dignes.

Socrate avait fait sienne la maxime «Connais-toi toi-même» inscrite sur le fronton du temple de Delphes. Par cette formule, il invitait tous ceux qu'il rencontrait à perfectionner leur âme. La psychologie moderne a aussi adopté cette maxime, mais dans un autre sens. La démarche de Socrate n'avait pas pour but d'aider l'individu à découvrir son caractère, ses aptitudes ou ses tendances propres, comme le fait la psychologie moderne, mais elle invitait chacun à rechercher une connaissance qui dépasse les individualités. Elle conduisait à méditer sur les formes universelles des vertus.

L'argumentation rationnelle

À la lumière de ce que nous avons vu de la méthode socratique, nous pouvons maintenant compléter notre étude de l'argumentation rationnelle. Au chapitre 1 (p. 11 à 13), nous avons défini ce que sont une thèse, un jugement, un concept et un argument. Nous avons également traité de la nécessité, pour une argumentation, d'être cohérente. Nous allons maintenant définir l'antithèse, l'objection, la réfutation d'objections et la conclusion. Ensuite, nous allons ordonner ces différents éléments tels qu'ils devraient normalement se présenter dans le déroulement d'une argumentation. Enfin, nous traiterons des critères qui déterminent la rationalité d'une argumentation.

L'*antithèse* provient la plupart du temps du point de vue de quelqu'un qui s'oppose radicalement à la thèse de l'auteur. Dans une œuvre écrite, l'auteur s'en sert pour démontrer, par opposition, la pertinence de sa propre thèse.

On utilise des *objections* (ou contre-arguments) pour vérifier la force des arguments. En tentant d'imaginer les reproches qu'on pourrait lui faire, l'auteur se fait l'avocat du diable à l'égard de ses propres arguments. Supposons, par exemple, que la thèse de l'auteur soit la suivante: «Une action est juste dans l'unique mesure où l'individu l'accomplit avec l'intention de faire le bien» et que, à l'appui de cette thèse, il fournisse l'argument suivant: «On ne peut qualifier de juste une action qui profite à autrui si cela n'est qu'une conséquence fortuite des intérêts recherchés par celui qui l'a posée». Sachant que sa thèse ne fait pas l'unanimité et que son argument s'oppose à d'autres points de vue que le sien, l'auteur déjoue les contradicteurs en rapportant lui-même une objection qu'on pourrait lui faire: «Il est vrai que, selon certains, on ne peut définir ainsi l'action juste, puisque personne ne peut se porter juge des intentions d'une autre personne.»

La RÉFUTATION des objections consiste à démontrer la non-pertinence des objections, de telle sorte que les arguments de l'auteur demeurent les plus convaincants. La démonstration de la thèse peut ainsi se poursuivre sans obstacle. Dans l'exemple précédent, l'auteur pourrait réfuter l'objection en disant: «Une recherche sérieuse sur la nature de la justice nécessite une analyse profonde qui ne peut se satisfaire de simples constatations qui s'appuient sur l'expérience personnelle et non sur la science et le raisonnement.»

À la fin de son texte, l'auteur rend compte des *conclusions* qui ont été prouvées au moyen de l'argumentation. Ces conclusions doivent nécessairement correspondre à la thèse qui est, en fait, la cause de toute la démonstration.

Normalement, le développement d'une argumentation rationnelle se fait selon l'ordre qui suit. L'auteur annonce le thème de son texte et indique un problème relatif à ce thème. Une argumentation est requise uniquement dans les cas où il y a matière à controverse. L'auteur présente alors sa thèse, c'est-à-dire sa prise de position concernant le problème soulevé. S'il y a lieu, l'auteur profitera de l'exposition du problème pour faire part à ses lecteurs du point de vue de ses contradicteurs (l'antithèse). Lorsqu'un texte est court, il arrive que la thèse n'apparaisse qu'en conclusion du texte. Il est cependant préférable, pour nous, de toujours présenter la thèse en guise d'introduction et de la reprendre dans la conclusion, pour confirmer qu'elle a été rationnellement défendue.

L'auteur doit ensuite démontrer la pertinence de la thèse en présentant des arguments qui la justifient. Dans les argumentations complexes, les arguments ne sont pas tous liés directement à la thèse, mais, la plupart du temps, on a affaire à de longues chaînes de raisonnements dans lesquelles certains arguments servent à en justifier d'autres. Par ailleurs, il peut être utile de donner des exemples pour illustrer, et parfois préciser, ce qui est dit.

Si certains arguments sont évidents, il n'est pas nécessaire de présenter une objection. Toutefois, l'auteur doit le faire chaque fois qu'il se rend compte que l'un de ses arguments est contestable et qu'il est préférable de le renforcer par des justifications supplémentaires.

L'usage d'objections n'est donc pas toujours nécessaire. Cependant, chaque fois qu'il y a objection, la réfutation doit suivre, sinon l'auteur donnerait raison à l'adversaire plutôt que de défendre sa thèse.

Enfin, lorsque la thèse est suffisamment prouvée et qu'il y a eu réfutation de toutes les objections soulevées, l'auteur conclut en reprenant la thèse et en précisant les moyens par lesquels elle a été prouvée. La figure 4.1 présente de façon synthétique les différents éléments d'une argumentation rationnelle.

Le terme RÉFUTATION est utilisé ici dans un sens restreint comparativement à celui qu'on lui donne lorsqu'il s'agit de la méthode socratique. La discussion réfutative, ou réfutation socratique, implique l'ensemble des échanges mettant en lumière les contradictions et conduisant graduellement à la vérité.

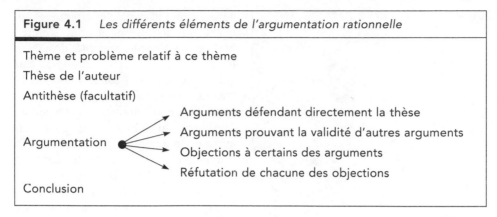

Figure 4.1 *Les différents éléments de l'argumentation rationnelle*

Thème et problème relatif à ce thème

Thèse de l'auteur

Antithèse (facultatif)

Argumentation
→ Arguments défendant directement la thèse
→ Arguments prouvant la validité d'autres arguments
→ Objections à certains des arguments
→ Réfutation de chacune des objections

Conclusion

Mis à part le critère de la cohérence (*voir le chapitre 1, page 12*), l'argumentation rationnelle doit remplir certaines conditions. On doit veiller à ce que les preuves ou les arguments utilisés justifient suffisamment la conclusion. Les liens établis au fil de l'argumentation doivent être assez solides pour que les personnes à qui l'on s'adresse adhèrent sans réserve à la thèse. Il faut éviter d'utiliser des preuves qui peuvent conduire à plus d'une conclusion. Par ailleurs, il faut non seulement que les liens établis entre les preuves soient rigoureux, mais il faut également que chacun des arguments soit valable. Par exemple, il faut se méfier des sources sur lesquelles nous nous appuyons. Un argument qui provient d'une source non objective ne peut être reçu de façon sérieuse.

Le problème de la vertu

Socrate n'a rien d'un penseur solitaire jouissant de ses découvertes intellectuelles. Il n'a même rien écrit. Socrate s'adresse directement à la conscience d'autrui. Ce qui fait son originalité, c'est la profondeur de son engagement avec lui-même et avec les autres, qu'il entraînait à la discussion et à la remise en question. Pour Socrate, la recherche de la vérité implique toute la personne; elle est indissociable de la volonté d'agir selon le bien. Vérité et vertu sont en quelque sorte génératrices l'une de l'autre. La présente section porte sur ce lien qui unit le savoir théorique sur le bien à l'action vertueuse. Il y est question également du respect des lois. Selon Socrate, c'est la recherche rationnelle du bien, et non la persuasion, la violence et l'irrespect des lois de la cité, qui conduit au bonheur.

La vertu-science

Le savoir de Socrate porte sur la valeur du bien et du mal. Ce savoir, Socrate le puise en lui-même. Il consacre sa vie à la découverte du bien; pour lui, ce choix a une valeur absolue. La recherche du bien ne procure pas à Socrate un savoir théorique qu'il pourrait livrer à des disciples, mais elle lui procure la certitude que sa manière de vivre est la meilleure. Cette certitude se révèle à travers les expériences multiples

Socrate et Erato, la muse qui inspire les poèmes d'amour. Socrate dit avoir reçu d'une femme, Diotime, son savoir sur la nature véritable de l'amour.

de la vie quotidienne. Les craintes et les maux qui assaillent et font s'entre-déchirer la grande majorité des êtres humains semblent insignifiants à celui qui goûte au bonheur que donne la volonté inébranlable d'agir vertueuse-ment. Pour ce dernier, la recherche d'intérêts individuels ne peut, en aucune circonstance, faire ébranler la conviction que le bonheur consiste dans la vertu. Sans la vertu, les biens non moraux, comme la richesse, la santé, la bonne réputation, sont sans valeur et peuvent par surcroît conduire au mal. Même la mort apparaît à Socrate comme une chose qui ne pèse pas lourd comparativement à la volonté d'agir selon le bien. Craindre la mort c'est, selon lui, s'attribuer un savoir que l'on a pas. Dans l'*Apologie de Socrate*, Socrate réalise que si le dieu le considère comme le plus savant des hommes (*voir la page 91*), c'est parce que, contrairement à tous ceux qui se vantent de posséder de nombreuses connaissances, lui, Socrate, ne prétend pas savoir ce qu'il ne sait pas. Le refus de prendre la mort pour un mal est l'exemple ultime que Socrate devait fournir contre ceux qui s'enorgueillis-saient d'user d'un pouvoir temporel. À la fin de son procès, Socrate prévient ses accusateurs que «le difficile n'est pas d'éviter la mort, mais bien plutôt d'éviter de mal faire[2]». La menace de la mort n'a pas eu raison de Socrate; il a préféré mourir plutôt que de renoncer à la vertu. En ce sens, on peut dire de Socrate qu'il est l'un des plus grands philosophes. Il ne s'est pas contredit, même si cela nécessitait l'engagement non seulement de sa pensée mais aussi de toute sa personne, de toute sa vie.

Selon Socrate, le désir du bien, qui a guidé sa vie, est inné chez tout être humain. Tout être humain qui se laisse conduire par sa raison tend à vivre de façon juste. Socrate ne croit pas que l'on «se trompe de son plein gré et fasse volontaire-ment des choses mauvaises et honteuses[3]». Lorsqu'un homme accomplit le mal, c'est qu'il prend ce qui lui apparaît bon, mais qui ne l'est pas, comme ce qui est

2. Platon, *Apologie de Socrate* dans *Œuvres complètes*, t. I, Paris, éd. Les Belles Lettres, 1963, 39b.

3. Platon, *Protagoras* dans *Œuvres complètes*, t. III, 1ʳᵉ partie, Paris, éd. Les Belles Lettres, 1984, 345e.

bon. Le désir d'un objet quelconque est toujours le désir d'un bien même si, en réalité, cet objet est mauvais. Si donc nous accomplissons le mal, c'est que la raison éprouve de la difficulté à reconnaître le bien. Ce que nous prenons pour le bien n'est en fait qu'une opinion. Mais si notre jugement était toujours sain et que nous percevions clairement ce qu'est le bien, aucune passion ou désir irrationnel ne pourraient faire obstacle à notre volonté d'agir vertueusement. Il s'ensuit donc que l'acte moralement bon dépend exclusivement de la raison. Lorsque notre raison est droite, nous agissons nécessairement vertueusement. Il y a un lien nécessaire entre le savoir vrai (la science) et la vertu.

La tâche du philosophe consiste donc à faire prendre conscience à autrui que le bien est en lui et qu'il peut le découvrir s'il attache plus d'importance à son âme qu'à son corps, aux biens spirituels qu'aux biens matériels. À l'encontre des Sophistes qui incitent leurs élèves à devenir de bons orateurs et de bons politiciens, Socrate exhorte ses concitoyens à n'accorder d'importance qu'à leur perfectionnement moral, car, dit-il, «une vie sans examen ne vaut pas la peine d'être vécue [4]». Cela nécessite des efforts; il faut se mettre soi-même à l'épreuve, se questionner sans cesse. Mais l'argent, l'honneur, la réputation sont bien peu de chose auprès de la volonté de faire le bien.

La notion de loi

Pour Socrate, vivre vertueusement équivaut à vivre selon la justice. Être bon, c'est être juste. Et s'il ne faut jamais préférer le mal au bien, il ne faut jamais, non plus, préférer ce qui est injuste à ce qui est juste. Le terme «jamais» a ici un sens absolu. Socrate refuse la LOI DU TALION, qui consiste à infliger au coupable une peine

C'est la LOI DU TALION qu'exprime le proverbe célèbre: «Œil pour œil, dent pour dent».

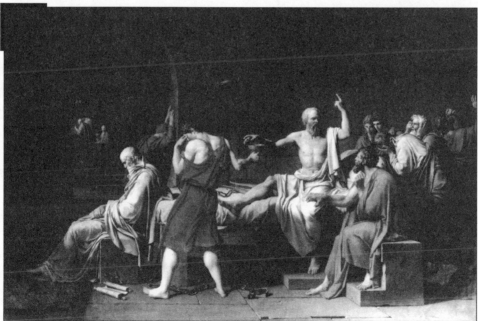

La *Mort de Socrate*, peinture de David. Socrate fut condamné à mort pour ses idées.

4. Platon, *Apologie de Socrate, op. cit.*, 38a.

identique à celle qu'il a fait subir à sa victime. Selon lui, nous ne devons en aucun cas commettre le mal. Cela s'accorde avec le principe de la souveraineté de la vertu. Si le bonheur ne peut être atteint que dans la recherche rationnelle du bien, il va de soi que l'homme qui commet une injustice, quoi qu'il ait pu subir, fait violence à sa propre raison et se rend lui-même malheureux. Il serait contradictoire que l'homme vraiment juste, qui connaît le sens véritable de la justice, fasse le mal volontairement, car rien de ce qu'il y gagnerait ne pourrait compenser la perte de la vertu qu'il possédait. Contrairement aux Sophistes, Socrate croit que la justice n'est pas relative à chaque individu ni à chaque situation. Elle dicte toujours la même chose: ne jamais commettre une injustice.

En énonçant son désaccord avec la loi du talion, Socrate ampute la morale traditionnelle des Grecs de l'une de ses parties vitales. Il procède à un total renversement des valeurs. Socrate passe ses journées entières à examiner ses concitoyens, à les «stimuler comme un taon stimulerait un cheval grand et de bonne race, mais un peu mou en raison même de sa taille, et qui aurait besoin d'être excité[5]». Il s'attire ainsi la haine de tous ceux qui n'acceptent pas d'avoir à rompre avec les valeurs établies. Alors qu'il a délaissé tous ses intérêts personnels pour inciter tous ceux qu'il rencontre à se soumettre à des principes plus hauts que la convention, Socrate sera accusé par le tribunal d'Athènes de corrompre les jeunes gens et de ne pas respecter les dieux de la Cité. Or Socrate respectait les lois, même s'il pouvait espérer qu'elles se modifient. La preuve ultime de cela est fournie par son refus de s'évader de prison lorsque son ami Criton prépare sa fuite. Le propos qu'il tient à ce moment-là à son ami prouve que, pour lui, l'éthique de la personne n'est justifiable que rattachée à l'éthique du citoyen. Autrement dit, le souci de soi est indissociable du souci des autres et de la cité.

Par ailleurs, Socrate n'était pas athée. D'abord, il disait posséder un dieu personnel qui lui parlait et l'arrêtait chaque fois qu'il tendait à ne pas commettre le bien. C'est ce dieu personnel qui l'incita à ne pas s'occuper de politique afin qu'il se consacre entièrement à philosopher, à examiner son âme et celle de ses concitoyens. Quant aux dieux de la cité, Socrate ne les rejetait pas. Cependant, contre les croyances traditionnelles, il pensait que les dieux ne pouvaient accomplir les actes immoraux que leur assignait la mythologie. Selon lui, si la connaissance du bien entraîne nécessairement chez l'homme une conduite vertueuse, cette connaissance, qui est parfaite chez les dieux, s'accorde d'autant moins avec une mauvaise conduite. Comme les dieux de l'Olympe étaient des dieux vengeurs et à l'esprit guerrier, cette croyance de Socrate impliquait ni plus ni moins la substitution de nouveaux dieux aux anciens, et ce fut effectivement l'essentiel de l'accusation portée contre lui. Les dieux auxquels croit Socrate sont des dieux bienfaisants qui incitent les hommes à faire usage de leur raison pour agir selon le bien et atteindre ainsi au bonheur.

---

5. Platon, *Apologie de Socrate, op. cit.*, 38e.

RÉSUMÉ SCHÉMATIQUE DE L'EXPOSÉ

Socrate: le personnage

Socrate est un Athénien qui a vécu de 470 à 399 avant notre ère. Sa beauté intérieure lui venait de l'exercice de la philosophie. Contrairement aux Sophistes, Socrate voulait fonder une science morale. Il exhortait les hommes à prendre soin des biens de l'âme plutôt que des biens du corps. Socrate a été condamné à mort pour avoir dénoncé l'ignorance des gens qui avaient du pouvoir. Il existe des ressemblances entre Socrate et Jésus. Les disciples de Socrate ont développé des doctrines qui diffèrent entre elles. Socrate n'a rien écrit; nous le connaissons surtout grâce à l'œuvre de Platon. La philosophie de Socrate est exclusivement une philosophie morale.

Le problème du vrai

1. En opposition avec le relativisme des Sophistes, Socrate veut fonder une science morale. Le bien et le mal dépendent d'une norme universelle. La recherche du bien implique un travail en commun et un engagement total des personnes. Le bien s'acquiert uniquement au moyen de la raison. Socrate préconise l'échange rationnel. La vérité est indépendante des opinions individuelles.

2. Socrate a développé la méthode de la discussion réfutative. En questionnant ses interlocuteurs sur le bien-fondé de leurs opinions, il les amène à prendre conscience des contradictions contenues dans leur argumentation. La mission de Socrate consiste à entraîner les hommes à se débarrasser de leur faux-savoir. Il est plus sage d'être conscient de son ignorance que de croire que l'on sait tout. Dans le domaine moral, on n'aboutit jamais à une certitude indubitable.

3. Définir, ce n'est pas énumérer des exemples. Pour être vraie, la définition doit dévoiler la forme commune à toutes les choses qu'on appelle du même nom. Il existe plusieurs étapes décrivant le rapport des humains à la connaissance. La connaissance des formes universelles est le niveau le plus élevé du savoir. La science ne peut s'acquérir qu'au moyen du perfectionnement de l'âme. Socrate accouchait les esprits. Il avait fait sienne la maxime: «Connais-toi toi-même».

4. L'antithèse s'oppose radicalement à la thèse. Une objection est utile pour vérifier la force d'un argument. La réfutation consiste à renverser les objections. La conclusion sert à indiquer que la thèse a été démontrée. L'argumentation rationnelle doit respecter un ordre rigoureux. En plus de veiller à la cohérence des arguments, on doit aussi s'assurer que ceux-ci justifient suffisamment le point de vue défendu. Chacun des arguments doit être acceptable.

Le problème de la vertu

1. La volonté d'agir selon le bien a, pour Socrate, une valeur absolue. Sans la vertu, on ne peut atteindre le bonheur. La mort n'est rien comparativement à la vertu. Le désir du bien est inné chez tous les humains. Nul n'est méchant volontairement. Il y a un lien nécessaire entre la vérité et la vertu. Une vie sans examen ne vaut pas la peine d'être vécue.

2. Il ne faut jamais commettre d'injustice. Socrate critique la morale traditionnelle. Il s'élève contre la loi du talion. Il s'attire la haine de ceux qui ne veulent pas remettre en question les valeurs établies. Le souci de soi est lié au souci des autres. Il est impossible que les dieux commettent le mal.

LECTURES SUGGÉRÉES

BRUN, Jean. *Socrate*, Paris, PUF, coll. «Que sais-je?», n° 899, 1960.

HERSCH, Jeanne. *L'étonnement philosophique; une histoire de la philosophie*, Paris, Gallimard, coll. «Folio/Essais», n° 216, 1993. Voir les pages 27 à 34.

PLATON. *Apologie de Socrate* et *Criton* dans *Apologie de Socrate, Criton, Phédon*, Paris, GF-Flammarion, 1965.

Note: La maison d'édition Les Belles Lettres publie les œuvres complètes de Platon dans la langue originale avec, en regard, la traduction française.

ACTIVITÉS D'APPRENTISSAGE

Le problème du vrai

1. **Voici les principaux éléments de la pensée des Sophistes concernant le problème du discours vrai.**

   – Puisque ce qui apparaît à chacun est comme tel réel pour lui, la connaissance ne peut dépendre d'aucune vérité universelle. Le recours à des normes supérieures aux opinions individuelles est impossible. Tout est relatif; l'homme est la mesure de toutes choses.

   – Il n'y a pas de vérité absolue; la vérité est elle-même changeante. Il n'y a pas de vérité plus haute que l'opinion; vérité et opinion sont identiques.

   – L'opinion la meilleure est celle qui est la plus persuasive; elle est celle qui semble la plus utile.

   Dans un texte d'environ une page, décrivez comment Socrate s'oppose à la pensée des Sophistes par rapport au discours vrai.

2. *a)* Dans le texte «Hippias majeur», Socrate demande à Hippias, un sophiste, de lui enseigner ce qu'est le beau. Hippias, ne doutant aucunement de son savoir, fournit aussitôt à Socrate une définition du beau. Mais Socrate, non satisfait de la réponse d'Hippias, réfute cette première définition.

   Hippias en fournit alors une deuxième, puis une troisième. Voici, dans l'ordre, ces trois définitions:
   – Le beau est une belle fille;
   – Le beau, c'est l'or;
   – Le beau, c'est de produire un élégant et beau discours.

   Pour chacune de ces définitions, expliquez en quoi consiste la réfutation de Socrate.

   b) En vous servant de l'exposé de votre manuel, expliquez, en une demi-page environ, pourquoi Socrate est insatisfait des réponses d'Hippias.

3. **Rédigez un court texte d'argumentation dans lequel vous prendrez position en faveur de ce que soutient Socrate concernant la nécessité de l'échange rationnel pour atteindre la vérité. Pour réaliser cet exercice, vous devez:**

   a) formuler une thèse à partir du point de vue de Socrate (présentez cette thèse comme si c'était la vôtre);

   b) appuyer votre thèse sur un argument pertinent;

   c) émettre une objection en vous inspirant de la conception des Sophistes;

   d) réfuter cette objection;

   e) faire une brève conclusion.

Le problème de la vertu

4. Dans le dialogue de Platon intitulé *Criton*, Socrate, qui est condamné à mort, reçoit la visite de son ami Criton qui tente de le persuader de s'évader de prison. Le texte «Criton» reproduit un extrait où Socrate, dans le but de réconforter Criton, imagine un dialogue où il s'entretient avec les lois de la cité.

   a) Quelles sont, selon vous, les trois principales raisons que les lois donnent à Socrate afin qu'il ne s'évade pas?

   b) Quelle est, d'après vous, l'idée essentielle que Socrate veut faire comprendre à son ami Criton?

   c) Qu'auriez-vous fait à la place de Socrate? Justifiez votre réponse.

5. Selon vous, la justice est-elle toujours identique à elle-même ou est-elle relative à chaque situation? Autrement dit, la justice nous dicte-t-elle d'agir toujours selon le bien indépendamment des circonstances ou admet-elle que, dans certains cas, il faut faire le bien alors que, dans d'autres cas, il faut répondre au mal par le mal? Pour répondre à cette question, vous devez:

   a) formuler une thèse;

   b) appuyer votre thèse sur un argument pertinent;

   c) émettre une objection;

   d) réfuter cette objection;

   e) faire un brève conclusion.

6. Croyez-vous que «nul n'est méchant volontairement» ou que «tout en discernant le bien, nous ne le mettons pas toujours en pratique parce que nous lui préférons un certain plaisir»? Pour répondre à cette question, vous devez:

   a) choisir l'une des deux thèses proposées;

   b) l'appuyer sur un argument;

   c) faire une objection;

   d) la réfuter;

   e) faire une brève conclusion.

Extraits de textes

Hippias majeur

Platon, *Hippias majeur* (extraits) dans *Premiers dialogues*, traduction, notices
et notes d'Émile Chambry, Paris, éd. GF/Flammarion, 1967, p. 362-371, 395-396.

HIPPIAS: [...] Dernièrement encore j'ai eu chez eux [chez les Lacédémoniens] beaucoup
de succès en leur exposant les belles occupations auxquelles un jeune homme doit se
livrer; car j'ai composé là-dessus un fort beau discours, qui joint à d'autres qualités un
heureux choix des mots. En voici à peu près la mise en scène et le commencement. Le
discours représente Néoptolème qui, après la prise de Troie, demande à Nestor quels
sont les beaux exercices auxquels il faut s'adonner, quand on est jeune, pour se faire la
plus belle réputation. Ensuite c'est Nestor qui parle et lui donne force conseils d'une justice et d'une beauté parfaites.

SOCRATE: [...] Réponds à une petite question que j'ai à te faire à ce sujet; tu m'y as
fait penser fort à propos. Tout dernièrement, excellent Hippias, je blâmais dans une discussion certaines choses comme laides et j'en approuvais d'autres comme belles,
lorsque quelqu'un m'a jeté dans l'embarras en me posant cette question sur un ton
brusque: «Dis-moi, Socrate, d'où sais-tu quelles sont les choses qui sont belles et celles
qui sont laides? Voyons, peux-tu me dire ce qu'est le beau?» Et moi, pauvre ignorant,
j'étais bien embarrassé et hors d'état de lui faire une réponse convenable. Aussi, en
quittant la compagnie, j'étais fâché contre moi-même, je me grondais et je me promet-
tais bien, dès que je rencontrerais l'un de vous autres savants, de l'écouter, de m'instruire, d'approfondir le sujet et de revenir à mon questionneur pour reprendre le combat. Aujourd'hui tu es donc venu, comme je disais, fort à propos. Enseigne-moi au juste
ce que c'est que le beau et tâche de me répondre avec toute la précision possible, pour
que je ne m'expose pas au ridicule d'être encore une fois confondu. Il est certain que tu
sais fort bien ce qu'il en est et, parmi les nombreuses connaissances que tu possèdes,
c'est apparemment une des moindres.

HIPPIAS: Oui, par Zeus, une des moindres, Socrate, et qui ne compte pour ainsi dire pas.

SOCRATE: Aussi me sera-t-il facile de l'apprendre, et personne ne me confondra plus.

HIPPIAS: Personne, j'en réponds; autrement, mon fait ne serait qu'une pitoyable ignorance.

SOCRATE: Par Hèra, voilà qui est bien dit, Hippias, s'il est vrai que je doive réduire à
merci mon adversaire. Mais cela t'incommoderait-il si, revêtant son personnage et te
questionnant, je faisais des objections à tes réponses, afin que tu me prépares à la lutte
aussi bien que possible; car je m'entends assez à présenter des objections. Si donc cela
ne te fait rien, j'ai l'intention de t'en faire, afin d'en tirer une instruction plus solide.

HIPPIAS: Eh bien, fais-en; car, je le répète, la question n'est pas grave et je pourrais
t'enseigner à répondre sur des sujets bien autrement difficiles, de manière que personne ne puisse te réfuter.

SOCRATE: Ah! quelles bonnes paroles! Mais allons! puisque tu m'y invites de ton côté,
je vais me mettre à sa place du mieux que je pourrai et essayer de t'interroger. Si, en
effet, tu lui débitais ce discours dont tu parles, sur les belles occupations, quand il t'aurait entendu et que tu aurais fini de parler, la première question qu'il te poserait serait

infailliblement sur la beauté, car telle est sa manie, et il te dirait: «Étranger d'Élis, n'est-ce pas par la justice que les justes sont justes?» Réponds à présent, Hippias, comme si c'était lui qui interrogeât.

HIPPIAS: Je réponds que c'est par la justice.

SOCRATE: N'est-ce pas quelque chose de réel que la justice?

HIPPIAS: Certainement.

SOCRATE: N'est-ce pas aussi par la science que les savants sont savants et par le bien que tous les biens sont des biens?

HIPPIAS: Sans doute.

SOCRATE: Et ces choses sont réelles, car si elles ne l'étaient pas, il n'y aurait pas de justes, de savants ni de biens.

HIPPIAS: Elles sont réelles certainement.

SOCRATE: De même toutes les belles choses ne sont-elles pas belles par la beauté?

HIPPIAS: Oui, par la beauté.

SOCRATE: Qui est une chose réelle?

HIPPIAS: Oui; car que serait-elle?

SOCRATE: «Dis-moi maintenant, étranger, poursuivra-t-il, ce que c'est que cette beauté.»

HIPPIAS: Le questionneur, n'est-ce pas, Socrate, veut savoir quelle chose est belle?

SOCRATE: Je ne crois pas, Hippias; il veut savoir ce qu'est le beau.

HIPPIAS: Et quelle différence y a-t-il de cette question à l'autre?

SOCRATE: Tu n'en vois pas?

HIPPIAS: Je n'en vois aucune.

SOCRATE: Il est évident que tu t'y entends mieux que moi. Néanmoins, fais attention, mon bon ami: il ne te demande pas quelle chose est belle, mais ce qu'est le beau.

HIPPIAS: C'est compris, mon bon ami, et je vais lui dire ce qu'est le beau sans crainte d'être jamais réfuté. Sache donc, Socrate, puisqu'il faut te dire la vérité, que le beau, c'est une belle fille.

SOCRATE: Par le chien, Hippias, voilà une belle et brillante réponse. Et maintenant crois-tu, si je lui réponds comme toi, que j'aurai correctement répondu à la question et que je n'aurai pas à craindre d'être réfuté?

HIPPIAS: Comment pourrait-on te réfuter, Socrate, si sur ce point tout le monde est d'accord avec toi et si tes auditeurs attestent tous que tu as raison?

SOCRATE: Soit, je le veux bien. Mais permets, Hippias, que je prenne à mon compte ce que tu viens de dire. Lui va me poser la question suivante: «Allons, Socrate, réponds. Toutes ces choses que tu qualifies de belles ne sauraient être belles que si le beau en soi existe?» Pour ma part, je confesserai que, si une belle fille est belle, c'est qu'il existe quelque chose qui donne leur beauté aux belles choses.

HIPPIAS: Crois-tu donc qu'il entreprendra encore de te réfuter et de prouver que ce que tu donnes pour beau ne l'est point ou, s'il essaye, qu'il ne se couvrira pas de ridicule?

SOCRATE: Il essayera, étonnant Hippias, j'en suis sûr. Quant à dire si son essai le rendra ridicule, l'événement le montrera. Mais ce qu'il dira, je veux bien t'en faire part.

HIPPIAS: Parle donc.

SOCRATE: «Tu es bien bon, Socrate, dira-t-il. Mais une belle cavale, n'est-ce pas quelque chose de beau, puisque le dieu lui-même l'a vantée dans son oracle?» Que répondrons-nous, Hippias? Pouvons-nous faire autrement que de reconnaître que la cavale a de la beauté, quand elle est belle? car comment oser nier que le beau ait de la beauté?

HIPPIAS: Tu as raison, Socrate; car ce que le dieu a dit est exact: le fait est qu'on élève chez nous de très belles cavales.

SOCRATE: «Bien, dira-t-il. Et une belle lyre, n'est-ce pas quelque chose de beau?» En conviendrons-nous, Hippias?

HIPPIAS: Oui.

SOCRATE: Après cela, mon homme dira, j'en suis à peu près sûr d'après son caractère: «Et une belle marmite, mon excellent ami? N'est-ce pas une belle chose?»

HIPPIAS: Ah! Socrate, quel homme est-ce là? Quel malappris, d'oser nommer des choses si basses dans un sujet si relevé?

SOCRATE: Il est comme cela, Hippias, tout simple, vulgaire, sans autre souci que celui de la vérité. Il faut pourtant lui répondre, à cet homme, et je vais dire le premier mon avis. Si la marmite a été fabriquée par un bon potier, si elle est lisse et ronde et bien cuite, comme ces belles marmites à deux anses qui contiennent six congés et qui sont de toute beauté, si c'est d'une pareille marmite qu'il veut parler, il faut convenir qu'elle est belle; car comment prétendre qu'une chose qui est belle n'est pas belle?

HIPPIAS: Cela ne se peut, Socrate.

SOCRATE: Donc, dira-t-il, une belle marmite aussi est une belle chose? Réponds.

HIPPIAS: Voici, Socrate, ce que j'en pense. Oui, cet ustensile est une belle chose, s'il a été bien travaillé; mais tout cela ne mérite pas d'être considéré comme beau, en comparaison d'une cavale, d'une jeune fille et de toutes les autres belles choses.

SOCRATE: Soit. Si je te comprends bien, Hippias, voici ce que nous devons répondre à notre questionneur: «Tu méconnais, l'ami, la justesse de ce mot d'Héraclite, que le plus beau des singes est laid en comparaison de l'espèce humaine. De même la plus belle marmite est laide, comparée à la race des vierges, à ce que dit Hippias le savant.» N'est-ce pas cela, Hippias?

HIPPIAS: Parfaitement, SOCRATE: c'est très bien répondu.

Socrate: Écoute maintenant, car, après cela, je suis sûr qu'il va dire: «Mais quoi, Socrate! Si l'on compare la race des vierges à celle des dieux, ne sera-t-elle pas dans le même cas que les marmites comparées aux vierges? Est-ce que la plus belle fille ne paraîtra pas laide? Et cet Héraclite que tu cites ne dit-il pas de même que le plus savant des hommes comparé à un dieu paraîtra n'être qu'un singe pour la science, pour la beauté et pour tout en général?» Accorderons-nous, Hippias, que la plus belle jeune fille est laide, comparée à la race des dieux?

HIPPIAS: Qui pourrait aller là contre, Socrate?

SOCRATE: Si donc nous lui accordons cela, il se mettra à rire et dira: «Te souviens-tu, Socrate, de la question que je t'ai posée?» Oui, répondrai-je: tu m'as demandé ce que peut être le beau en soi. «Et puis, reprendra-t-il, étant interrogé sur le beau, tu m'indiques en réponse une chose qui, de ton propre aveu, est justement tout aussi bien laide que belle.» Il le semble bien, répondrai-je. Sinon, mon cher, que me conseilles-tu de répliquer?

HIPPIAS: Moi? ce que tu viens de dire. S'il dit que, comparée aux dieux, la race humaine n'est pas belle, il dira la vérité.

SOCRATE: Mais, poursuivra-t-il, si je t'avais demandé tout d'abord, Socrate, qu'est-ce qui est à la fois beau et laid, et si tu m'avais répondu ce que tu viens de répondre, ta réponse serait juste. Mais le beau en soi qui orne toutes les autres choses et les fait paraître belles, quand cette forme s'y est ajoutée, crois-tu encore que ce soit une vierge, ou une cavale, ou une lyre?

HIPPIAS: Eh bien, Socrate, si c'est cela qu'il cherche, rien n'est plus facile que de lui indiquer ce qu'est le beau, qui pare tout le reste et le fait paraître beau en s'y ajoutant. Ton homme, à ce que je vois, est un pauvre d'esprit et qui n'entend rien aux belles choses. Tu n'as qu'à lui répondre que ce beau sur lequel il t'interroge n'est pas autre chose que l'or. Il sera réduit au silence et n'essayera pas de te réfuter. Car nous savons tous que, quand l'or s'y est ajouté, un objet qui paraissait laid auparavant, paraît beau, parce qu'il est orné d'or.

SOCRATE: Tu ne connais pas l'homme, Hippias. Tu ignores jusqu'à quel point il est intraitable et difficile à satisfaire.

HIPPIAS: Qu'est-ce que cela fait, Socrate? Si ce qu'on dit est juste, force lui est de l'accepter; s'il ne l'accepte pas, il se couvrira de ridicule.

SOCRATE: Il est certain, excellent Hippias, que loin d'accepter ta réponse, il se moquera même de moi et me dira: «Es-tu fou? prends-tu Phidias pour un mauvais sculpteur?» Et moi je lui répondrai sans doute: «Non, pas du tout.»

HIPPIAS: Et tu auras bien répondu, Socrate.

SOCRATE: Oui, certainement. Dès lors, quand je serai convenu que Phidias était un excellent artiste, il poursuivra: «Et tu crois que ce beau dont tu parles, Phidias l'ignorait? — Pourquoi cette demande? dirai-je. — C'est, dira-t-il, qu'il n'a fait en or ni les yeux de son Athéna, ni le reste de son visage, ni ses pieds, ni ses mains, s'il est vrai qu'étant d'or la statue devait paraître plus belle, mais qu'il les a faits en ivoire. Il est évident qu'en cela il a péché par ignorance, faute de savoir que c'est l'or qui rend beaux tous les objets auxquels on l'applique.» Quand il dira cela, que faut-il répondre, Hippias?

HIPPIAS: Il n'y a là rien de difficile. Nous lui dirons que Phidias a bien fait; car l'ivoire aussi, je pense, est une belle chose.

SOCRATE: «Alors, pourquoi, dira-t-il, au lieu de faire le milieu des yeux en ivoire, l'a-t-il fait d'une pierre précieuse, après en avoir trouvé une qui fût aussi semblable que possible à l'ivoire? Serait-ce qu'une pierre est aussi une belle chose?» Le dirons-nous, Hippias?

HIPPIAS: Oui, nous le dirons, à condition qu'elle convienne.

SOCRATE: Et lorsqu'elle ne convient pas, elle est laide? L'avouerai-je, oui ou non?

HIPPIAS: Avoue-le, du moins lorsqu'elle ne convient pas.

SOCRATE: «Mais alors, savant homme, dira-t-il, l'ivoire et l'or ne font-ils pas paraître belles les choses auxquelles ils conviennent, et laides celles auxquelles ils ne conviennent pas?» Le nierons-nous ou avouerons-nous qu'il a raison?

HIPPIAS: Nous avouerons que ce qui convient à une chose, c'est cela qui la rend belle.

SOCRATE: Il me dira ensuite: «Qu'est-ce qui convient à la marmite dont nous parlions tout à l'heure, la belle, quand on la met sur le feu, pleine de beaux légumes? Est-ce une mouvette d'or ou une de bois de figuier?»

HIPPIAS: Ô Héraclès! quel homme est-ce là, Socrate? Ne veux-tu pas me dire qui c'est?

SOCRATE: Quand je te dirais son nom, tu ne le connaîtrais pas.

HIPPIAS: Je sais du moins dès à présent que c'est un homme sans éducation.

SOCRATE: Il est insupportable, Hippias. Que lui répondrons-nous cependant? Laquelle des deux mouvettes convient à la purée et à la marmite? N'est-ce pas évidemment celle qui est en bois de figuier? Elle donne une meilleure odeur à la purée; en outre, Hippias, avec elle, on ne risque pas de casser la marmite, de répandre la purée, d'éteindre le feu et de priver d'un plat fort appétissant ceux qui comptaient s'en régaler, tous accidents qui peuvent arriver avec la mouvette d'or, en sorte que nous devons dire, à mon avis, que la mouvette en bois de figuier convient mieux que celle d'or, à moins que tu ne sois d'un autre avis.

HIPPIAS: En effet, Socrate, elle convient mieux, mais moi, je ne m'entretiendrais pas avec un homme qui pose de telles questions.

SOCRATE: Et tu aurais raison, mon cher. Il te siérait mal de souiller tes oreilles de mots si bas, toi qui es si bien vêtu, si bien chaussé et réputé pour ta science dans toute la Grèce; mais moi, je ne risque rien à me frotter à cet homme. Continue donc à m'instruire et réponds à cause de moi. «Si en effet, dira cet homme, la mouvette de figuier convient mieux que la mouvette d'or, n'est-elle pas aussi plus belle, puisque tu es convenu, Socrate, que ce qui convient est plus beau que ce qui ne convient pas?» Ne conviendrons-nous pas, Hippias, que la mouvette de figuier est plus belle que la mouvette d'or?

HIPPIAS: Veux-tu que je dise, Socrate, comment tu dois lui définir le beau pour te débarrasser de tout ce verbiage?

SOCRATE: Certainement, mais pas avant de m'avoir indiqué ce que je dois répondre sur les deux mouvettes dont nous parlions à l'instant, c'est-à-dire quelle est celle qui convient et qui est la plus belle.

HIPPIAS: Eh bien, réponds-lui, si tu veux, que c'est la mouvette en bois de figuier.

SOCRATE: Dis-moi maintenant ce que tu allais dire tout à l'heure. Car, après cette réponse, si je dis que le beau c'est l'or, il sautera aux yeux, ce me semble, que l'or n'est pas plus beau que le bois de figuier. Voyons à présent ta nouvelle définition du beau.

HIPPIAS: Mais voyons, Socrate, que penses-tu de toute cette discussion? Ce sont-là, je l'ai dit, des raclures et des rognures de discours hachés en menus morceaux. Ce qui est beau et vraiment précieux, c'est d'être capable de produire un élégant et beau discours devant les juges, devant les sénateurs ou devant tous autres magistrats auxquels on a affaire, de les persuader et de se retirer en emportant, non pas les prix les plus mesquins, mais les plus considérables de tous, son propre salut, et celui de ses biens et de ses amis. C'est à cela qu'il faut t'attacher, et non à ces minuties auxquelles tu renonceras, si tu ne veux pas passer pour un nigaud, en traitant, comme tu le fais à présent, des bagatelles et des niaiseries.

SOCRATE: Ah! mon cher Hippias, tu es bienheureux de savoir à quelles occupations un homme doit se livrer et de les avoir pratiquées excellemment, comme tu le dis. Moi, au contraire, je suis, je crois, le jouet d'un mauvais sort qui me fait errer dans une perpétuelle incertitude, et, quand je vous découvre mon embarras à vous, les savants, je n'ai pas plus tôt fini de vous les exposer que je m'entends bafouer par vous. Vous me dites justement ce que toi-même viens de me dire, que je m'occupe de sottises, de minuties et de choses qui n'en valent pas la peine. Puis, lorsque, converti par vous, je dis comme vous qu'il n'y a rien de si avantageux au monde que de produire un beau discours bien composé et d'en tirer profit, dans un tribunal ou toute autre assemblée, je m'entends dire toutes sortes d'injures par certaines personnes de notre ville et en particulier par cet homme qui est toujours à me réfuter; car c'est mon plus proche parent et il habite dans ma maison. Quand je rentre chez moi et qu'il m'entend parler de la sorte, il me demande si je n'ai pas honte d'oser discuter sur les belles occupations, alors que je suis si manifestement convaincu d'ignorance au sujet du beau que je ne sais même pas ce qu'est le beau en lui-même. «Cependant, ajoute-t-il, comment sauras-tu si quelqu'un a fait un beau discours ou non, ou une belle action quelconque, si tu ignores ce qu'est le beau, et, quand tu te vois dans cet état, crois-tu que la vie vaille mieux pour toi que la mort?» Il m'est donc arrivé, je le répète, de recevoir des injures et des reproches en même temps de votre part et de la sienne. Mais peut-être est-il nécessaire que j'endure tout cela; il n'y aurait rien de surprenant que j'en tirasse du profit. Il me semble du moins, Hippias, que j'ai tiré celui-ci de mon entretien avec vous deux, c'est de comprendre la portée du proverbe: «Les belles choses sont difficiles».

CRITON

Platon, *Criton* (extrait), dans *Apologie de Socrate Criton, Phédon*,
Paris, éd. Garnier/Flammarion, 1965, p. 74-80.

SOCRATE: [...] Suppose qu'au moment où nous allons nous évader, ou quel que soit le terme dont il faut qualifier notre sortie, les lois et l'État viennent se présenter devant nous et nous interrogent ainsi: «Dis-nous, Socrate, qu'as-tu dessein de faire? Que vises-tu par le coup que tu vas tenter, sinon de nous détruire, nous, les lois et l'État tout entier, autant qu'il est en ton pouvoir? Crois-tu qu'un État puisse encore subsister et n'être pas renversé, quand les jugements rendus n'y ont aucune force et que les particuliers les annulent et les détruisent?» Que répondrons-nous, Criton, à cette question, et à d'autres semblables? Car que n'aurait-on pas à dire, surtout un orateur, en faveur de cette loi détruite, qui veut que les jugements rendus soient exécutés? Leur répondrons-nous: «L'État nous a fait une injustice, il a mal jugé notre procès?» Est-ce là ce que nous répondrons ou dirons-nous autre chose?

CRITON: C'est cela, Socrate, assurément.

SOCRATE: Et si les lois nous disaient: «Est-ce là, Socrate, ce qui était convenu entre nous et toi? Ne devrais-tu pas t'en tenir aux jugements rendus par la cité?» Et si nous nous étonnions de ce langage, peut-être diraient-elles: «Ne t'étonne pas, Socrate, de ce que nous disons, mais réponds-nous, puisque tu as coutume de procéder par questions et par réponses. Voyons, qu'as-tu à reprocher à nous et à l'État pour entreprendre de nous détruire? Tout d'abord, n'est-ce pas à nous que tu dois la vie et n'est-ce pas sous nos auspices que ton père a épousé ta mère et t'a engendré? Parle donc: as-tu quelque chose à redire à celles d'entre nous qui règlent les mariages? les trouves-tu mauvaises? — Je n'ai rien à y reprendre, dirais-je. — Et à celles qui président à l'élevage de l'enfant et à son éducation, éducation que tu as reçue comme les autres? Avaient-elles tort, celles de nous qui en sont chargées, de prescrire à ton père de t'instruire dans la musique et la gymnastique? — Elles avaient raison, dirais-je. — Bien. Mais après que tu es né, que tu as été élevé, que tu as été instruit, oserais-tu soutenir d'abord que tu n'es pas notre enfant et notre esclave, toi et tes ascendants? Et s'il en est ainsi, crois-tu avoir les mêmes droits que nous et t'imagines-tu que tout ce que nous voudrons te faire, tu aies toi-même le droit de nous le faire à nous? Quoi donc? Il n'y avait pas égalité de droits entre toi et ton père ou ton maître, si par hasard tu en avais un, et il ne t'était pas permis de lui faire ce qu'il te faisait, ni de lui rendre injure pour injure, coup pour coup, ni rien de tel; et à l'égard de la patrie et des lois, cela te serait permis! et, si nous voulons te perdre, parce que nous le trouvons juste, tu pourrais, toi, dans la mesure de tes moyens, tenter de nous détruire aussi, nous, les lois et ta patrie, et tu prétendrais qu'en faisant cela, tu ne fais rien que de juste, toi qui pratiques réellement la vertu! Qu'est-ce donc que ta sagesse, si tu ne sais pas que la patrie est plus précieuse, plus respectable, plus sacrée qu'une mère, qu'un père et que tous les ancêtres, et qu'elle tient un plus haut rang chez les dieux et chez les hommes sensés; qu'il faut avoir pour elle, quand elle est en colère, plus de vénération, de soumission et d'égards que pour un père, et, dans ce cas, ou la ramener par la persuasion ou faire ce qu'elle ordonne et souffrir en silence ce qu'elle vous ordonne de souffrir, se laisser frapper ou enchaîner ou conduire à la guerre pour y être blessé ou tué; qu'il faut faire tout cela parce que la justice le veut ainsi; qu'on ne doit ni céder, ni reculer, ni abandonner son poste, mais qu'à la guerre, au tribunal et partout il faut faire ce qu'ordonnent l'État et la patrie, sinon la faire changer d'idée par des moyens qu'autorise la loi? Quant à la violence, si elle est impie à l'égard d'une mère ou d'un père, elle l'est bien davantage encore envers la patrie.» Que répondrons-nous à cela, Criton? que les lois disent la vérité ou non?

CRITON: La vérité, à mon avis.

SOCRATE: «Vois donc, Socrate, pourraient dire les lois, si nous disons la vérité, quand nous affirmons que tu n'es pas juste de vouloir nous traiter comme tu le projettes aujourd'hui. C'est nous qui t'avons fait naître, qui t'avons nourri et instruit; nous t'avons fait part comme aux autres citoyens de tous les biens dont nous disposions, et nous ne laissons pas de proclamer, par la liberté que nous laissons à tout Athénien qui veut en profiter, que, lorsqu'il aura été inscrit parmi les citoyens et qu'il aura pris connaissance des mœurs politiques et de nous, les lois, il aura le droit, si nous lui déplaisons, de s'en aller où il voudra en emportant ses biens avec lui. Et si l'un de vous veut se rendre dans une colonie, parce qu'il s'accommode mal de nous et de l'État, ou aller s'établir dans quelque ville étrangère, nous ne l'empêchons ni ne lui défendons d'aller où il veut et d'y emporter ses biens. Mais, qui que ce soit de vous qui demeure ici, où il voit de quelle manière nous rendons la justice et administrons les autres affaires publiques, dès là nous prétendons que celui-là s'est de fait engagé à faire ce que nous commanderons et que, s'il ne nous obéit pas, il est trois fois coupable, d'abord parce qu'il nous désobéit, à nous qui lui avons donné la vie, ensuite parce qu'il se rebelle contre nous qui l'avons nourri, enfin parce que, s'étant engagé à nous obéir, ni il ne nous obéit, ni il ne cherche à nous convaincre, si nous faisons quelque chose qui n'est pas bien, et, bien que nous proposions nos ordres, au lieu de les imposer durement, et que nous lui laissions le choix de nous convaincre ou de nous obéir, il ne fait ni l'un ni l'autre.

Voilà, Socrate, les accusations auxquelles, nous t'en avertissons, tu seras exposé, si tu fais ce que tu as en tête; tu y seras même exposé plus que tout autre Athénien.» Et si je leur demandais la raison, peut-être me gourmanderaient-elles justement, en me rappelant que plus que tout autre Athénien je me suis engagé à leur obéir. Elles pourraient me dire: «Nous avons, Socrate, de fortes preuves que nous te plaisions, nous et l'État. Et en effet tu ne serais pas resté dans cette ville plus assidûment que tout autre Athénien, si elle ne t'avait pas agréé plus qu'à tout autre, au point même que tu n'en es jamais sorti pour aller à une fête, sauf une fois, à l'isthme, ni quelque part ailleurs, si ce n'est en expédition militaire; que tu n'as jamais fait, comme les autres, aucun voyage; que tu n'as jamais eu la curiosité de voir une autre ville ni de connaître d'autres lois, et que nous t'avons toujours suffi, nous et notre cité, tant tu nous a préférées à tout, tant tu étais décidé à vivre suivant nos maximes. Tu as même eu des enfants dans cette ville, témoignant ainsi qu'elle te plaisait. Il y a plus: même dans ton procès, tu pouvais, si tu l'avais voulu, te taxer à la peine de l'exil, et, ce que tu projettes aujourd'hui malgré la ville, l'exécuter avec son assentiment. Mais tu te vantais alors de voir la mort avec indifférence; tu déclarais la préférer à l'exil; et aujourd'hui, sans rougir de ces belles paroles, sans te soucier de nous, les lois, tu entreprends de nous détruire, tu vas faire ce que ferait le plus vil esclave, en essayant de t'enfuir au mépris des accords et des engagements que tu as pris avec nous de te conduire en citoyen. Réponds-nous donc d'abord sur ce point: Disons-nous la vérité, quand nous affirmons que tu t'es engagé à vivre sous notre autorité, non en paroles, mais en fait, ou n'est-ce pas vrai?» Que pouvons-nous répondre à cela, Criton? Ne faut-il pas en convenir?

CRITON: Il le faut, Socrate.

SOCRATE: «Que fais-tu donc, poursuivraient-elles, que de violer les conventions et les engagements que tu as pris avec nous, sans qu'on t'y ait forcé, ni trompé, ni laissé trop peu de temps pour y penser, puisque tu as eu pour cela soixante-dix ans pendant lesquels tu pouvais t'en aller, si nous ne te plaisions pas et si les conditions du traité ne te paraissaient pas justes. Or tu n'as préféré ni Lacédémone, ni la Crète, dont tu vantes en toute occasion les bonnes lois, ni aucun autre État, grec ou barbare, et tu es moins souvent sorti d'ici que les boîteux, les aveugles et autres estropiés, tellement tu étais satisfait, plus que les autres Athéniens, et de la ville et aussi de nous, évidemment; car qui aimerait une ville sans aimer ses lois? Et aujourd'hui tu manquerais à tes engagements! Tu ne le feras pas, Socrate, si tu nous en crois, et tu ne te rendras pas ridicule en t'échappant de la ville.

Réfléchis donc: si tu violes tes engagements, si tu manques à quelqu'un d'eux, quel bien t'en reviendra-t-il à toi ou à tes amis? Que ceux-ci risquent d'être exilés, eux aussi, d'être exclus de la ville ou de perdre leur fortune, c'est chose à peu près certaine. Pour toi, tout d'abord, si tu te retires dans quelqu'une des villes les plus voisines, Thèbes ou Mégare, car toutes les deux ont de bonnes lois, tu y arriveras, Socrate, en ennemi de leur constitution, et tous ceux qui ont souci de leur ville te regarderont d'un œil défiant comme un corrupteur des lois, et tu confirmeras en faveur de tes juges l'opinion qu'ils ont bien jugé ton procès; car tout corrupteur des lois passe à juste titre pour un corrupteur de jeunes gens et de faibles d'esprit. Alors, éviteras-tu les villes qui ont de bonnes lois et les hommes les plus civilisés? Et si tu le fais, sera-ce la peine de vivre? Ou bien t'approcheras-tu d'eux et auras-tu le front de leur tenir... quels discours, Socrate? Ceux mêmes que tu tenais ici, que les hommes n'ont rien de plus précieux que la vertu et la justice, la légalité et les lois? Et crois-tu que l'inconvenance de la conduite de Socrate échappera au public? Tu ne peux pas le croire.

Mais peut-être t'éloigneras-tu de ces pays-là pour te rendre en Thessalie, chez les hôtes de Criton. C'est là que tu trouveras le plus de désordre et de licence, et peut-être aura-t-on plaisir à t'entendre raconter de quelle façon grotesque tu t'es évadé de ta prison, affublé de je ne sais quel costume, d'une casaque de peau ou de tel autre accoutrement coutumier aux esclaves fugitifs, et tout métamorphosé extérieurement. Mais qu'âgé comme tu l'es, n'ayant vraisemblablement plus que peu de temps à vivre, tu aies montré un désir si tenace de vivre, au mépris des lois les plus importantes, est-ce une chose qui échappera à la médisance? Peut-être, si tu n'offenses personne. Sinon, Socrate, tu entendras bien des propos humiliants pour toi. Tu vivras donc en flattant tout le monde, comme un esclave; et que feras-tu en Thessalie que de festiner, comme si tu t'y étais rendu pour un banquet? Et alors, ces beaux discours sur la justice et sur la vertu qu'en ferons-nous? Mais peut-être veux-tu te conserver pour tes enfants, afin de les élever et de les instruire. Quoi? les emmèneras-tu en Thessalie pour les élever et les instruire, et faire d'eux des étrangers, pour qu'ils te doivent encore cet avantage? Ou bien non, c'est ici qu'ils seront élevés; mais penses-tu que, parce tu seras en vie, ils seront mieux élevés, mieux instruits si tu ne vis pas avec eux? Les amis que tu laisses en prendront soin, dis-tu. Mais, s'ils en prennent soin au cas où tu t'exilerais en Thessalie, n'en prendront-ils pas soin aussi si tu t'en vas chez Hadès? Si vraiment tu peux attendre quelque service de ceux qui se disent tes amis, ils en auront soin, tu n'en dois pas douter.

Allons, Socrate, écoute-nous, nous qui t'avons nourri, et ne mets pas tes enfants, ni ta vie, ni quoi que ce soit au-dessus de la justice, afin qu'arrivé chez Hadès, tu puisses dire tout cela pour ta défense à ceux qui gouvernent là-bas. Car, si tu fais ce qu'on te propose, il est manifeste que dans ce monde ta conduite ne sera pas meilleure, ni plus juste, ni plus sainte, ni pour toi, ni pour aucun des tiens, et que tu ne t'en trouveras pas mieux, quand tu arriveras là-bas. Si tu pars aujourd'hui pour l'autre monde, tu partiras condamné injustement, non par nous, les lois, mais par les hommes. Si, au contraire, tu t'évades après avoir si vilainement répondu à l'injustice par l'injustice, au mal par le mal, après avoir violé les accords et les contrats qui te liaient à nous, après avoir fait du mal à ceux à qui tu devais le moins en faire, à toi, à tes amis, à ta patrie et à nous, alors nous serons fâchées contre toi durant ta vie et là-bas, nos sœurs, les lois de l'Hadès, ne t'accueilleront pas favorablement, sachant que tu as tenté de nous détruire, autant qu'il dépendait de toi. Allons, ne te laisse pas gagner aux propositions de Criton; écoute-nous plutôt.»

Voilà, sache-le bien, Criton, mon cher camarade, ce que je crois entendre, comme les gens en proie à la fureur des corybantes croient entendre les flûtes, et le son de ces paroles bourdonne en moi et me rend incapable d'entendre autre chose. Dis-toi donc que dans l'état d'esprit où je suis, quoi que tu m'objectes, tu perdras ta peine. Cependant, si tu crois pouvoir réussir, parle.

CRITON: Non, Socrate, je n'ai rien à dire.

SOCRATE: Alors laissons cela, Criton, et faisons ce que je dis, puisque c'est la voie que le dieu nous indique.

CHAPITRE 5

Platon

Les sources de la pensée de Platon

En l'an 594 avant Jésus-Christ, SOLON, le «père de la démocratie», apporta à la constitution d'Athènes une réforme importante qui conduisit la cité à un régime démocratique (*voir le chapitre 3, page 58*).

En l'an 404, Athènes subit l'occupation militaire spartiate. Les groupements antidémocrates d'Athènes profitèrent de l'occasion pour contraindre le peuple à remettre la souveraineté à un conseil de trente citoyens. Les abus politiques auxquels se livrèrent ces derniers furent tels qu'on leur donna le nom de TRENTE TYRANS.

Rappelons que SOCRATE fut condamné à se donner la mort, car on l'accusait d'avoir corrompu la jeunesse et de n'avoir pas cru aux dieux d'Athènes. En réalité, la haine qui s'était développée à son égard était due à son intransigeance vis-à-vis de la prétention et de l'ignorance.

Platon est né à Athènes en 428 ou 427 avant notre ère, et il est mort en 347 ou 346. Il appartenait à une famille aristocratique dont plusieurs membres s'occupaient activement de politique. La famille de son père était, semble-t-il, de sang royal, et celle de sa mère se rattachait indirectement à SOLON. Dans sa jeunesse, Platon avait lui-même des visées politiques. À Athènes, depuis le milieu du Ve siècle, de multiples dissensions internes avaient corrompu l'exercice de la démocratie et avaient entraîné un état grave de désordre social. Platon voulait participer à l'instauration d'un régime politique droit. Mais il éprouva assez tôt une grande désillusion. D'abord, l'exercice du pouvoir **oligarchique**, qui dura de 404 à 403 et dont son oncle maternel, Critias, était l'un des TRENTE TYRANS, ébranla la conception qu'il s'était faite de ce régime et brisa l'espoir qu'il

Platon (428/7 – 347/6). L'un des philosophes qui ont le plus marqué la pensée occidentale.

avait mis en lui. Plus tard, Platon établira une distinction entre le régime oligarchique et le régime aristocratique. Bien que tous les deux soient dirigés par un petit nombre de chefs, Platon réservera le nom d'«aristocratie» (*voir le chapitre 3, page 59*) au gouvernement des meilleurs, c'est-à-dire ceux qui gouvernent en vue du bien commun et non, comme dans un gouvernement oligarchique, en vue de leur propre avantage.

Ensuite, la condamnation de SOCRATE, qu'il avait fréquenté pendant huit ans, bouleversa Platon. Il ne comprit pas comment Athènes, qui se glorifiait d'être la plus juste de toutes les cités-États, pouvait mettre à mort Socrate qui, selon Platon, était le plus juste d'entre tous les hommes. Réalisant la difficulté d'administrer correctement les affaires de l'État, Platon se détourna alors de la politique active pour se consacrer à la philosophie.

Platon chercha à définir ce que la philosophie était véritablement par opposition

Oligarchie

L'oligarchie est un régime politique dirigé par un petit groupe de personnes qui exercent leur pouvoir de façon tyrannique. Ce régime se caractérise par l'imposition d'un cens qui a pour conséquence l'exclusion des pauvres des charges publiques.

à l'art rhétorique des SOPHISTES qui, selon lui, ne faisait qu'encourager la discorde et l'injustice. Suivant le modèle de son maître Socrate, Platon se mit à la recherche d'un discours universel s'imposant comme vrai et s'opposant à la multitude des opinions contradictoires. Dans son esprit, la philosophie allait lui révéler la véritable nature de la justice et les moyens de rétablir un ordre social où les «beaux parleurs» n'auraient plus la possibilité de tromper le peuple et de l'entraîner à commettre l'injustice. À partir de ce moment, Platon sera convaincu que seule la possession du savoir philosophique par ceux qui gouvernent les États peut remédier aux maux des communautés humaines. Ayant l'espoir de voir se réaliser un gouvernement des philosophes, Platon se rendra trois fois à Syracuse où il tentera d'inculquer ses théories politiques au tyran Denys l'Ancien, d'abord, puis à son successeur, Denys le Jeune. Mais tous ces voyages tournèrent mal et Platon, après de courts séjours, était chaque fois forcé de revenir à Athènes.

En 387, après son premier retour de Syracuse, Platon fonde une école de philosophie qui allait devenir prestigieuse, la célèbre «Académie». Des élèves, dont Aristote, y viennent de tous les coins de la Grèce pour assister aux cours du maître et participer au développement des recherches. Celles-ci ont une étendue encyclopédique. Elles couvrent des questions de métaphysique, de mathématiques, de philosophie de la nature, de philosophie du langage, d'éducation, de religion, de morale.

Platon a tenté de réconcilier différentes conceptions philosophiques développées par ses prédécesseurs. Il a étudié la doctrine des pythagoriciens, dont l'influence se fait sentir dans sa croyance en la réincarnation de l'âme et dans l'importance qu'il donne aux mathématiques. L'étude des mathématiques est, selon Platon, une propédeutique indispensable pour aborder la philosophie. C'est pourquoi Platon avait fait inscrire sur le fronton de l'Académie la formule suivante: «Que nul n'entre ici s'il n'est géomètre».

Par ailleurs, Platon veut prolonger l'entreprise morale de Socrate, mais il veut d'abord démontrer, à l'encontre de Parménide, que les choses sensibles ne sont pas que du non-être. Pour Parménide, l'être (le monde intelligible) et le non-être (le monde sensible) constituaient deux mondes séparés l'un de l'autre par un fossé infranchissable. Mais Platon qui, avant sa rencontre avec Socrate, a été l'élève de l'héraclitéen CRATYLE, était convaincu de la réalité des choses sensibles, bien qu'elles soient en perpétuel changement. Toutefois, Platon a jugé que la doctrine d'HÉRACLITE était incomplète et que la connaissance des choses sensibles nécessitait l'existence de certaines réalités qui, tout en étant distinctes, leur donnaient un sens. Platon tentera donc de jeter un pont entre l'être permanent de Parménide et les êtres changeants d'Héraclite. Bien que, comme Parménide, Platon croie que l'être est avant tout du côté de ce qui est toujours le même, il veut rendre légitime l'étude du changement.

Le problème de l'être

Platon veut montrer que les choses changeantes de la réalité humaine ont une existence véritable, qu'elles ne sont pas qu'objets d'opinions contradictoires, mais qu'il est possible de les ordonner de façon droite et juste. Selon lui, pour n'importe quel genre de choses, il existe un principe qui en détermine l'ordre et le sens véritables,

Les SOPHISTES (tels Protagoras et Gorgias) étaient des maîtres de l'élo-quence; ils allaient de ville en ville et se faisaient payer pour enseigner la rhétorique, ou l'art de faire de beaux discours en public (*voir le chapitre 3*).

Nous ne savons presque rien de CRATYLE, à part qu'il est un disciple d'Héraclite et qu'il a été le maître de Platon. L'un des dialogues de Platon, dans lequel il est question de l'origine du langage, porte son nom.

Selon HÉRACLITE, le changement est l'être même des choses. Tout ce qui existe n'existe que grâce à la lutte entre les contraires (*voir le chapitre 2, pages 45 à 46*).

bien que cet ordre et ce sens ne nous soient pas connus sans un travail de la raison. La présente section aborde la doctrine des Idées et celle de la participation, par lesquelles Platon prouve la vérité de l'être des choses sensibles. Il y est également question de l'«analogie de la ligne», image par laquelle Platon démontre l'existence d'une hiérarchie entre différents types d'êtres et entre les opérations de l'âme qui nous permettent de les connaître.

La doctrine des Idées

Pour résoudre l'impasse dans laquelle Parménide avait placé la science, Platon superpose les deux mondes que ce dernier avait opposés. En plaçant la réalité idéale au-dessus de la réalité sensible, de deux réalités distinctes il fait un seul monde.

Dans la pensée religieuse, l'être au sens absolu est Dieu parce que Dieu est ÉTERNEL; il ne change pas, il ne meurt pas, il est toujours identique à lui-même.

La réalité sensible, celle d'ici-bas, est composée de la multitude des êtres (vivants ou fabriqués) que nous pouvons percevoir au moyen de nos sens. Pour être vus, entendus, touchés, ces êtres sont forcément faits d'une matière, à cause de laquelle ils sont, par ailleurs, changeants. En effet, aucun de ces êtres n'est éternel; tous se caractérisent par une naissance et une mort, par un commencement et une fin. Bien que, contrairement à Parménide, Platon accorde une existence réelle aux êtres en devenir, selon lui, la réalité sensible comporte tout de même une grande part de non-être et d'imperfection. L'être au sens absolu est par définition ÉTERNEL.

L'école de Platon par Paul Buffet.
Platon et ses disciples se livraient à des recherches d'une étendue encyclopédique.

Au-dessus de la réalité sensible se situe la réalité idéale. Elle est composée d'**Idées** ou de Formes qui correspondent à l'être au sens absolu. Au contraire des êtres sensibles qui sont changeants, les Idées sont immuables, c'est-à-dire qu'elles restent toujours identiques à elles-mêmes; elles sont absolument exemptes de changement. Comme elles ne sont constituées d'aucune matière, les Idées sont, par ailleurs, imperceptibles pour nos sens. Seule l'intelligence est en mesure de les saisir.

Selon Platon, à chaque réalité du monde sensible correspond une Idée. Aux êtres humains particuliers (Pierre, Marie, Philippe, etc.) correspond l'Idée d'Humain; aux animaux, l'Idée d'Animal; aux chats, l'Idée de Chat; aux plantes, l'Idée de Plante; aux choses grandes, l'Idée de Grandeur; aux choses justes, l'Idée de Justice; aux choses belles, l'Idée de Beauté. Toutes les choses sensibles, sans exception, se rattachent à une Idée. Cependant, alors que les êtres sensibles sont multiples et possèdent, chacun, des caractéristiques particulières et changeantes, l'Idée ou la Forme est invariablement constante et universelle. Il n'y a qu'une seule Forme pour chaque groupe d'objets multiples auxquels nous donnons le même nom. Par exemple, pour tous les humains de notre monde, il n'y a qu'une seule Idée d'Humain qui est toujours la même bien que les humains diffèrent entre eux, et bien qu'un même individu change au long de son existence. L'Idée d'Humain convient à tous les hommes qui ont été, qui sont et qui seront.

L'Idée est en quelque sorte un concept universel ou une représentation générale d'une chose faite par l'intelligence. Cependant, l'Idée est en même temps plus qu'un simple concept. L'Idée, selon Platon, a une existence réelle, séparée du monde sensible. Elle n'est pas simplement un être logique, une notion universelle appartenant à une pluralité de choses. Elle existe en elle-même et par elle-même sans avoir besoin d'exister dans quoi que ce soit qui fait partie de notre monde. Son existence est de loin plus réelle et plus parfaite que celle des êtres sensibles. Contrairement à ces derniers, l'être de l'Idée est inaltérable; rien ne peut lui faire subir de modifications. Par exemple, même si notre monde était victime d'un cataclysme et que la moitié des êtres humains périssaient, l'Idée d'Humain resterait identique à elle-même. Elle a plus d'être que nous parce qu'elle n'est composée d'aucun mélange; elle est sans matière; elle est SIMPLE.

> **IDÉE**
> Pour Platon, l'Idée et la Forme sont identiques, bien qu'elles diffèrent de la «forme» telle que conçue par Socrate. Chez Platon, la Forme est non seulement utile pour définir les êtres, mais elle existe aussi en elle-même, séparément des êtres sensibles dont elle est la nature essentielle (*voir le chapitre 4, page 92*).

Dans la pensée religieuse, Dieu a plus d'être que nous parce qu'il est sans mélange; il n'a pas de matière; il est SIMPLE.

La doctrine de la participation

Si, malgré la superposition de la réalité idéale et de la réalité sensible, cette dernière reste imparfaite et changeante, comment dépasser le pessimisme de Parménide? Qu'est-ce qui nous permet de dire que les êtres de notre monde ne sont pas que de vaines apparences? Comment élever la connaissance du sensible à une connaissance qui soit vraie, qui soit scientifique et qui ne soit pas seulement du domaine de l'opinion?

Selon Platon, il n'existe qu'un seul moyen pour prouver que le monde sensible n'est pas un pur non-être. Entre les deux réalités, Platon insère un rapport de participation: les objets sensibles *sont* dans la mesure où ils participent aux Idées. Par exemple, c'est parce que les humains participent à l'Idée d'Humain qu'ils ont une existence réelle. L'Idée d'Humain assure une stabilité aux humains, malgré le fait qu'ils changent et qu'ils sont mortels.

Idée d'Humain (ou Forme universelle)

Rapport de participation

Multiplicité des êtres humains tels que
nous les percevons au moyen de nos sens

Les êtres sensibles restent toutefois des imitations imparfaites de l'Idée; ils ne sont que de pâles copies des Idées. Si tous les êtres humains, bien que différents entre eux, sont de façon égale des humains (aucun humain n'est plus un humain qu'un autre humain), aucun d'entre eux n'est aussi parfait que l'Idée d'Humain et n'est identique à elle. La même chose peut être dite d'absolument tous les êtres vivants ou fabriqués. Dans *La République*[1], Platon donne l'exemple d'un lit. Dans un tableau, le peintre ne reproduit qu'un aspect partiel du lit sensible. Nous reconnaissons qu'il a peint un lit parce que ce dernier est une copie du lit que nous utilisons. Mais la reproduction picturale du lit n'est pas aussi réelle que le lit sensible. Elle n'en est qu'une imitation.

À son tour, le lit sensible n'a de réalité (de l'être) que parce qu'il est une imitation, un reflet de l'Idée de Lit. Le fabricant de lits accomplit son art en ayant dans l'esprit la forme générale (le modèle) de ce qu'il veut fabriquer. Tous ces lits qu'il fabrique diffèrent entre eux (certains sont de bois, d'autres de fer ou de cuivre; certains sont peints, d'autres non; certains sont grands, d'autres petits, etc.), mais nous les reconnaissons en tant que lits parce qu'ils participent tous de l'Idée de Lit. Cependant, comme on ne peut dire d'un lit particulier qu'il est plus un lit qu'un autre lit, le vrai lit n'est donc nulle part sinon dans l'Idée de Lit. Si le lit sensible est tout de même réel, c'est donc parce qu'il participe de la Forme idéale du Lit.

Quant à la Forme idéale du Lit, elle est supérieure à toute représentation particulière que nous nous en faisons. Elle se suffit à elle-même parce qu'elle n'a besoin d'aucune autre chose pour exister, alors que tous les autres lits reçoivent d'elle leur existence. Ainsi, il y a trois sortes de lits possédant chacun un degré d'être différent.

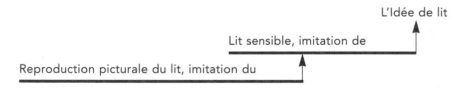

L'Idée de lit

Lit sensible, imitation de

Reproduction picturale du lit, imitation du

Les Idées sont donc les causes de tout ce qui existe dans le monde sensible: les humains, les animaux, les plantes, les objets fabriqués. Grâce aux Idées, les êtres sensibles ne sont pas que du néant, du non-être; ils sont plus que de simples apparences. Les Idées sont ce par quoi les choses sont toujours ce qu'elles sont,

1. Platon, *La République*, livre X.

malgré le changement qu'elles subissent; les Idées définissent la nature essentielle des êtres. Sans elles, nous ne pourrions avoir de connaissance véritable des choses. Les êtres changeants de la nature, les délibérations politiques, la justice, l'éducation, etc., tout cela ne serait qu'affaire d'opinion. Chacun pourrait juger d'après les représentations partielles et changeantes qui se présentent, et la vérité différerait d'un individu à l'autre sans que soit possible l'accord des opinions autrement que par la persuasion et la violence. Platon a justement délaissé son projet de faire de la politique active parce que, à l'époque où il vivait, les mœurs et les croyances entraînaient un grand nombre d'injustices et de scissions au sein de la cité. Se tournant alors vers la philosophie, il a tenté de trouver les fondements d'une connaissance véritable qui permettrait de rétablir l'unité et la paix. Ses recherches l'ont conduit à penser que l'imitation aussi parfaite que possible des Idées assurerait la stabilité politique. Selon Platon, pour connaître de façon vraie les êtres changeants de notre monde, il faut chercher ce qu'ils sont par rapport à eux-mêmes (et non par rapport à nous); il faut rapporter la multiplicité changeante aux Idées correspondantes.

> **IDÉALISME**
> L'idéalisme pose que le réel ne possède pas par lui-même ses attributs essentiels, mais qu'il les tient uniquement de l'Idée ou de la connaissance rationnelle que nous avons des choses.

> **TRANSCENDANT**
> Ce qui est transcendant est ce qui est attribuable à tout ce qui existe ou peut exister. Dans la philosophie de Platon, l'Idée du Bien est l'Idée transcendante par excellence parce qu'elle est au-dessus de tous les êtres, de tous les genres et de toutes les espèces; elle les dépasse tous.

Bien que Platon recherche une solution concrète et réelle aux maux qui affligent le monde dans lequel il vit, on dit généralement qu'il est un **idéaliste**. Selon lui, les êtres du monde sensible reçoivent leur existence et leur vérité d'un être supérieur à eux et séparé d'eux. La réalité idéale est un monde éternel **transcendant** tout ce qui se trouve dans notre monde. L'Idée transcende le réel. L'Humain a plus de réalité que les humains.

Idée d'Humain (ou Forme universelle)

Transcende

Multiplicité des êtres humains tels que nous les percevons au moyen de nos sens

Au-dessus de toutes les autres Idées, Platon place l'Idée du Bien. «L'Idée du Bien est la plus haute des connaissances, celle à qui la justice et les autres vertus empruntent leur utilité et leurs avantages[2].» L'idée du Bien est l'Idée transcendante par excellence parce que, étant supérieure à toutes les autres, elle les contient toutes en elle. Elle est le principe de l'existence de tous les êtres et de la connaissance que nous pouvons en avoir. L'Idée du Bien est dans le domaine de l'intelligible comparable au Soleil dans le domaine du visible. Le Soleil, en dispensant sa lumière, donne naissance aux êtres sensibles et il nous permet de les voir. Il est la cause du mouvement des êtres sensibles et de la vision que nous en avons. À son tour, l'Idée du Bien, en dispensant la lumière de la Vérité, fait exister les êtres intelligibles et nous permet de les connaître. Elle est le principe de l'être et de la science. Elle dispose de la façon la plus juste et la plus belle les Idées et toutes les choses du monde sensible qui leur

2. Platon, *La République*, livre VI, introduction, traduction et notes de R. Baccou, Paris, Garnier-Flammarion, 1966, 505a.

correspondent. C'est grâce à elle que les autres Idées sont ordonnées de façon harmonieuse entre elles. Par conséquent, c'est grâce à l'Idée du Bien que tout ce qui existe dans notre monde, en imitant l'ordre de la réalité idéale, tient d'elle l'ordre qui lui est propre. S'exercer à la connaissance des Idées, à la philosophie, c'est donc s'assurer d'une connaissance véritable en ce qui concerne notre monde.

Par ailleurs, notons que cette conception de l'être se rapproche de celles qu'on rencontre dans la pensée religieuse (*voir le tableau 5.1*). Tout comme dans la philosophie de Platon, le degré de réalité des différents êtres dépend de leur degré de participation à l'Idée du Bien, dans la pensée religieuse, le degré de réalité des différents êtres dépend de leur degré de participation à l'être de Dieu.

Tableau 5.1   *La conception de l'être chez Platon et dans la pensée religieuse*

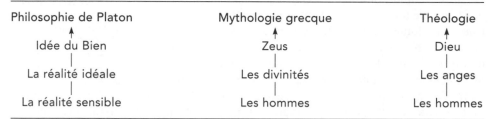

Philosophie de Platon	Mythologie grecque	Théologie
↑	↑	↑
Idée du Bien	Zeus	Dieu
│	│	│
La réalité idéale	Les divinités	Les anges
│	│	│
La réalité sensible	Les hommes	Les hommes

En résumé, pour Platon, la réalité reste donc tout de même du côté de l'intelligible plutôt que du côté du sensible. Connaître, c'est connaître au-delà du sensible. Il n'y a qu'un monde qui comprend les deux réalités, sensible et intelligible, mais les Formes idéales sont ce qui existe réellement. Comparativement à ces dernières, les êtres sensibles ne sont que des êtres de participation (*voir la figure 5.1*).

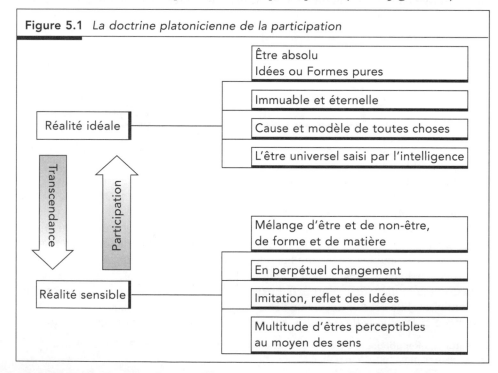

Figure 5.1   *La doctrine platonicienne de la participation*

L'analogie de la ligne

D'après Platon, il existe divers modes d'être s'ordonnant entre eux de façon hiérarchique selon leur degré relatif de clarté ou d'obscurité. Platon représente cette conception par une ligne coupée en deux sections inégales figurant respectivement le monde sensible et le monde intelligible; chacune de ces deux sections est ensuite coupée en deux autres sections, selon les mêmes proportions[3] (*voir la figure 5.2*).

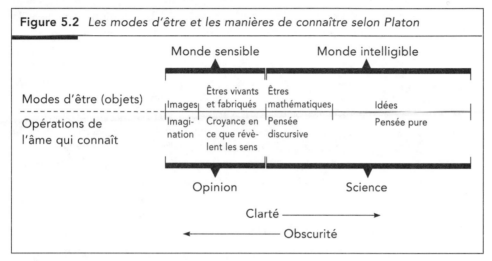

Figure 5.2 *Les modes d'être et les manières de connaître selon Platon*

Dans le monde visible (ou sensible), le premier segment est celui des images, c'est-à-dire des ombres et des reflets que l'on voit dans les eaux ou à la surface des corps opaques, polis et brillants. Le second segment correspond aux objets mêmes que les images représentent: les animaux, les hommes, les plantes, les objets fabriqués.

Dans le monde intelligible, le premier segment est celui des êtres mathématiques qui sont à mi-chemin entre le monde sensible et le monde parfaitement intelligible. Enfin, le dernier segment est celui des Idées.

Par ailleurs, à ces divers modes hiérarchisés de l'être, Platon fait correspondre quatre manières hiérarchisées de connaître. Le premier groupe d'objets, celui des images, est connu au moyen de l'imagination. Cette façon de connaître est celle qui contient le plus d'obscurité; elle porte sur les objets qui sont les plus éloignés de la vérité. Vient ensuite la croyance en la perception sensible qui nous fait connaître le monde changeant. Sans le recours de la raison, la croyance en ce que révèlent les sens nous fait identifier l'être et l'apparence; cette croyance ne peut donc nous procurer de connaissance plus haute que l'opinion, qui est elle-même changeante.

Au troisième segment d'objets, les êtres mathématiques, correspond la pensée discursive, c'est-à-dire la pensée qui procède par raisonnements en partant d'hypothèses qu'elle puise dans la réalité sensible. Ici, l'âme traite comme des images les réalités du second segment du monde sensible. Partant de figures sensibles (les figures géométriques) pour construire ses hypothèses, l'âme raisonne sur des réalités intelligibles (les figures en soi), et elle aboutit à ses conclusions par déductions

---

3. Platon, *La République*, livre VI.

rationnelles. Enfin, au quatrième segment, celui des Idées, correspond la pensée pure. Ici, l'âme poursuit sa recherche seulement à l'aide des essences, sans recourir aucunement aux objets sensibles. Elle atteint ainsi à la science la plus élevée.

Le problème du vrai

Platon n'admet pas que l'organisation politique dépende des opinions, comme cela se passe dans la démocratie athénienne. Pour lui, la vérité ne peut provenir de ce qui apparaît à chacun; nos perceptions sensibles sont impuissantes à nous dévoiler l'être des choses. Platon est un **rationaliste**. Il pense que l'ordre des choses se fonde sur la connaissance rationnelle des Idées immuables. Dans la présente section, il sera question de ce qu'est la science selon Platon, des possibilités humaines d'y atteindre et de la méthode qu'il faut suivre. Nous étudierons également l'allégorie de la caverne, métaphore par laquelle Platon illustre l'opposition entre la science et l'ignorance.

> **RATIONALISME**
> Doctrine d'après laquelle le véritable savoir se fonde sur des principes qui précèdent toute expérience. Chez Platon, ces principes sont les Idées. D'après le rationalisme, on ne peut se fier qu'à la raison.

Le rationalisme de Platon

Selon Platon, l'être intelligible est plus réel et plus vrai que l'être sensible. Sans la participation de l'être sensible à l'être intelligible, notre monde ne serait que non-être. C'est pourquoi celui qui aime la sagesse et recherche la vérité doit exercer son âme à la connaissance des Idées immuables et éternelles. Il ne doit pas faire comme ceux qui promènent leurs regards sur la multitude des choses sensibles, sans apercevoir ce qu'il y a en elles de plus vrai; ou comme ceux qui énoncent leur opinion sur la multitude des choses justes sans connaître ce qu'est la justice en elle-même. Seule la connaissance des Idées, à laquelle veut accéder le philosophe, nous permet de saisir l'unité de l'être à travers ce qui est changeant. C'est grâce à la connaissance des Idées que nous pouvons voir l'ordre qui existe dans la nature et que nous pouvons organiser la vie humaine de façon juste et belle.

Pour accéder à la contemplation des Idées, l'âme (ou la raison) doit tendre autant que possible à se libérer du corps, car c'est uniquement dans l'acte de raisonner, lorsqu'elle se replie en elle-même, que l'âme peut voir se manifester la réalité de l'être. Les Idées sont inaccessibles aux sens; elles ne peuvent être ressenties, touchées, vues ou entendues. Selon Platon, les sens ne fournissent que de fausses connaissances qui entraînent notre monde dans la confusion et la discorde. Jamais ils ne procurent de vérité. L'âme doit donc fuir les opinions basées sur les sens, ainsi que les perturbations qu'entraînent les passions, les plaisirs et les peines.

L'exemple qui suit montre la supériorité de l'intelligence sur les sens. Il serait impossible de définir ce qu'est le soleil si l'on se fiait aux diverses représentations que nous recevons par nos sens. À chaque moment de la journée, le soleil change de position; sa lumière change d'intensité. À eux seuls, nos sens ne peuvent nous dire si c'est le même soleil que nous voyons ou si c'est chaque fois un soleil différent; y a-t-il un seul ou plusieurs soleils?

Seule l'intelligence, au moyen des Idées, nous permet de savoir que c'est le même soleil; elle seule nous indique l'unité à travers la multiplicité. L'intelligence perçoit *un* soleil, toujours le même, à travers la multiplicité changeante. C'est l'intelligence qui saisit l'être véritable de chaque chose.

La théorie de la réminiscence

Seule la connaissance des Idées, ou des Formes universelles, nous permet d'acquérir une connaissance véritable du monde sensible. Connaître, c'est regrouper la diversité des êtres sous leurs essences respectives; c'est, par exemple, savoir que telle ou telle chose est belle (un bel objet, un beau visage, un beau corps, une belle connaissance), parce que la définition du Beau en soi (en lui-même) correspond à chacune de ces choses.

Mais puisque notre monde n'est qu'un flux perpétuel de contradictions, puisqu'il ne nous offre rien de plus que le spectacle de copies imparfaites de l'être véritable, pourquoi aurions-nous le désir de posséder la connaissance de ce qui est parfait (de la Justice véritable, du Bien, du Beau, etc.)? Qu'est-ce qui éveille en nous ce désir? Comment se fait-il que nous cherchions sans cesse une vérité plus grande que ce qui apparaît à nos sens?

Selon Platon, il faut nécessairement que, antérieurement à la perception sensible, nous ayons une vague connaissance des Idées. Il faut que déjà, au plus profond de nous, se cachent les réalités essentielles. Ainsi, celui qui est à l'écoute de son âme se sert de l'expérience sensible pour se remémorer les Formes qui s'y manifestent. Par exemple, les choses belles éveillent en lui la pensée d'une Beauté parfaite, car, les formes universelles préexistant déjà en lui, il saisit ce qui lui rappelle le Beau en soi dans les choses changeantes de notre monde. Mais comment expliquer la présence en nous des Idées?

Platon croit en la transmigration successive de l'âme. Avant d'entrer pour la première fois dans le corps d'un être humain, toute âme a vécu, pour un temps plus ou moins long, dans le lieu supracéleste, où elle a assisté à la contemplation des Formes éternelles. Ces Formes sont le lien qui rattache son existence dans ce monde-ci à son existence dans le monde de l'au-delà. Il est donc possible pour l'âme, au moyen d'un exercice intellectuel intense, de se remémorer ce savoir perdu. C'est précisément à cela que, selon Platon, s'applique amoureusement le philosophe. Cherchant à s'arracher de la vie terrestre pour s'envoler vers le monde idéal, il souhaite acquérir, dès sa vie présente, l'immortalité.

Pour l'âme, la connaissance est donc un «ressouvenir» de ce qu'elle a contemplé avant sa descente dans un corps. En vérité, il n'y a pas, selon Platon, d'autre façon de connaître avec certitude. L'âme ne peut connaître que dans la mesure où elle se ressouvient de ce qu'elle a déjà connu. Connaître, ce n'est pas recevoir un enseignement d'autrui, mais c'est chercher au fond de soi les connaissances innées qui y sont enfouies et, une fois que nous les tenons, y rattacher la diversité de l'expérience sensible.

La dialectique ou recherche méthodique de la vérité

Le but de l'éducation philosophique est de détourner l'âme des séductions et des tentations du monde sensible et de la diriger vers la contemplation de l'être véritable. Cette conversion nécessite cependant une méthode dont l'ordre et les règles conduisent infailliblement à la vérité. La méthode platonicienne a pour nom **dialectique**. Platon l'oppose à la rhétorique des Sophistes, comme la science s'oppose à l'opinion et au vraisemblable. Selon lui, la rhétorique n'a pas le moindre souci de la vérité en ce qui concerne des questions aussi importantes que la justice et le bien. Elle n'est constituée que de connaissances préliminaires et techniques qui n'ont aucune valeur sans la connaissance de ce dont on traite. Selon Platon, les Sophistes visent non la vérité, mais l'utilité et leurs propres intérêts. Ils enseignent non ce qu'est réellement le juste, mais ce qui semble tel. Le dialecticien vise, au contraire, à faire naître la justice véritable dans l'âme de ses auditeurs. Pour cela, il doit connaître l'essence des choses dont il parle; il doit posséder la connaissance des Formes universelles desquelles dépendent tous les cas particuliers.

La dialectique platonicienne consiste en deux opérations de la raison: la synthèse et la division ou analyse. Elle ne recourt jamais aux sens.

D'abord, il s'agit de ramener à l'unité les notions éparses (les divers éléments ou parties), afin d'éclaircir par la définition universelle le sujet qu'on veut traiter. Autrement dit, il s'agit d'élever l'esprit jusqu'à la saisie des Idées ou principes premiers. Par exemple, dans sa recherche sur la nature de l'amour, la dialectique part de différentes hypothèses (l'amour est l'union harmonieuse des contraires; l'amour est le dieu qui inspire les poètes; l'amour est le désir des plaisirs charnels; l'amour est le désir du bien, etc.) dont l'examen rationnel révèle les contradictions, jusqu'à ce qu'elle aboutisse à la découverte de sa définition essentielle.

Une fois atteinte l'essence du sujet dont on traite, la division, ou l'analyse, consiste à redistribuer l'Idée en ses vrais éléments, en tâchant de ne rien omettre. Autrement dit, à partir de la Forme la plus générale, la dialectique s'attache à déduire toutes les conclusions qui en découlent. La dialectique résout ainsi les contradictions nées de l'affrontement des opinions, parce qu'elle examine chacune de ces dernières à la lumière des Formes universelles.

Selon Platon, la dialectique est l'unique méthode pouvant nous faire discourir de façon scientifique sur toutes choses, parce qu'elle fonde la légitimité de nos points de vue et de nos discours sur les liaisons essentielles qu'entretiennent entre elles les choses. L'âme du dialecticien lui permet de discerner les relations des Formes intelligibles, leurs hiérarchies, leurs ressemblances et leurs différences, ainsi que l'ordre qui régit les copies du monde sensible. Seul le dialecticien est capable de cette intuition, ou vision d'ensemble, parce que son âme est tournée tout entière vers la lumière du Bien qui ordonne tout dans le monde intelligible et dans le monde sensible. Voilà pourquoi Socrate, s'adressant à Phèdre, un jeune élève du sophiste Lysias, se déclare amoureux de la dialectique:

Voilà, Phèdre, de quoi je suis amoureux, moi: c'est des divisions et des synthèses; j'y vois le moyen d'apprendre à parler et à penser. Et si je trouve quelque autre capable de voir les choses dans leur unité et leur multiplicité, *voilà l'homme que je suis à la trace, comme un dieu.* Ceux qui en sont capables, Dieu sait si j'ai tort ou raison de leur appliquer ce nom, mais enfin jusqu'ici je les appelle dialecticiens[4].

Par ailleurs, on peut voir dans la méthode platonicienne, la dialectique, un prolongement de la méthode socratique, la discussion réfutative. La figure 5.3 en fait l'unité.

Figure 5.3 *Les démarches de la dialectique*

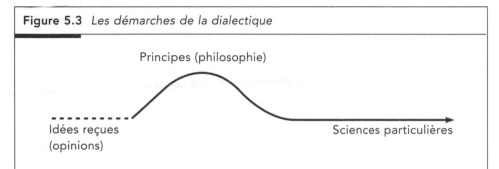

1. *Démarche préliminaire.* Destruction des idées reçues. Cette démarche est l'œuvre de Socrate.

2. *Démarche ascendante ou synthèse.* Élévation jusqu'à la saisie des Idées ou des principes premiers. C'est ici que se situe la science du dialecticien ou philosophe.

3. *Démarche descendante ou division.* Application des principes à la réalité ou constitution des sciences particulières, dont celle du politicien.

L'allégorie de la caverne

Le chemin qui mène à la vérité est une route longue et escarpée qui nécessite un entraînement rigoureux. C'est pourquoi, selon Platon, la conversion de l'âme doit être entreprise dès la plus tendre enfance. Au moyen de disciplines comme la musique et, surtout, les mathématiques, l'enfant doit être amené lentement à distinguer le sensible de l'intelligible. Mais, malgré ses souhaits, Platon sait que cette connaissance n'est pas le lot de l'humanité. La grande majorité des hommes, n'ayant point reçu une bonne et solide éducation, s'attachent comme des insensés à des ombres qu'ils prennent pour la vérité. Ils croient que l'acharnement qu'ils mettent à défendre leurs opinions est le signe de leur liberté. Au fond, ils ne sont que des esclaves qui chérissent les chaînes qu'ils se sont créées. Et si un jour ils rencontrent quelqu'un qui leur indique la voie de la vérité, plutôt que de le suivre comme un guide, ne voulant faire aucun effort, ils préfèrent le ridiculiser et même

---

4. Platon, *Phèdre* dans *Le Banquet et Phèdre*, traduction, notices et notes d'Émile Chambry, Paris, Garnier-Flammarion, 1964, p. 152.

le tuer. Socrate est l'exemple parfait de celui qui a été condamné pour s'être battu contre l'ignorance de ceux qui prétendaient se préoccuper de justice sans savoir ce qu'elle était vraiment.

Dans *La République*, Platon se sert d'une allégorie pour opposer la connaissance véritable à l'ignorance[5]. On y retrouve Socrate discutant avec Glaucon et lui demandant de se représenter ce qui suit.

Des hommes vivent, depuis leur enfance, dans une demeure souterraine, en forme de caverne. Ces hommes ont les jambes et le cou enchaînés de sorte qu'ils ne peuvent bouger ni voir ailleurs que devant eux. Une faible lumière, pénétrant par une ouverture faite sur toute la largeur de la caverne, leur permet de voir. Cette lumière leur vient d'un feu allumé sur une hauteur, au loin derrière eux; entre le feu et eux passe une route élevée le long de laquelle est construit un petit mur. Le long de ce mur, des hommes portent des objets qui dépassent le mur: des statuettes d'hommes et d'animaux, en pierre, en bois et en toute espèce de matière. Dans une telle situation, les prisonniers de la caverne n'ont jamais vu autre chose que les ombres des objets projetées par le feu sur le mur de la caverne. Pour eux, ces ombres qui défilent devant eux constituent par conséquent la réalité même.

Socrate demande ensuite à Glaucon que l'on détache l'un de ces prisonniers, qu'on le force à se dresser, à tourner le cou, à marcher, à regarder la lumière elle-même; qu'on l'arrache de sa caverne, qu'on lui fasse gravir la montée rude et escarpée et qu'on le traîne jusqu'à la lumière du Soleil. Il apparaît évident que cet homme, étant aveuglé par la lumière, croira que les ombres qu'il voyait auparavant étaient plus vraies et plus réelles que ce qu'on lui montre maintenant. Ce n'est qu'après une longue habitude qu'il pourra voir les objets de la région supérieure: d'abord, les ombres et les images des humains et des autres objets qui se reflètent dans les eaux, ensuite les objets fabriqués et les humains eux-mêmes, puis la clarté des astres et de la Lune et, finalement, le Soleil. C'est alors seulement que cette difficile progression, à partir de la vue des ombres projetées sur le mur de la caverne jusqu'à la vue de la lumière du Soleil, aboutira à la compréhension que la véritable source de lumière, qui donne l'existence aux êtres de la nature et à leurs ombres, c'est le Soleil. Sans lui, même le monde de la caverne ne pourrait exister.

À l'écoute de ce récit, Glaucon n'a aucun doute que l'ascension du prisonnier vers le Soleil, dans le monde du jour, est le bien le plus désirable qui soit. Il ne reste à Socrate qu'à transposer cette comparaison entre l'obscurité de la caverne et la clarté du jour dans le rapport existant entre le monde sensible et le monde intelligible. De même que le monde du jour, éclairé par le Soleil, est plus réel et plus vrai que le monde de la caverne, le monde intelligible, éclairé par l'Idée du Bien, est plus réel et plus vrai que le monde sensible. Dans le monde intelligible, l'Idée du Bien est souveraine et source de tout ce qui existe et de toute connaissance; c'est même elle qui, dans le monde sensible, a engendré le Soleil.

Platon utilise l'allégorie de la caverne pour démontrer la supériorité du monde intelligible sur le monde sensible. Ce mythe illustre l'originalité de la démarche du philosophe (le prisonnier qui se libère) dans son ascension vers le monde des Idées, alors que le commun des mortels (les autres prisonniers) vivent dans la confusion des fausses représentations et des illusions que leur livre le monde sensible.

---

5. Platon, *La République*, livre VII (*voir à la fin du chapitre le texte «L'allégorie de la caverne»*).

Le problème de la vertu

Toute sa vie durant, les conflits politiques ont préoccupé Platon, qui s'est consacré à la recherche des fondements d'un bon gouvernement. Les recherches métaphysiques qu'il a menées ont eu elles-mêmes des retombées pratiques. Dans *La République*, Platon présente le modèle d'un État idéal contre le désordre social qui sévissait alors à Athènes. Selon lui, l'ordre politique doit imiter l'ordre divin des essences; il doit reposer sur une norme universelle du bien et non sur l'opinion.

Tout comme Socrate, Platon veut rendre les citoyens vertueux. Cependant, alors que Socrate semblait croire que la rééducation morale des individus pouvait entraîner une société meilleure, avec Platon apparaît la nécessité de réformer d'abord la société, conçue comme un tout indivisible. En effet, selon Platon, les hommes sages sont naturellement très rares; la majorité des êtres humains ont tendance à suivre leurs désirs irrationnels, à poursuivre le plaisir plutôt que d'obéir à la raison qui les guide vers le bien. Laissés à eux-mêmes, ils ne sont pas en mesure de reconnaître le bien véritable, et ils se laissent séduire facilement par des biens apparents. Ce faisant, ils détruisent l'harmonie naturelle de leur âme, disloquent le lien social et s'éloignent de plus en plus de la vérité. C'est pourquoi il faut administrer la vie politique de telle sorte que tout citoyen se perçoive comme une partie indissociable de l'unité sociale et qu'il soit amené, pour lui-même et pour la cité entière, à désirer le bien véritable. Si la cité est organisée en fonction de la justice, chaque homme, pense Platon, deviendra juste. Dans la présente section, nous examinerons donc la cité idéale, selon Platon, la division de l'âme individuelle qui sert de modèle à l'organisation de la cité et, enfin, le problème de la responsabilité morale.

Buste de guerrier lacédémonien.

Le philosophe-roi et la cité idéale

Platon adresse plusieurs critiques au régime démocratique. Selon lui, la démocratie aboutit inévitablement à l'anarchie politique; pis encore, elle conduit progressivement au règne de la tyrannie la plus cruelle.

D'abord, la démocratie encourage les démagogues qui sont en mal de pouvoir personnel. Ceux-ci sont prêts à user de n'importe quel moyen pour plaire à la foule, ne se préoccupant pas du tout de la vérité et du bien commun. Ensuite, la démocratie suppose l'existence d'une multitude de lois, de décrets et de réformes qui, finalement, conduisent le peuple à ne plus respecter les fondements de la loi. La scène politique n'est plus le lieu de la justice mais celui des opinions et des intérêts particuliers. Enfin, il y a un désordre total dans les rôles et les fonctions que chacun est appelé à remplir. Selon Platon, il est insensé qu'un artisan, un cordonnier ou un commerçant soit membre de l'Assemblée qui délibère sur les lois. La liberté qui s'exprime dans le fait que tout citoyen est tour à tour gouvernant et gouverné est, selon lui, à l'origine de l'injustice et de tous les vices. Pour toutes ces raisons, Platon propose le modèle d'une cité idéale où régnerait l'ordre. Son but est de rendre les citoyens meilleurs.

Dans *La République*, Platon substitue l'Idée de justice au principe de liberté démocratique. De même que, dans la conception platonicienne du monde, l'Idée du Bien précède tout, dans la cité idéale, il y a antériorité de l'Idée de justice par rapport à l'organisation des affaires humaines. La justice est conçue comme l'ordre imposé à l'individu et à la cité tout en respectant la nature profonde de chacun. Cet ordre, imitant l'ordre céleste des Idées, préside à l'unité de la cité et assure ainsi le bonheur de la cité tout entière. Dans l'État idéal, le bien commun l'emporte sur la poursuite de biens individuels, et cette préséance est garante de l'entente mutuelle.

L'Idée de justice est, par ailleurs, supérieure aux lois. Selon Platon, la sauvegarde de l'ordre ne peut reposer sur une multitude de lois qui n'ont que l'apparence d'être justes. Ce qu'il faut, c'est implanter la vertu dans la vie de chaque citoyen. L'éducation doit viser à ce que les individus ne consacrent pas leur existence à la poursuite égoïste de biens matériels et de luxe, mais qu'ils se tournent plutôt vers la recherche du bien véritable. Platon souhaite la substitution d'un désir rationnel du juste au désir irrationnel d'acquérir du pouvoir personnel et des richesses de plus en plus grandes. Selon lui, les lois ne devraient pas légitimer l'exercice de telles libertés individuelles.

Contre le désordre démocratique, Platon veut rétablir des fonctions précises pour chaque classe de citoyens. Il croit en une harmonie dans laquelle chacun se tient à sa place et en est content. Cette harmonie représente la vertu des hommes; elle correspond à la réalisation concrète de l'Idée de justice. Selon Platon, «la nature n'a pas fait chacun de nous semblable à chacun, mais différent d'aptitudes, et propre à telle ou telle fonction[6]». Par conséquent, dans la cité idéale, les classes sont fondées non sur la répartition des richesses, mais sur la répartition des fonctions.

La cité idéale comprend trois classes. Les deux premières classes sont composées par les gardiens de la cité: la première classe comprend les chefs qui gouvernent et délibèrent sur les lois; la deuxième classe, les guerriers qui veillent au respect de l'ordre. Enfin, la troisième classe est composée du peuple: les artisans, les agriculteurs, les ouvriers, les commerçants de tous ordres qui s'occupent des biens de subsistance pour l'ensemble des citoyens.

Les gardiens de la cité

1. Les chefs ou rois-philosophes

2. Les guerriers

3. Le peuple

6. Platon, *La République*, livre II, introduction, traduction et notes de R. Baccou, Paris, Garnier-Flammarion, 1966, p. 118.

La place qui revient à chaque individu n'est pas déterminée héréditairement. Elle repose sur les aptitudes de chacun, qu'un système d'éducation bien administré révèle. Autrement dit, dans le cas d'un grand mérite ou, à l'inverse, d'une grande incapacité, on peut passer d'une classe à une autre. Cette possibilité vaut par ailleurs autant pour les femmes que pour les hommes; dans la cité de Platon, les femmes peuvent être chefs.

Platon croit que la détention du pouvoir par les philosophes est une condition nécessaire à la réalisation de la cité idéale. Les philosophes savent comment réaliser le bonheur des hommes, car, ayant contemplé la vérité et le monde des Idées, ils peuvent établir ici-bas les lois du beau, du juste et du bon. C'est donc aux philosophes que revient la tâche de construire une cité juste, car ce sont eux qui s'attachent à la justice pour ce qu'elle est en elle-même, indépendamment de ce qui apparaît à chacun. Ils ne confondent pas les Idées en elles-mêmes avec les choses qui participent des Idées; ils ne prennent jamais les choses belles pour le beau ni le beau pour les choses belles. Ils s'opposent aux Sophistes et aux démagogues, qui sont toujours à l'affût des assemblées politiques et de tous les spectacles sans jamais avoir contemplé les Idées du juste et du beau. Les Sophistes ne s'élèvent jamais au-dessus de l'opinion et encouragent la création d'une multitude de lois sans intérêt pour la recherche de la vérité. Platon veut remplacer ces ambitieux qui cherchent à tout prix le pouvoir par des dirigeants chez qui les richesses matérielles n'exercent aucun attrait; des dirigeants qui connaissent la vérité et se préoccupent du bien-être collectif. Selon lui, il n'y a aucun bonheur possible si les chefs ne sont pas des philosophes. Par conséquent, même si la contemplation des Idées est la seule chose qu'ils désirent, les philosophes ont le devoir de redescendre des cieux sur la terre pour y réaliser l'humanité véritable. Mais les hommes sages sont rares. La cité sera gouvernée par une monarchie ou une aristocratie, selon qu'il y aura une seule ou plusieurs personnes qui surpassent les autres en sagesse.

Quant aux guerriers, ils doivent veiller sévèrement à ce que chacun remplisse sa propre fonction et à ce qu'il ne se développe pas de goût chez les citoyens pour la nouveauté et le luxe. Leur mission consiste à garantir la subordination des bonheurs individuels au bonheur collectif. À cette fin, les guerriers sont eux-mêmes assujettis à un mode de vie très strict. La communauté des biens leur est imposée, afin qu'une fois affranchis des petitesses individuelles, les esprits se tournent, à tous les niveaux, vers la recherche des vraies fins et l'exercice de la vertu. Cette mise en commun comprend par ailleurs les femmes et les enfants, bien que la procréation se fasse au sein d'unions légitimes savamment établies par les chefs.

La propriété individuelle n'est permise que dans le peuple, où elle est maintenue dans de justes limites. Les chefs eux-mêmes sont ceux qui, dans les faits, possèdent le moins de richesses matérielles. Ils travaillent uniquement pour le bien de la collectivité. Selon Platon, la justice nécessite cette répartition équitable des biens. Sinon, de trop grands écarts entre riches et pauvres entraîneraient une division au sein de la cité et empêcheraient la réalisation de l'unité dans l'harmonie, la concorde et la vérité.

Bien que le gouvernement de la cité soit formé d'un seul ou de quelques hommes, on a souvent parlé de **communisme**

Communisme

Organisation et idéologie politiques qui privilégient le bien commun à l'encontre des libertés individuelles. Selon cette doctrine, l'égalité devant la loi ne signifie rien sans une égalité de fait fondée sur la répartition équitable des richesses. Concrètement, le communisme substitue la propriété collective des entreprises (gérées par l'État) à la propriété privée.

primitif à propos *de La République* de Platon. Le problème principal de ce régime politique réside dans le fait que les individus ne soient pas instantanément portés à s'élever jusqu'à cette forme idéale de bonheur qu'il préconise. Selon Platon, pour la majorité des hommes, la vertu est acquise par l'habitude et l'exercice sans qu'ils aient la capacité rationnelle de distinguer le bien du mal. Afin d'arriver aux buts qu'il se propose, ce régime doit par conséquent composer avec des mesures qui encouragent un certain **totalitarisme**. Par exemple, on interdira l'accès de la cité aux poètes et aux artistes de tous genres, qui ignorent les modèles absolus du bien, du beau et du juste et imitent autant le bien que le mal. On voudra éviter que les artistes flattent les côtés les plus vils des hommes et pervertissent leur âme. Dans un tel régime, le seul art acceptable sera celui qui accepte le contrôle de ceux qui savent. D'autres mesures semblables seront prises, comme celle du contrôle des naissances afin d'empêcher que l'État ne puisse subvenir aux besoins de toute la population. Cependant, malgré ces mesures, il ne faut pas confondre communisme et **fascisme**. Le projet platonicien vise l'unité par l'harmonisation des différences individuelles et non par l'exclusion des différences. L'unique souci des chefs et des gardiens est le bien commun. Platon veut réaliser l'unité entre les fins individuelles et les fins de l'État pour empêcher que les trop grandes ambitions individuelles mènent à l'oppression des uns par les autres. Le roi-philosophe en qui Platon met toutes ses espérances est l'extrême opposé du despote qui gouverne de façon arbitraire.

Il faut dire, cependant, que Platon a tout de même conscience du peu de réalisme de son modèle de la cité idéale. Dans une œuvre plus tardive, *Les Lois,* il opte pour la démocratie comme régime du moindre mal. Platon admet qu'il faut en pratique se donner des lois et, tout en gardant l'idéal en tête, adopter un régime imparfait.

La division tripartite de l'âme

La division de la société en trois classes imite la division platonicienne de l'âme. Selon Platon, l'âme comprend trois parties: l'élément rationnel (en grec: le *logistikón*), l'élément irascible (en grec: le *thumós*) et l'élément concupiscible ou désir irrationnel (en grec: l'*epithumía*). Dans *La République*, Platon associe à chacun de ces éléments une vertu, intellectuelle ou morale, et une fonction conforme à cette vertu.

L'élément rationnel de l'âme a la propriété de s'élever au-dessus des choses sensibles et d'accéder à l'essence des choses, c'est-à-dire au monde des Idées. La vertu de cet élément est par conséquent la connaissance vraie des choses ou la sagesse. Conformément à cela, le rôle de la raison est de commander. L'individu agit vertueusement lorsqu'il obéit aux ordres de la raison, puisque seule elle sait ce qu'est véritablement la vertu. Selon Platon, il est impossible que les hommes soient vertueux sans connaître ce qu'est la vertu. Une belle action dépend de notre connaissance de l'Idée du beau. Il y a un rapport direct entre la connaissance et l'action, entre la vérité et la vertu. C'est pour cela que, selon Platon, l'ordre politique repose sur le règne des rois-philosophes, car ils sont ceux qui ont contemplé les Formes du juste, du beau, du bien. De même que, dans l'individu, les désirs multiples doivent être assujettis à la raison, dans la cité, le peuple doit être gouverné par la raison unifiante des chefs.

La partie intermédiaire de l'âme, l'élément irascible, est droite lorsqu'elle contraint les désirs irrationnels à obéir aux ordres de la raison. Sa vertu est le courage. Le courage est «cette force qui sauvegarde constamment l'opinion droite et légitime, touchant les choses qui sont ou ne sont pas à craindre [7]». Lorsque, au contraire, l'élément irascible se laisse entraîner par les appétits de l'élément concupiscible, au lieu d'être courageux, il est lâche et coléreux de façon incontrôlée; il n'exerce plus sa fonction. L'élément irascible correspond dans l'âme individuelle à ce que sont les guerriers dans la cité.

Enfin, la partie concupiscible ou désir irrationnel est l'élément qui entraîne l'âme vers les plaisirs sensuels et l'acquisition des richesses. En cela, l'élément concupiscible fait obstacle à la connaissance de la vérité. Selon Platon, il est comparable au peuple. L'individu, tout comme le peuple, est dit tempérant lorsqu'il accepte d'être gouverné par la raison. Sinon, il devient esclave de lui-même et déréglé. La tempérance est la vertu du caractère qui valorise la maîtrise de soi et la modération dans les plaisirs des sens. «Elle consiste en cette concorde, harmonie naturelle entre le supérieur et l'inférieur sur le point de savoir qui doit commander, et dans la cité et dans l'individu [8]». Dans l'âme, la tempérance établit la concorde entre l'élément le plus faible (le désir irrationnel), l'élément intermédiaire (l'élément irascible) et l'élément le plus fort (la raison). Dans la cité, la tempérance établit la concorde entre la classe inférieure en sagesse (le peuple), la classe auxiliaire (les guerriers) et la classe supérieure (les chefs). La réalisation de la justice est atteinte lorsqu'il y a harmonie entre ces différents éléments et que chacun remplit vertueusement sa fonction et est heureux de la place qu'il occupe.

Dans *Phèdre*, Platon illustre cette division de l'âme par l'image d'un char ailé tiré par un attelage de deux chevaux, un blanc et un noir, et conduit par un cocher. Le cocher étant le guide de l'attelage, il représente la raison. Afin de mener l'équipage à bon port, il doit faire preuve de sagesse et gouverner avec fermeté. Le cheval blanc, celui de droite, est d'excellente race; il est bon et bien dressé. Il représente l'amour de l'honneur et le courage. Il se laisse conduire facilement par les paroles du cocher. Le cheval noir, celui de gauche, est mauvais; rebelle et indiscipliné, il n'écoute que ses élans sauvages. Il représente le désir irrationnel. Il tire le cocher et l'autre cheval vers les désirs les plus vils et il n'obéit qu'avec peine aux coups de fouet qu'il reçoit du cocher. Il s'ensuit que tenir les rênes de notre âme est une tâche bien difficile. Au terme de cette lutte, si le désir irrationnel sort vainqueur, les ailes de l'âme tombent et elle, qui vivait dans le ciel, est emportée dans les airs jusqu'à ce qu'elle rencontre un corps terrestre et mortel. L'âme est ainsi entraînée dans l'oubli d'elle-même et de ce qu'il y a de meilleur en elle. Cependant, lorsque, au contraire, les éléments supérieurs l'emportent, l'âme vertueuse est libre et immortelle; elle vit dans le bonheur parfait.

---

7. Platon, *La République*, livre IV, introduction, traduction et notes de R. Baccou, Paris, Garnier-Flammarion, 1966, 430b.

8. *Ibid.*, 432a.

La responsabilité morale

La roue de la Fortune. Edward Burne-Jones, 1883.

La République se termine avec un mythe **eschatologique** qui rattache l'étude de la philosophie à la fin dernière de l'être humain. Er le Pamphylien, qui est mort dans une bataille, revient à la vie après 12 jours. Il a été choisi par les juges célestes pour être le messager de l'au-delà auprès des humains. Il raconte le spectacle du jugement dernier auquel il a assisté lors de son séjour chez les morts.

Après la mort, les âmes qui ont eu une bonne vie vont résider dans le ciel, où elles assistent à des visions splendides, alors que celles qui ont eu une mauvaise vie vont habiter les profondeurs de la terre, où elles expient leurs fautes. Mais tous les mille ans, à moins qu'elles n'aient commis de trop grands crimes, les âmes sont admises au choix d'une nouvelle vie terrestre. Des modèles de vie sont alors placés devant les âmes, des vies d'animaux et des vies humaines de toutes sortes. Les âmes doivent choisir à tour de rôle, selon le rang qui leur a été attribué par le sort. Les premières âmes s'élancent souvent à l'aveuglette et choisissent les destins les plus mauvais, échangeant une bonne vie contre une mauvaise. Beaucoup d'entre elles, n'ayant jamais appris à distinguer rationnellement le bien et le mal, se laissent séduire par le pouvoir ou par la renommée et choisissent des vies de tyrans ou des vies dans lesquelles elles recevront des honneurs liés à la beauté ou à la force. Ces âmes ne voient pas que le mal qu'elles accompliront sur la terre leur sera remis au décuple après leur mort. Ce n'est qu'après avoir fait leur choix qu'elles peuvent lire leur destin; alors certaines se mettent à pleurer et à avoir peur, car ce choix est irrémédiable. Cependant, les dieux n'y sont pour rien; ils n'interviennent qu'une fois qu'ont été accomplis les choix. C'est alors seulement que la déesse Nécessité et ses filles, les Moires, veillent à ce que la destinée de chaque mortel soit accompli. Chaque âme aura, sur terre, le démon gardien (le dieu personnel) qui convient au choix qu'elle aura fait et dont elle est responsable.

Ce mythe montre que le choix le meilleur est celui d'une vie vertueuse, et qu'il ne faut pas tenir compte de tout le reste: pouvoir, richesses, honneurs. Il faut à tout prix fuir les excès. Par ailleurs, le

Eschatologique

Concerne l'étude des fins dernières de l'univers et de l'humanité. Ce terme est employé surtout en théologie pour désigner le problème du jugement dernier.

mythe montre également que, durant notre vie terrestre, il faut se laisser guider par les philosophes, qui savent discerner entre les bonnes et les mauvaises conditions; il faut aussi philosopher soi-même, car celui qui s'adonne à la philosophie est heureux non seulement sur terre, mais aussi lors de son voyage dans l'au-delà.

Il convient de remarquer l'importance que prend, avec Socrate et Platon, la question de la responsabilité morale. Bien que la séparation entre l'ordre politique et l'ordre religieux ait déjà été accomplie lors des débuts de la philosophie, la croyance au destin était encore, à l'époque de Platon, omniprésente. Comme tel, le problème philosophique de notre responsabilité et de notre liberté ne fait pas encore l'objet de discussions ouvertes. Mais comme on peut le voir, les réflexions de Platon mènent inévitablement à ce nouveau problème.

Les répercussions du platonisme dans le monde occidental

L'Académie a été rayonnante du vivant même de Platon. Il semble aussi que l'on ait demandé à certains de ses membres de réformer les lois dans certaines cités où l'on tentait d'instaurer des États platoniciens. À la mort de Platon, c'est Speusippe, son neveu, qui prit la tête de l'Académie, puis Xénocrate de Chalcédoine.

Après que l'Académie eut connu plusieurs développements, la philosophie de Platon se prolongea, mais transformée, dans le néoplatonisme, dont le représentant principal est Plotin (v. 205 à – v. 270 ap. J.-C.). Chez Plotin, la philosophie ne sert qu'à s'unir à ce qui la dépasse. Ce qui est avant tout recherché, c'est une union mystique avec Dieu; cette expérience ressemble néanmoins à la saisie platonicienne du Beau et de l'ordre divin dans son ensemble. La philosophie de Platon aura, par ailleurs, une très grande influence sur les écrivains chrétiens comme saint Augustin (354 – 430 ap. J.-C.).

Bien que, au cours du Moyen Âge, l'aristotélisme soit plus vivant que le platonisme, à la Renaissance, on assiste à la création d'une nouvelle philosophie religieuse qui s'appuie sur la lecture des dialogues de Platon et de la Bible. On cherche alors à faire un retour à la vraie foi, et on emprunte l'explication platonicienne de l'immortalité de l'âme et l'imagerie des mythes eschatologiques.

Par ailleurs, les hypothèses de Platon et de l'académicien Eudoxe auraient dominé pendant 20 siècles l'astronomie théorique. Il semble que Platon ait été le premier à postuler que les mouvements apparemment inégaux des planètes s'expliquaient par la combinaison de mouvements circulaires constants, mais différents par les plans dans lesquels ils se déroulent, par leurs directions et par leurs vitesses. Cette idée est connue sous le nom d'«axiome platonicien».

Enfin, Platon fut le premier à avoir défini clairement ce qu'était la philosophie, et nous avons conservé cette définition jusqu'à nos jours. L'univers scientifique, technique et administratif de la civilisation occidentale reconnaît en effet la raison comme l'unique critère de la vérité. Par ailleurs, le platonisme est vivant en philosophie, en théologie, mais aussi partout où l'on postule un monde éternel existant par lui-même et transcendant tout ce qui se trouve dans notre monde.

RÉSUMÉ SCHÉMATIQUE DE L'EXPOSÉ

Les sources de la pensée de Platon

Très tôt, Platon abandonne l'idée de faire de la politique et se consacre à la philosophie. Seule la possession du savoir philosophique par les chefs peut assurer le salut de l'État. Platon fonde l'Académie. Il veut prolonger l'entreprise morale de Socrate. Il tentera de jeter un pont entre l'Être permanent de Parménide et les êtres changeants d'Héraclite.

Le problème de l'être

1. La réalité sensible est composée d'être et de non-être. La réalité idéale correspond à l'être au sens absolu. À chaque réalité du monde sensible correspond une Idée. Les Idées sont immuables et universelles. L'Idée existe séparément du monde sensible. Elle est parfaite, inaltérable, simple et éternelle.

2. Les êtres sensibles reçoivent leur existence de leur participation aux Idées. Ils ne sont que des imitations des Idées. Les Idées sont les causes de tout ce qui existe dans le monde sensible. Elles définissent la nature essentielle des êtres. Elles sont au fondement de la science. Platon est un idéaliste. L'Idée transcende le réel sensible. L'Idée du Bien est supérieure à toutes les autres. Connaître, c'est connaître au-delà du sensible.

3. Il existe divers modes hiérarchisés d'être — les images, les êtres sensibles, les êtres mathématiques et les êtres intelligibles — auxquels correspondent différentes manières de connaître: l'imagination, la perception sensible, la pensée discursive et l'intelligence pure.

Le problème du vrai

1. Le philosophe exerce son âme à la connaissance des Idées immuables et éternelles. Les Idées sont inaccessibles aux sens. C'est uniquement dans l'acte de raisonner que l'âme saisit la réalité de l'être.

2. Connaître, c'est rattacher la diversité de l'expérience sensible aux Formes universelles. La connaissance des Idées précède la connaissance des êtres sensibles. La connaissance est un «ressouvenir» de ce que l'âme a contemplé avant d'être revêtue d'un corps.

3. La dialectique platonicienne vise la connaissance des Formes universelles desquelles dépendent tous les cas particuliers. La synthèse consiste à ramener à l'unité les notions éparses afin d'éclaircir le sujet dont on veut traiter. La division est la redistribution de l'Idée en ses différentes parties. La dialectique fonde la légitimité de nos points de vue sur les liaisons des essences entre elles. Le dialecticien a une vision d'ensemble de l'être. La dialectique platonicienne complète la méthode socratique de la réfutation.

4. La majorité des hommes vivent dans l'ignorance. Dans l'allégorie de la caverne, Platon oppose cette ignorance à la connaissance véritable. De même que le monde du jour est plus réel et plus vrai que le monde de la caverne, le monde intelligible est plus réel et plus vrai que le monde sensible.

Le problème de la vertu

1. L'ordre politique repose sur l'ordre des essences. La démocratie conduit à la tyrannie. Platon substitue l'Idée de justice au principe de liberté. La justice est l'ordre naturel imposé à l'homme et à la cité. Dans l'État idéal, le bien commun a préséance sur les biens individuels. L'Idée de justice est supérieure aux lois. La cité idéale est répartie en trois classes correspondant à des fonctions sociales. Les philosophes sont les seuls à pouvoir établir sur terre les lois du beau, du juste et du bon. Ils s'opposent aux Sophistes. Ils ont le devoir de se préoccuper de politique. Les guerriers ont pour fonction de veiller à la subordination des bonheurs individuels au bonheur collectif. La justice nécessite une répartition équitable des richesses. L'idéologie politique de Platon a été qualifiée de communisme primitif. Dans *Les Lois*, Platon opte pour la démocratie comme régime du moindre mal.

2. La division de la société en trois classes imite la division platonicienne de l'âme. Dans l'âme, le rôle de la raison est de commander. Il y a un lien nécessaire entre vertu et vérité. Le courage veille à subordonner les désirs irrationnels à la raison. L'appétit irrationnel fait obstacle à la vérité. L'individu est tempérant lorsqu'il accepte d'être gouverné par la raison. La justice est réalisée lorsqu'il y a harmonie entre les différents éléments de l'âme.

3. Le mythe d'Er est un mythe eschatologique qui rattache l'étude de la philosophie à la fin dernière de l'homme. L'âme a la responsabilité du genre de vie qu'elle choisit. Le choix le meilleur est celui d'une vie vertueuse. Il faut se laisser guider par les philosophes. Les réflexions de Platon ouvrent la voie aux discussions portant sur le problème de la liberté et de la responsabilité.

Les répercussions du platonisme dans le monde occidental

L'Académie a été rayonnante avant comme après la mort de Platon. La philosophie de Platon s'est prolongée dans le néoplatonisme. Elle a eu une très grande influence sur les écrivains chrétiens et, à la Renaissance, sur la création d'une nouvelle philosophie religieuse. L'«axiome platonicien» a dominé pendant vingt siècles l'astronomie théorique. Le platonisme survit jusque dans la conception contemporaine de la philosophie.

LECTURES SUGGÉRÉES

BRUN, Jean. *Platon et l'Académie*, Paris, PUF, coll. «Que sais-je?», n° 880, 1960.

PLATON. *La République*, introduction, traduction et notes de R. Baccou, Paris, Garnier-Flammarion, 1966. (Il existe aussi plusieurs autres traductions.)

PLATON. *La République*, livres VI et VII, traduction et commentaires de Monique Dixsaut, Paris, éd. Bordas, coll. «Les Œuvres Philosophiques», 1986.

PLATON. *La République*, livre VII, présentation et commentaires de B. Piettre, Paris, éd. Nathan, coll. «Les Intégrales de Philo», 1981.

RODIS-LEWIS, Geneviève. *Platon et la chasse de l'Être: choix de textes*, Paris, éd. Seghers, coll. «Philosophes de tous les temps», 1965.

ACTIVITÉS D'APPRENTISSAGE

Le problème de l'être

1. À partir de l'exposé sur le problème de l'être et du texte «L'Idée du Bien», expliquez, en quelques lignes et en vos propres mots
   a) la différence entre le monde sensible et le monde intelligible chez Platon;
   b) la distinction entre l'Idée du Bien et les autres Idées.

2. Expliquez, en quelques lignes, en quoi le monde intelligible de Platon et l'Être de Parménide diffèrent dans leur rapport au monde sensible.

3. En vous inspirant de l'exemple du lit (*voir la page 116*), inventez un exemple démontrant l'existence d'une hiérarchie entre trois types d'êtres. Expliquez, en vos propres mots, votre exemple.

Le problème du vrai

4. Après avoir lu le texte «Phédon», répondez aux questions suivantes:
   a) Dites, en quelques mots, quel est l'objet de la connaissance dont parle Socrate.
   b) Expliquez, en quelques phrases, pourquoi Socrate dit que nous n'atteindrons la vérité que lorsque nous aurons trépassé.
   c) Quel est, selon vous, le thème de ce texte?

5. Après la lecture du texte «L'allégorie de la caverne» répondez aux questions suivantes:
   a) Pourquoi Socrate dit-il que si l'on détache l'un des prisonniers et qu'on le force à lever les yeux vers la lumière, il croira que les ombres de la caverne sont plus réelles que les objets à l'extérieur de la caverne?
   b) À quelles réalités du monde sensible correspondent les objets fabriqués et leurs ombres?
   c) Quelles raisons Socrate donne-t-il à Glaucon pour lui démontrer que l'Idée du Bien dans le monde intelligible est comparable au Soleil dans le monde visible?
   d) Au sujet de quelle vertu morale Socrate oppose-t-il celui qui a contemplé les Idées à ceux qui s'occupent des affaires humaines?
   e) Pourquoi Socrate dit-il que si quelqu'un tentait de libérer et de conduire les autres prisonniers à l'extérieur de la caverne, ces derniers le tueraient?
   f) Quel est, selon vous, le thème principal de ce mythe?

6. Selon Platon, la vérité est indépendante de la connaissance que nous pouvons en avoir. Dans un texte d'environ une page, justifiez cette position en l'opposant à la conception des Sophistes, selon laquelle la vérité est relative à chaque personne et à chaque situation.

Le problème de la vertu

7. Dans le texte «Le philosophe-roi», Platon évalue les possibilités de réalisation d'une cité idéale. Il insiste sur la nécessité d'une union entre le pouvoir politique et la sagesse, c'est-à-dire sur l'attribution du pouvoir royal aux philosophes. En quoi consiste cette sagesse et à quoi l'oppose-t-il?

8. Selon Platon, le bien commun doit précéder l'intérêt individuel. Qu'en pensez-vous?

Extraits de textes

L'Idée du Bien

Platon, *La République*, livre VI, introduction, traduction et notes de R. Baccou, Paris, Garnier-Flammarion, 1966, p. 264-267.

Socrate: Nous disons [...] qu'il y a de multiples choses belles, de multiples choses bonnes, etc., et nous les distinguons dans le discours.

Glaucon: Nous le disons en effet.

Socrate: Et nous appelons beau en soi, bien en soi et ainsi de suite, l'être réel de chacune des choses que nous posions d'abord comme multiples, mais que nous rangeons ensuite sous leur idée propre, postulant l'unité de cette dernière.

Glaucon: C'est cela.

Socrate: Et nous disons que les unes sont perçues par la vue et non par la pensée, mais que les idées sont pensées et ne sont pas vues.

Glaucon: Parfaitement.

Socrate: Or, par quelle partie de nous-mêmes percevons-nous les choses visibles?

Glaucon: Par la vue.

Socrate: En admettant que les yeux soient doués de la faculté de voir, que celui qui possède cette faculté s'efforce de s'en servir, et que les objets auxquels il l'applique soient colorés, s'il n'intervient pas un troisième élément, destiné précisément à cette fin, tu sais que la vue ne percevra rien et que les couleurs seront invisibles.

Glaucon: De quel élément parles-tu donc? [...]

Socrate: De ce que tu appelles la lumière [...].

Glaucon: Tu dis vrai.

Socrate: Quel est donc de tous les dieux du ciel celui que tu peux désigner comme le maître de ceci, celui dont la lumière permet à nos yeux de voir de la meilleure façon possible, et aux objets visibles d'être vus?

Glaucon: Celui-là même que tu désignerais, ainsi que tout le monde; car c'est le soleil évidemment que tu me demandes de nommer.

Socrate: Sache donc que c'est lui que je nomme le fils du bien, que le bien a engendré semblable à lui-même. Ce que le bien est dans le domaine de l'intelligible à l'égard de la pensée et de ses objets, le soleil l'est dans le domaine du visible à l'égard de la vue et de ses objets.

Glaucon: Comment? [...] explique-moi cela.

Socrate: Tu sais [...] que les yeux, lorsqu'on les tourne vers des objets dont les couleurs ne sont plus éclairées par la lumière du jour, mais par la lueur des astres nocturnes, perdent leur acuité et semblent presque aveugles comme s'ils n'étaient point doués de vue nette.

GLAUCON: Je le sais fort bien.

SOCRATE: Mais lorsqu'on les tourne vers des objets qu'illumine le soleil, ils voient distinctement et montrent qu'ils sont doués de vue nette.

GLAUCON: Sans doute.

SOCRATE: Conçois donc qu'il en est de même à l'égard de l'âme; quand elle fixe ses regards sur ce que la vérité et l'être illuminent, elle le comprend, le connaît, et montre qu'elle est douée d'intelligence; mais quand elle les porte sur ce qui est mêlé d'obscurité, sur ce qui naît et périt, sa vue s'émousse, elle n'a plus que des opinions, passe sans cesse de l'une à l'autre, et semble dépourvue d'intelligence.

GLAUCON: Elle en semble dépourvue, en effet.

SOCRATE: Avoue donc que ce qui répand la lumière de la vérité sur les objets de la connaissance et confère au sujet qui connaît le pouvoir de connaître, c'est l'idée du bien; puisqu'elle est le principe de la science et de la vérité, tu peux la concevoir comme objet de connaissance, mais si belles que soient ces deux choses, la science et la vérité, tu ne te tromperas point en pensant que l'idée du bien en est distincte et les surpasse en beauté; comme dans le monde visible, on a raison de penser que la lumière et la vue sont semblables au soleil, mais tort de croire qu'elles sont le soleil, de même, dans le monde intelligible, il est juste de penser que la science et la vérité sont l'une et l'autre semblables au bien, mais faux de croire que l'une ou l'autre soit le bien; la nature du bien doit être regardée comme beaucoup plus précieuse.

GLAUCON: Sa beauté, d'après toi, est au-dessus de toute expression s'il produit la science et la vérité et s'il est encore plus beau qu'elles. Assurément, tu ne le fais pas consister dans le plaisir.

SOCRATE: Ne blasphème pas [...]; mais considère plutôt son image de cette manière.

GLAUCON: Comment?

SOCRATE: Tu avoueras, je pense, que le soleil donne aux choses visibles non seulement le pouvoir d'être vues, mais encore la génération, l'accroissement et la nourriture, sans être lui-même génération.

GLAUCON: Comment le serait-il, en effet?

SOCRATE: Avoue aussi que les choses intelligibles ne tiennent pas seulement du bien leur intelligibilité, mais tiennent encore de lui leur être et leur essence, quoique le bien ne soit point l'essence, mais fort au-dessus de cette dernière en dignité et en puissance.

Alors Glaucon s'écria de façon comique: Par Apollon! voilà une merveilleuse supériorité!

PHÉDON

Platon, *Phédon* dans *Œuvres complètes*, tome IV, 1re partie, texte établi et traduit par Léon Robin, Paris, éd. Les Belles Lettres, 1963, p. 14-16.

SOCRATE: Mais que dire maintenant, Simmias, de ce que voici? Affirmons-nous l'existence de quelque chose qui soit «juste» tout seul, ou la nions-nous?

SIMMIAS: Nous l'affirmons, bien sûr, par Zeus!

SOCRATE: Et aussi, n'est-ce pas, de quelque chose qui soit «beau», et «bon»?

SIMMIAS: Comment non?

SOCRATE: Maintenant, c'est certain, jamais aucune chose de ce genre, tu ne l'as vue avec tes yeux?

SIMMIAS: Pas du tout [...].

SOCRATE: Mais alors, c'est que tu les as saisies par quelque autre sens que ceux dont le corps est l'instrument? Or ce dont je parle là, c'est pour tout, ainsi pour «grandeur», «santé», «force», et pour le reste aussi, c'est, d'un seul mot et sans exception, sa réalité: ce que précisément chacune de ces choses est. Est-ce donc par le moyen du corps que s'observe ce qu'il y a en elles de plus vrai? Ou bien, ce qui se passe n'est-ce pas plutôt que celui qui, parmi nous, se sera au plus haut point et le plus exactement préparé à penser en elle-même chacune des choses qu'il envisage et prend pour objet, c'est lui qui doit le plus se rapprocher de ce qui est connaître chacune d'elles?

SIMMIAS: C'est absolument certain.

SOCRATE: Et donc ce résultat, qui le réaliserait dans sa plus grande pureté sinon celui qui, au plus haut degré possible, userait, pour approcher de chaque chose, de la seule pensée, sans recourir dans l'acte de penser ni à la vue, ni à quelque autre sens, sans en traîner après soi aucun en compagnie du raisonnement? celui qui, au moyen de la pensée en elle-même et par elle-même et sans mélange, se mettrait à la chasse des réalités, de chacune en elle-même aussi et par elle-même et sans mélange? et cela, après s'être le plus possible débarrassé de ses yeux, de ses oreilles, et, à bien parler, du corps tout entier, puisque c'est lui qui trouble l'âme et l'empêche d'acquérir vérité et pensée, toutes les fois qu'elle a commerce avec lui? N'est-ce pas, Simmias, celui-là, si personne au monde, qui atteindra le réel?

SIMMIAS: Impossible, Socrate, [...] de parler plus vrai!

SOCRATE: Ainsi donc, nécessairement, [...] toutes ces considérations font naître en l'esprit des philosophes authentiques une croyance capable de leur inspirer dans leurs entretiens un langage tel que celui-ci:

«Oui, peut-être bien y a-t-il une sorte de sentier qui nous mène tout droit, quand le raisonnement nous accompagne dans la recherche; et c'est cette idée: aussi longtemps que nous aurons notre corps et que notre âme sera pétrie avec cette chose mauvaise, jamais nous ne posséderons en suffisance l'objet de notre désir! Or cet objet, c'est, disons-nous, la vérité. Et non seulement mille et mille tracas nous sont en effet suscités par le corps à l'occasion des nécessités de la vie; mais des maladies surviennent-elles, voilà pour nous de nouvelles entraves dans notre chasse au réel! Amours, désirs, craintes, imaginations de toute sorte, innombrables sornettes, il nous en remplit si bien, que par lui (oui, c'est vraiment le mot connu) ne nous vient même, réellement, aucune pensée de bon sens; non, pas une fois! Voyez plutôt: les guerres, les dissensions, la bataille, il n'y a pour les susciter que le corps et ses convoitises; la possession des biens, voilà en effet la cause originelle de toutes les guerres, et, si nous sommes poussés à nous procurer des biens, c'est à cause du corps, esclaves attachés à son service! Par sa faute encore, nous mettons de la paresse à philosopher à cause de tout cela. Mais ce qui est le comble, c'est que, sommes-nous arrivés enfin à avoir de son côté quelque tranquilité, pour nous tourner alors vers un objet quelconque de réflexion, nos recherches sont à nouveau bousculées en tous sens par cet intrus qui nous assourdit, nous trouble et nous démonte, au point de nous rendre incapables de distinguer le vrai. Inversement, nous avons réellement la preuve que, si nous devons jamais savoir purement quelque chose, il nous faudra nous séparer de lui et regarder avec l'âme en elle-même les choses en elles-mêmes. C'est alors, à ce qu'il semble, que nous appartiendra ce dont nous nous déclarons amoureux: la pensée; oui, alors que nous aurons trépassé, ainsi que le signifie l'argument, et non point durant notre vie! Si en effet il est impossible, dans l'union avec le corps, de rien connaître purement, de deux choses l'une: ou bien d'aucune façon au monde il ne nous est donné d'arriver à acquérir le savoir, ou bien c'est une fois trépassés, car c'est à ce moment que l'âme sera en elle-même et par elle-même, à part du corps, mais non auparavant. En outre, pendant le temps que peut durer notre vie, c'est ainsi que nous serons, semble-t-il, le plus près de savoir, quand le plus possible nous n'aurons en rien avec le corps société ni commerce à moins de nécessité majeure, quand nous ne serons pas non plus contaminés par sa nature, mais que nous serons au contraire purs de son contact, et jusqu'au jour où le Dieu aura lui-même dénoué nos liens. Étant enfin de la sorte parvenus à la pureté parce que nous aurons été séparés de la démence du corps, nous serons vraisemblablement unis à des êtres pareils à nous; et par nous, rien que par nous, nous connaîtrons tout ce qui est sans mélange. Et c'est en cela d'autre part que probablement consiste le vrai. N'être pas pur et se saisir pourtant de ce qui est pur, voilà en effet, on peut le craindre, ce qui n'est point permis!»

Tels sont, je crois, Simmias, nécessairement les propos échangés, les jugements portés par tous ceux qui sont, au droit sens du terme, des amis du savoir. Ne t'en semble-t-il pas ainsi?

Simmias: Oui, rien de plus probable, Socrate.

L'ALLÉGORIE DE LA CAVERNE

Platon, *La République*, livre VII, introduction, traduction et notes de R. Baccou, Paris, Garnier-Flammarion, 1966, p. 273-277.

SOCRATE: Maintenant, [...] représente-toi de la façon que voici l'état de notre nature relativement à l'instruction et à l'ignorance. Figure-toi des hommes dans une demeure souterraine, en forme de caverne, ayant sur toute sa largeur une entrée ouverte à la lumière; ces hommes sont là depuis leur enfance, les jambes et le cou enchaînés, de sorte qu'ils ne peuvent bouger ni voir ailleurs que devant eux, la chaîne les empêchant de tourner la tête; la lumière leur vient d'un feu allumé sur une hauteur, au loin derrière eux; entre le feu et les prisonniers passe une route élevée: imagine que le long de cette route est construit un petit mur, pareil aux cloisons que les montreurs de marionnettes dressent devant eux, et au-dessus desquelles ils font voir leurs merveilles.

GLAUCON: Je vois cela [...].

SOCRATE: Figure-toi maintenant le long de ce petit mur des hommes portant des objets de toute sorte, qui dépassent le mur, et des statuettes d'hommes et d'animaux, en pierre, en bois, et en toute espèce de matière; naturellement, parmi ces porteurs, les uns parlent et les autres se taisent.

GLAUCON: Voilà [...] un étrange tableau et d'étranges prisonniers.

SOCRATE: Ils nous ressemblent, [...] et d'abord, penses-tu que dans une telle situation ils aient jamais vu autre chose d'eux-mêmes et de leurs voisins que les ombres projetées par le feu sur la paroi de la caverne qui leur fait face?

GLAUCON: Et comment? [...] s'ils sont forcés de rester la tête immobile durant toute leur vie?

SOCRATE: Et pour les objets qui défilent, n'en est-il pas de même?

GLAUCON: Sans contredit.

SOCRATE: Si donc ils pouvaient s'entretenir ensemble ne penses-tu pas qu'ils prendraient pour des objets réels les ombres qu'ils verraient?

GLAUCON: Il y a nécessité.

SOCRATE: Et si la paroi du fond de la prison avait un écho, chaque fois que l'un des porteurs parlerait, croiraient-ils entendre autre chose que l'ombre qui passerait devant eux?

GLAUCON: Non, par Zeus [...].

SOCRATE: Assurément, [...] de tels hommes n'attribueront de réalité qu'aux ombres des objets fabriqués.

GLAUCON: C'est de toute nécessité.

SOCRATE: Considère maintenant ce qui leur arrivera naturellement si on les délivre de leurs chaînes et qu'on les guérisse de leur ignorance. Qu'on détache l'un de ces prisonniers, qu'on le force à se dresser immédiatement, à tourner le cou, à marcher, à lever les yeux vers la lumière: en faisant tous ces mouvements il souffrira, et l'éblouissement l'empêchera de distinguer ces objets dont tout à l'heure il voyait les ombres. Que crois-tu donc qu'il répondra si quelqu'un lui vient dire qu'il n'a vu jusqu'alors que de vains fantômes, mais qu'à présent, plus près de la réalité et tourné vers des objets plus réels, il voit plus juste? si, enfin, en lui montrant chacune des choses qui passent, on l'oblige, à force de questions, à dire ce que c'est? Ne penses-tu pas qu'il sera embarrassé, et que les ombres qu'il voyait tout à l'heure lui paraîtront plus vraies que les objets qu'on lui montre maintenant?

GLAUCON: Beaucoup plus vraies [...].

SOCRATE: Et si on le force à regarder la lumière elle-même, ses yeux n'en seront-ils pas blessés? n'en fuira-t-il pas la vue pour retourner aux choses qu'il peut regarder, et ne croira-t-il pas que ces dernières sont réellement plus distinctes que celles qu'on lui montre?

GLAUCON: Assurément.

SOCRATE: Et si [...] on l'arrache de sa caverne par force, qu'on lui fasse gravir la montée rude et escarpée, et qu'on ne le lâche pas avant de l'avoir traîné jusqu'à la lumière du soleil, ne souffrira-t-il pas vivement, et ne se plaindra-t-il pas de ces violences? Et lorsqu'il sera parvenu à la lumière, pourra-t-il, les yeux tout éblouis par son éclat, distinguer une seule des choses que maintenant nous appelons vraies?

GLAUCON: Il ne le pourra pas, [...] du moins dès l'abord.

SOCRATE: Il aura [...] besoin d'habitude pour voir les objets de la région supérieure. D'abord ce seront les ombres qu'il distinguera le plus facilement, puis les images des hommes et des autres objets qui se reflètent dans les eaux, ensuite les objets eux-mêmes. Après cela, il pourra, affrontant la clarté des astres et de la lune, contempler plus facilement pendant la nuit les corps célestes et le ciel lui-même, que pendant le jour le soleil et sa lumière.

GLAUCON: Sans doute.

SOCRATE: À la fin, j'imagine, ce sera le soleil — non ses vaines images réfléchies dans les eaux ou en quelque autre endroit — mais le soleil lui-même à sa vraie place, qu'il pourra voir et contempler tel qu'il est.

GLAUCON: Nécessairement [...].

SOCRATE: Après cela il en viendra à conclure au sujet du soleil, que c'est lui qui fait les saisons et les années, qui gouverne tout dans le monde visible, et qui, d'une certaine manière, est la cause de tout ce qu'il voyait avec ses compagnons dans la caverne.

GLAUCON: Évidemment, c'est à cette conclusion qu'il arrivera.

SOCRATE: Or donc, se souvenant de la première demeure, de la sagesse que l'on y professe, et de ceux qui y furent ses compagnons de captivité, ne crois-tu pas qu'il se réjouira du changement et plaindra ces derniers?

GLAUCON: Si, certes.

SOCRATE: Et s'ils se décernaient alors entre eux honneurs et louanges, s'ils avaient des récompenses pour celui qui saisissait de l'œil le plus vif le passage des ombres, qui se rappelait le mieux celles qui avaient coutume de venir les premières ou les dernières, ou de marcher ensemble, et qui par là était le plus habile à deviner leur apparition, penses-tu que notre homme fût jaloux de ces distinctions, et qu'il portât envie à ceux qui, parmi les prisonniers, sont honorés et puissants? Ou bien, comme le héros d'Homère, ne préférera-t-il pas mille fois n'être qu'un valet de charrue, au service d'un pauvre laboureur, et souffrir tout au monde plutôt que de revenir à ses anciennes illusions et de vivre comme il vivait?

GLAUCON: Je suis de ton avis [...] il préférera tout souffrir plutôt que de vivre de cette façon là.

SOCRATE: Imagine encore que cet homme redescende dans la caverne et aille s'asseoir à son ancienne place: n'aura-t-il pas les yeux aveuglés par les ténèbres en venant brusquement du plein soleil?

GLAUCON: Assurément si [...].

SOCRATE: Et s'il lui faut entrer de nouveau en compétition, pour juger ces ombres, avec les prisonniers qui n'ont point quitté leurs chaînes, dans le moment où sa vue est encore confuse et avant que ses yeux se soient remis (or l'accoutumance à l'obscurité demandera un temps assez long), n'apprêtera-t-il pas à rire à ses dépens, et ne diront-ils pas qu'étant allé là-haut il en est revenu avec la vue ruinée, de sorte que ce n'est même pas la peine d'essayer d'y monter? Et si quelqu'un tente de les délier et de les conduire en haut, et qu'ils le puissent tenir en leurs mains et tuer, ne le tueront-ils pas?

GLAUCON: Sans aucun doute [...].

SOCRATE: Maintenant, mon cher Glaucon, [...] il faut appliquer point par point cette image à ce que nous avons dit plus haut, comparer le monde que nous découvre la vue au séjour de la prison, et la lumière du feu qui l'éclaire à la puissance du soleil. Quant à la montée dans la région supérieure et à la contemplation de ses objets, si tu la considères comme l'ascension de l'âme vers le lieu intelligible, tu ne te tromperas pas sur ma pensée, puisque aussi bien tu désires la connaître. Dieu sait si elle est vraie. Pour moi, telle est mon opinion: dans le monde intelligible l'idée du bien est perçue la dernière et avec peine, mais on ne la peut percevoir sans conclure qu'elle est la cause de tout ce qu'il y a de droit et de beau en toutes choses; qu'elle a, dans le monde visible, engendré la lumière et le souverain de la lumière; que, dans le monde intelligible, c'est elle-même qui est souveraine et dispense la vérité et l'intelligence; et qu'il faut la voir pour se conduire avec sagesse dans la vie privée et dans la vic publique.

GLAUCON: Je partage ton opinion [...] autant que je le puis.

SOCRATE: Eh bien! partage-la encore sur ce point, et ne t'étonne pas que ceux qui se sont élevés à ces hauteurs ne veuillent plus s'occuper des affaires humaines, et que leurs âmes aspirent sans cesse à demeurer là-haut. Cela est bien naturel si notre allégorie est exacte.

GLAUCON: C'est, en effet, bien naturel [...].

SOCRATE: Mais quoi? Penses-tu qu'il soit étonnant qu'un homme qui passe des contemplations divines aux misérables choses humaines ait mauvaise grâce et paraisse tout à fait ridicule, lorsque, ayant encore la vue troublée et n'étant pas suffisamment accoutumé aux ténèbres environnantes, il est obligé d'entrer en dispute, devant les tribunaux ou ailleurs, sur des ombres de justice ou sur les images qui projettent ces ombres, et de combattre les interprétations qu'en donnent ceux qui n'ont jamais vu la justice elle-même?

GLAUCON: Il n'y a rien d'étonnant.

SOCRATE: En effet, [...] un homme sensé se rappellera que les yeux peuvent être troublés de deux manières et par deux causes opposées: par le passage de la lumière à l'obscurité, et par celui de l'obscurité à la lumière; et, ayant réfléchi qu'il en est de même pour l'âme, quand il en verra une troublée et embarrassée pour discerner certains objets, il n'en rira pas sottement, mais examinera plutôt si, venant d'une vie plus lumineuse, elle est, faute d'habitude, offusquée par les ténèbres, ou si passant de l'ignorance à la lumière, ellc cst éblouie de son trop vif éclat; dans le premier cas il l'estimera heureuse en raison de ce qu'elle éprouve et de la vie qu'elle mène; dans le second, il la plaindra, et s'il voulait rire à ses dépens, ses moqueries seraient moins ridicules que si elles s'adressaient à l'âme qui redescend du séjour de la lumière.

GLAUCON: C'est parler [...] avec beaucoup de sagesse.

SOCRATE: Il nous faut donc, si tout cela est vrai, en conclure ceci: l'éducation n'est point ce que certains proclament qu'elle est: car ils prétendent l'introduire dans l'âme, où elle n'est point, comme on donnerait la vue à des yeux aveugles.

GLAUCON: Ils le prétendent, en effet.

SOCRATE: Or, [...] le présent discours montre que chacun possède la faculté d'apprendre et l'organe destiné à cet usage, et que, semblable à des yeux qui ne pourraient se tourner qu'avec le corps tout entier des ténèbres vers la lumière, cet organe doit aussi se détourner avec l'âme tout entière de ce qui naît, jusqu'à ce qu'il devienne capable de supporter la vue de l'être et de ce qu'il y a de plus lumineux dans l'être; et cela nous l'appelons le bien, n'est-ce pas?

GLAUCON: Oui.

SOCRATE: L'éducation est donc l'art qui se propose ce but, la conversion de l'âme, et qui recherche les moyens les plus aisés et les plus efficaces de l'opérer; elle ne consiste pas à donner la vue à l'organe de l'âme, puisqu'il l'a déjà; mais comme il est mal tourné et ne regarde pas où il faudrait, elle s'efforce de l'amener dans la bonne direction.

LE PHILOSOPHE-ROI

Platon, *La République*, livres V et VI, introduction, traduction et notes de R. Baccou, Paris, Garnier-Flammarion, 1966, p. 229-258 (extraits).

SOCRATE: Tant que les philosophes ne seront pas rois dans les cités, ou que ceux qu'on appelle aujourd'hui rois et souverains ne seront pas vraiment et sérieusement philosophes; tant que la puissance politique et la philosophie ne se rencontreront pas dans le même sujet; tant que les nombreuses natures qui poursuivent actuellement l'un ou l'autre de ces buts de façon exclusive ne seront pas mises dans l'impossibilité d'agir ainsi, il n'y aura de cesse, mon cher Glaucon, aux maux des cités, ni, ce me semble, à ceux du genre humain, et jamais la cité que nous avons décrite tantôt ne sera réalisée, autant qu'elle peut l'être, et ne verra la lumière du jour. Voilà ce que j'hésitais depuis longtemps à dire, prévoyant combien ces paroles heurteraient l'opinion commune. Il est en effet difficile de concevoir qu'il n'y ait pas de bonheur possible autrement, pour l'État et pour les particuliers.

GLAUCON: Quels sont alors, selon toi, les vrais philosophes?

SOCRATE: Ceux qui aiment le spectacle de la vérité [...].

GLAUCON: Tu as certainement raison [...] mais qu'entends-tu par là?

SOCRATE: Ce ne serait pas facile à expliquer à un autre; mais je crois que tu m'accorderas ceci.

GLAUCON: Quoi?

SOCRATE: Puisque le beau est l'opposé du laid ce sont deux choses distinctes.

GLAUCON: Comment non?

SOCRATE: Mais puisque ce sont deux choses distinctes, chacune d'elles est une?

GLAUCON: Oui.

SOCRATE: Il en est de même du juste et de l'injuste, du bon et du mauvais et de toutes les autres formes: chacune d'elles, prise en soi, est une; mais du fait qu'elles entrent en communauté avec des actions, des corps, et entre elles, elles apparaissent partout, et chacune semble multiple.

GLAUCON: Tu as raison [...].

SOCRATE: C'est en ce sens que je distingue d'une part ceux qui aiment les spectacles, les arts, et sont des hommes pratiques, et d'autre part ceux dont il s'agit dans notre discours, les seuls qu'on puisse à bon droit appeler philosophes.

GLAUCON: En quel sens? [...]

SOCRATE: Les premiers, [...] dont la curiosité est toute dans les yeux et dans les oreilles, aiment les belles voix, les belles couleurs, les belles figures et tous les ouvrages où il entre quelque chose de semblable, mais leur intelligence est incapable de voir et d'aimer la nature du beau lui-même.

GLAUCON: Oui, il en est ainsi.

SOCRATE: Mais ceux qui sont capables de s'élever jusqu'au beau lui-même, et de le voir dans son essence, ne sont-ils pas rares?

GLAUCON: Très rares.

SOCRATE: Celui donc qui connaît les belles choses, mais ne connaît pas la beauté elle-même et ne pourrait pas suivre le guide qui le voudrait mener à cette connaissance, te semble-t-il vivre en rêve ou éveillé? Examine: rêver n'est-ce pas, qu'on dorme ou qu'on veille, prendre la ressemblance d'une chose non pour une ressemblance, mais pour la chose elle-même?

GLAUCON: Assurément, c'est là rêver.

SOCRATE: Mais celui qui croit, au contraire, que le beau existe en soi, qui peut le contempler dans son essence et dans les objets qui y participent, qui ne prend jamais les choses belles pour le beau, ni le beau pour les choses belles, celui-là te semble-t-il vivre éveillé ou en rêve?

GLAUCON: Éveillé, certes.

SOCRATE: Donc, ne dirions-nous pas avec raison que sa pensée est connaissance, puisqu'il connaît, tandis que celle de l'autre est opinion, puisque cet autre juge sur des apparences?

GLAUCON: Sans doute.

SOCRATE: Puisque sont philosophes ceux qui peuvent atteindre à la connaissance de l'immuable, tandis que ceux qui ne le peuvent, mais errent dans la multiplicité des objets changeants, ne sont pas philosophes, lesquels faut-il prendre pour chefs de la cité?

GLAUCON: Que dire ici pour faire une sage réponse?

SOCRATE: Ceux qui paraîtront capables de veiller sur les lois et les institutions de la cité sont ceux que nous devons établir gardiens.

GLAUCON: Bien [...].

SOCRATE: Mais [...] la question se pose-t-elle de savoir si c'est à un aveugle ou à un clairvoyant qu'il faut confier la garde d'un objet quelconque?

GLAUCON: Comment [...] se poserait-elle?

SOCRATE: Or, en quoi diffèrent-ils, selon toi, des aveugles ceux qui sont privés de la connaissance de l'être réel de chaque chose, qui n'ont dans leur âme aucun modèle lumineux, ni ne peuvent, à la manière des peintres, tourner leurs regards vers le vrai absolu, et après l'avoir contemplé avec la plus grande attention, s'y rapporter pour établir ici-bas les lois du beau, du juste et du bon, s'il est besoin de les établir, ou veiller à leur sauvegarde, si elles existent déjà?

GLAUCON: Par Zeus, [...] ils ne diffèrent pas beaucoup des aveugles!

SOCRATE: Les prendrons-nous donc comme gardiens, de préférence à ceux qui connaissent l'être de chaque chose, et qui, d'ailleurs, ne le leur cèdent ni en expérience ni en aucun genre de mérite?

GLAUCON: Il serait absurde d'en choisir d'autres que ces derniers, si, pour le reste, ils ne le cèdent en rien aux premiers; car sur le point qui est peut-être le plus important ils détiennent la supériorité.

ADIMANTE: Mais alors, [...] comment est-on fondé à prétendre qu'il n'y aura point de cesse aux maux qui désolent les cités tant que celles-ci ne seront pas gouvernées par ces philosophes que nous reconnaissons, par ailleurs, leur être inutiles?

SOCRATE: Tu me poses là une question à laquelle je ne puis répondre que par une image.

ADIMANTE: Pourtant, [...] il me semble que tu n'as pas coutume de t'exprimer par images!

SOCRATE: Bien, [...] tu me railles après m'avoir engagé dans une question si difficile à résoudre. Or donc, écoute ma comparaison afin de mieux voir encore combien je suis attaché à ce procédé. Le traitement que les États font subir aux hommes les plus sages est si dur qu'il n'est personne au monde qui en subisse de semblable, et que, pour en composer une image, celui qui les veut défendre est obligé de réunir les traits de multiples objets, à la manière des peintres qui représentent des animaux moitié boucs moitié cerfs, et d'autres assemblages du même genre. Imagine donc quelque chose comme ceci se passant à bord d'un ou de plusieurs vaisseaux. Le patron, en taille et en force, surpasse tous les membres de l'équipage, mais il est un peu sourd, un peu myope, et a, en matière de navigation, des connaissances aussi courtes que sa vue. Les matelots se disputent entre eux le gouvernail: chacun estime que c'est à lui de le tenir, quoiqu'il n'en connaisse point l'art, et qu'il ne puisse dire sous quel maître ni dans quel temps il l'a appris. Bien plus, ils prétendent que ce n'est point un art qui s'apprenne, et si quelqu'un ose dire le contraire, ils sont prêts à le mettre en pièces. Sans cesse autour du patron, ils l'obsèdent de leurs prières, et usent de tous les moyens pour qu'il leur confie le gouvernail; et s'il arrive qu'ils ne le puissent persuader, et que d'autres y réussissent, ils tuent ces derniers ou les jettent par-dessus bord. Ensuite ils s'assurent du brave patron, soit en l'endormant avec de la mandragore, soit en l'enivrant, soit de toute autre manière; maîtres du vaisseau, ils s'approprient alors tout ce qu'il renferme et, buvant et festoyant, naviguent comme peuvent naviguer de pareilles gens; en outre, ils louent et appellent bon marin, excellent pilote, maître en l'art nautique, celui qui sait les aider à prendre le commandement — en usant de persuasion ou de violence à l'égard du patron — et blâment comme inutile quiconque ne les aide point: d'ailleurs, pour ce qui est du vrai pilote, ils ne se doutent même pas qu'il doit étudier le temps, les saisons, le ciel, les astres, les vents, s'il veut réellement devenir capable de diriger un vaisseau; quant à la manière de commander, avec ou sans l'assentiment de telle ou telle partie de l'équipage, ils ne croient pas qu'il soit possible de l'apprendre, par l'étude ou par la pratique, et en même temps l'art du pilotage. Ne penses-tu pas que sur les vaisseaux où se produisent de pareilles scènes le vrai pilote sera traité par les matelots de bayeur aux étoiles, de vain discoureur et de propre à rien?

ADIMANTE: Sans doute [...].

SOCRATE: Tu n'as pas besoin, je crois, de voir cette comparaison expliquée pour y reconnaître l'image du traitement qu'éprouvent les vrais philosophes dans les cités: j'espère que tu comprends ma pensée.

ADIMANTE: Sans doute.

SOCRATE: Présente donc, d'abord, cette comparaison à celui qui s'étonne de voir que les philosophes ne sont pas honorés dans les cités, et tâche de lui persuader que ce serait une merveille bien plus grande qu'ils le fussent.

ADIMANTE: Je le ferai.

SOCRATE: Ajoute que tu ne te trompais pas en déclarant que les plus sages d'entre les philosophes sont inutiles au plus grand nombre, mais fais observer que de cette inutilité ceux qui n'emploient pas les sages sont la cause, et non les sages eux-mêmes. Il n'est pas naturel, en effet, que le pilote prie les matelots de se laisser gouverner par lui, ni que les sages aillent attendre aux portes des riches. L'auteur de cette plaisanterie a dit faux. La vérité est que, riche ou pauvre, le malade doit aller frapper à la porte du médecin, et que quiconque a besoin d'un chef doit aller frapper à celle de l'homme qui est capable de commander: ce n'est pas au chef, si vraiment il peut être utile, à prier les gouvernés de se soumettre à son autorité. Ainsi, en comparant les politiques qui gouvernent aujourd'hui aux matelots dont nous parlions tout à l'heure, et ceux qui sont traités par eux d'inutiles et de bavards perdus dans les nuages aux véritables pilotes, tu ne te tromperas pas.

SOCRATE: Aussi bien, Adimante, celui dont la pensée s'applique vraiment à la contemplation des essences n'a-t-il pas le loisir d'abaisser ses regards vers les occupations des hommes, de partir en guerre contre eux, et de s'emplir de haine et d'animosité; la vue retenue par des objets fixes et immuables, qui ne se portent ni ne subissent de mutuels préjudices, mais sont tous sous la loi de l'ordre et de la raison, il s'efforce de les imiter, et, autant que possible, de se rendre semblable à eux. Car penses-tu qu'il y ait moyen de ne pas imiter ce dont on s'approche sans cesse avec admiration?

ADIMANTE: Cela ne se peut.

SOCRATE: Donc, le philosophe ayant commerce avec ce qui est divin et soumis à l'ordre devient lui-même ordonné et divin, dans la mesure où cela est possible à l'homme; mais il n'est rien qui échappe au dénigrement, n'est-ce pas?

ADIMANTE: Assurément.

SOCRATE: Or, si quelque nécessité le forçait à entreprendre de faire passer l'ordre qu'il contemple là-haut dans les mœurs publiques et privées des hommes, au lieu de se borner à façonner son propre caractère, penses-tu qu'il serait un mauvais artisan de tempérance, de justice et de toute autre vertu démotique?

ADIMANTE: Point du tout [...].

SOCRATE: Maintenant si le peuple vient à comprendre que nous disons la vérité sur ce point, s'irritera-t-il encore contre les philosophes, et refusera-t-il de croire avec nous qu'une cité ne sera heureuse qu'autant que le plan en aura été tracé par des artistes utilisant un modèle divin?

ADIMANTE: Il ne s'irritera point, [...] si toutefois il parvient à comprendre. Mais de quelle manière entends-tu que les philosophes tracent ce plan?

SOCRATE: Prenant comme toile une cité et des caractères humains, ils commenceront par les rendre nets — ce qui n'est point facile du tout. Mais tu sais qu'ils diffèrent déjà en cela des autres, qu'ils ne voudront s'occuper d'un État ou d'un individu pour lui tracer des lois, que lorsqu'ils l'auront reçu net, ou eux-mêmes rendu tel.

ADIMANTE: Et avec raison.

SOCRATE: Après cela, n'esquisseront-ils pas la forme du gouvernement?

ADIMANTE: Sans doute.

SOCRATE: Ensuite, je pense, parachevant cette esquisse, ils porteront fréquemment leurs regards, d'un côté sur l'essence de la justice, de la beauté, de la tempérance et des vertus de ce genre, et de l'autre sur la copie humaine qu'ils en font; et par la combinaison et le mélange d'institutions appropriées, ils s'efforceront d'atteindre à la ressemblance de l'humanité véritable, en s'inspirant de ce modèle qu'Homère, lorsqu'il le rencontre parmi les hommes, appelle divin et semblable aux dieux.

ADIMANTE: Bien [...].

SOCRATE: Et ils effaceront, je pense, et peindront de nouveau, jusqu'à ce qu'ils aient obtenu des caractères humains aussi chers à la Divinité que de tels caractères peuvent l'être.

ADIMANTE: Certes, ce sera là un superbe tableau!

SOCRATE: Eh bien! [...] aurons-nous convaincu ceux que tu représentais comme prêts à fondre sur nous qu'un tel peintre de constitutions est l'homme que nous leur vantions tout à l'heure, et qui excitait leur mauvaise humeur, parce que nous voulions lui confier le gouvernement des cités? Se sont-ils adoucis en nous écoutant?

ADIMANTE: Beaucoup, [...] s'ils sont raisonnables.

CHAPITRE 6

Aristote

Aristote, héritier de Platon

Platon, l'index pointé vers le ciel, nous invite à la contemplation des Idées, alors qu'Aristote, la main tournée vers le sol, nous convie à l'étude des êtres d'ici-bas.

Aristote est originaire de Stagire, cité de Chalcidique relevant alors du roi de Macédoine; Stagire est une colonie ionienne où l'on parle grec. Aristote est né en 384 avant Jésus-Christ et il est mort en 322, un an après le début de la PÉRIODE HELLÉ-NISTIQUE, période de l'histoire de la Grèce marquée par le mélange de la culture orientale et de la culture grecque. Sous l'influence de son père, Nicomaque, qui venait d'une famille de médecins et qui était lui-même le médecin personnel du roi de Macédoine Amyntas II, Aristote affectionna dès son jeune âge la biologie et l'anatomie. Lors de son premier séjour à Athènes, qui dura de 367 à 347, il étudia et donna des cours à l'ACADÉMIE de Platon. L'influence de ce dernier sur Aristote est indéniable. On peut dire, en un sens, que l'œuvre d'Aristote est une longue réponse à l'œuvre de Platon, approuvant certains aspects de celle-ci et en réfutant d'autres. Platon avait lui-même beaucoup d'estime pour son jeune disciple, qu'il appelait *le liseur* et *le cerveau de l'École*.

Les premiers penchants d'Aristote pour l'étude des êtres vivants expliquent cependant les traits de doctrine qui opposeront son **réalisme** à l'idéalisme de Platon. L'importance qu'Aristote accorde à l'expérience sensible le conduit, en effet, à croire en l'existence réelle des êtres naturels indépendamment de leur relation à des êtres qui leur seraient supérieurs (comme les Idées de Platon). Pour l'étude d'Aristote, nous devrons par conséquent considérer le problème de la nature et le problème de l'être comme deux problèmes distincts.

En 347 avant Jésus-Christ, lors de la mort de Platon et de l'avènement de Speusippe, neveu de Platon, à la tête de l'Académie, Aristote se rendit en Lydie auprès d'Hermias, tyran d'Atarnée et d'Assos, qui était un ancien condisciple de l'Académie. Aristote tint alors une activité philosophique dans des cercles platoniciens à Assos. Les écrits que l'on tient aujourd'hui pour ses plus anciens reproduisent, semble-t-il, des cours qu'il a donnés à cette époque. On divise généralement les écrits d'Aristote en deux genres.

La mort d'Alexandre le Grand (323 av. J.-C.), roi de Macédoine, marque le début de la PÉRIODE HELLÉNISTIQUE, qui se termine en l'an 30 après Jésus-Christ, avec le suicide de Cléopâtre et la conquête de l'Égypte par l'Empire romain.

L'ACADÉMIE est l'école philosophique fondée par Platon en 387 avant Jésus-Christ.

RÉALISME
Avec Aristote, le réel ne fait plus simplement référence à l'Idée ou à la connaissance rationnelle que nous avons d'une chose, mais il indique la nature totale de l'être, incluant sa matière.

Le premier genre comprend ceux qu'on qualifie d'acroamatiques, c'est-à-dire destinés à être écoutés par les élèves et d'ésotériques, c'est-à-dire publiés à l'intérieur seulement du cercle d'élèves. Aristote y adopte un style scientifique, descriptif et sec. Par ailleurs, Aristote a également écrit des œuvres exotériques, c'est-à-dire destinées, par leur forme, à un plus large public; ce sont celles qui constituent le second genre. Ces œuvres, dont aucune n'est parvenue jusqu'à nous, rappelleraient les dialogues de Platon. Seules des œuvres qu'Aristote a publiées dans l'École ont été conservées alors que, pour Platon, c'est l'inverse qui s'est produit: seuls les dialogues, publiés à l'extérieur de l'École, ont été conservés.

De 343 avant Jésus-Christ à 340, Aristote aurait été le précepteur d'Alexandre le Grand à la cour du roi Philippe de Macédoine (fils d'Amyntas II). Entretemps, il a épousé Pythias, une parente d'Hermias, puis, après le décès de celle-ci, Herpyllis, avec qui il eut un fils, Nicomaque, qui mourut jeune, et auquel il a dédié un traité d'éthique. Au moment de l'avènement au trône d'Alexandre le Grand, Aristote est revenu à Athènes et a fondé le Lycée (d'après le nom du temple d'Apollon Lycien) qui fera concurrence à l'Académie. On dénomme «péripatéticiens» (ceux qui se promènent) les disciples d'Aristote, parce que c'était une habitude qu'avaient Aristote et ses élèves de se promener en discutant de philosophie. On emploie plutôt le terme «aristotéliciens» pour parler des disciples plus tardifs (à partir de l'ère chrétienne), qui ont défendu la pensée d'Aristote ou s'en sont inspirés pour développer leurs propres théories. En 323, lors du décès d'Alexandre le Grand, Aristote, qui craignait de subir injustement un châtiment semblable à celui de Socrate, se réfugia à Chalcis, en Eubée, où était née sa mère. Il y est mort en 322.

D'après une tradition, l'œuvre d'Aristote comprendrait jusqu'à mille livres; l'ensemble de l'œuvre touche presque tous les domaines de la connaissance. Parmi les œuvres principales, retenons: *La Métaphysique*, qui porte sur l'étude de l'Être; *Du ciel*; la *Physique*, qui porte sur la nature et le mouvement; *De la génération et de la corruption*; l'*Histoire des animaux*; *De l'âme*; l'*Organon,* comprenant six traités de logique; *La Rhétorique*; la *Poétique*; l'*Éthique à Nicomaque* et *Les Politiques*.

Le problème de l'être

La présente section s'attache à définir ce qu'est véritablement le réalisme d'Aristote par opposition à l'idéalisme de Platon. Il y est question de l'être en tant qu'être selon le point de vue d'Aristote. Une fois défini l'être au sens premier, nous examinons les autres sens de l'être, c'est-à-dire les attributs non essentiels de l'être, ainsi que l'être en puissance et l'être en acte.

Le réalisme d'Aristote

Aristote accorde comme Platon beaucoup d'importance à la cause formelle. Pour lui aussi, la forme représente ce qui fait que nous reconnaissons l'ensemble auquel appartient une chose: connaître l'individu, *tel homme*, c'est le rapporter à la forme universelle, *l'Homme*, à laquelle il appartient. Cependant, Aristote n'admet pas qu'une

En soi
Cette expression désigne ce qu'est une chose dans sa nature propre et essentielle, indépendamment de toute représentation sensible et de la connaissance que nous en avons.

forme ou que l'Idée d'une chose puisse exister en dehors des individus concrets composés de matière et de forme; pour lui, la forme est inséparable de l'individu. Contrairement à Platon, Aristote ne se détourne pas du sensible pour saisir la forme universelle, mais il la connaît par le biais des individus qui la possèdent. Connaître la forme *Homme* nécessite l'observation des hommes particuliers.

Aristote s'oppose à la duplication des êtres du monde sensible en des êtres intelligibles (les Idées) réellement existants; duplication à laquelle avait procédé son maître Platon. Par l'argument dit du «troisième homme», Aristote démontre le caractère inadmissible des conclusions auxquelles aboutit ce procédé. Le raisonnement est celui-ci: si tout attribut commun à plusieurs êtres (tous les hommes) constitue une Idée ayant une existence supérieure et séparée (l'Idée d'Homme), ce qui est commun aux hommes sensibles, composés de matière (d'un corps) et de forme (d'une âme), et à l'Homme **en soi** (l'Idée d'Homme) constituera une autre Idée ayant une existence supérieure et séparée, qu'Aristote appelle «troisième homme» (l'homme sensible et l'Homme en soi n'étant pas identiques, mais ayant un attribut commun). De même, ce qui est commun à l'homme sensible, à l'Homme en soi et au troisième homme produira un quatrième homme, et ainsi de suite à l'infini. Croire à l'existence réelle des formes en soi (des Idées séparées) nous contraint donc à toujours rechercher un nouveau principe antérieur.

L'École d'Athènes par Raphaël. On y voit réunis des philosophes d'époques différentes avec, parmi eux, le peintre lui-même.

Aristote, qui appelle ce procédé une régression à l'infini, montre qu'il implique le rejet de l'existence d'un premier principe, conséquence que Platon lui-même ne saurait reconnaître pour vraie, car, sans premier principe, la connaissance est impossible. Selon Aristote, il faut donc admettre que la forme n'existe pas en dehors des individus; elle est intérieure, c'est-à-dire immanente à tel et tel homme. Comme l'homme sensible (l'individu) est composé de matière et de forme, cela veut dire que la forme et la matière sont inséparables autrement que par une opération logique (rationnelle): nous pouvons connaître la forme sans la matière, mais en réalité les deux sont inséparables. La forme n'existe pas séparément de la matière.

La forme n'est qu'un concept abstrait de la réalité sensible, qui, par conséquent, permet de classifier les êtres en espèces différentes. Avec Aristote, on abandonne la notion platonicienne d'Idée (*idéa*) pour ne garder que celle de forme (*eídos*) qui, chez lui, équivaut aux notions de genre et d'espèce: tel homme appartient à l'espèce humaine parce que sa forme essentielle particulière (être homme) est identique à celle des autres hommes. Dans l'individu, la forme est donc ce qui le constitue essentiellement (l'espèce à laquelle il appartient), ce dont il a hérité de ses ancêtres et qu'il transmettra à son tour à sa descendance. Par exemple, l'essence (la forme) de Pierre (être un homme) lui a été transmise par ses parents. Il la transmettra à son tour à ses enfants qui, à leur tour, la transmettront à leurs propres enfants, et ainsi de suite.

Comparativement à Platon, qui est un IDÉALISTE (selon lui, l'Idée transcende l'être des choses sensibles), on peut dire qu'Aristote est un RÉALISTE: la forme est immanente aux choses sensibles. Platon avait tenté de dépasser le pessimisme de PARMÉNIDE en incluant l'étude de la nature dans une science universelle. Mais c'est seulement avec Aristote qu'une science de la nature devient vraiment possible; pour lui, le mouvement sensible n'est pas illusoire, il est réel et peut être étudié pour lui-même.

Par ailleurs, puisque la forme n'a d'existence que dans le composé (dans l'individu ayant un corps et une âme), cela implique qu'au niveau de l'individu, la forme (l'âme) disparaît lorsque la matière périt. L'âme est mortelle. Pour les êtres de notre monde, l'ÉTERNITÉ ne s'acquiert qu'au niveau des espèces. Il y a conservation éternelle des espèces par la transmission de la forme de génération en génération, mais, chez l'individu, la forme ne survit pas à la matière. Cette assertion a entraîné beaucoup de débats théoriques entre des philosophes et des **théologiens** d'époques ultérieures, et a mené à l'oubli des œuvres d'Aristote sur la nature pendant tout le Moyen Âge.

Théologien
Celui qui étudie la théologie. Le mot «théologie» est formé à partir des mots grecs *théos*, qui veut dire «dieu», et *logos* qui veut dire «science». La théologie est donc la science de Dieu, de ses attributs et de ses rapports avec notre monde.

Raphaël, peintre célèbre, né en Italie à la fin du xve siècle, offre une belle représentation de l'opposition IDÉALISME/RÉALISME dans son tableau *L'École d'Athènes*. On y voit Platon, l'index pointé vers le ciel, nous invitant à la contemplation des vérités éternelles, et Aristote, la main tournée vers le sol, nous conviant à l'étude des êtres d'ici-bas.

PARMÉNIDE, en effet, avait rejeté la possibilité d'une science de la nature parce que, selon lui, le mouvement des êtres naturels s'opposait au principe logique de non-contradiction qu'il définissait comme l'impossibilité pour un même sujet de recevoir deux attributs opposés. Aristote règle le problème en soutenant qu'il n'y a pas de contradiction dans le fait qu'un même sujet reçoive deux attributs opposés (par exemple la vie et la mort), à condition qu'il ne les reçoive pas en même temps.

Aristote ne croit pas que l'Univers ait été tiré d'un chaos primitif. L'ÉTERNITÉ, pour lui, est une caractéristique des espèces.

La substance et les catégories de l'être

Dans le livre 7 de *La Métaphysique*, Aristote dit que «l'Être se prend en de multiples sens.»[1] Le but de son exposé est de rechercher ce qu'est l'être en tant qu'être, c'est-à-dire ce qu'est l'être en son sens premier, au-delà des attributions particulières.

1. Aristote, *La Métaphysique*, 7, 1028a, 10, traduction de J. Tricot, Paris, J. Vrin, 1986.

Par exemple, une fourmi, un hippopotame, une table et une galaxie sont tous des êtres, même s'ils sont, on en convient, différents types d'êtres. Qu'est-ce qui, au-delà de leurs différences, nous permet d'affirmer qu'ils sont des êtres? Autrement dit, qu'est-ce que l'être?

Aristote nous dit que l'être au sens premier, c'est ce qui ne peut être attribut d'aucun sujet, mais ce dont tous les autres êtres sont des attributs. C'est ce qui se suffit en soi, c'est-à-dire ce qui n'a besoin de rien d'autre pour exister, ce qui a son propre mouvement (ce qui fait qu'il vit) en soi-même. Cet être, Aristote le nomme **substance** ou sujet premier. C'est, en fait, l'individu composé d'une matière (le corps) et d'une forme (l'âme). Prenons un exemple: il est impossible de dire de Pierre qu'il est l'attribut d'un autre sujet. Nous ne pouvons dire que «l'honnêteté est Pierre» ou que «la grandeur est Pierre». Par contre, il est possible d'attribuer à Pierre différentes façons d'exister. Nous dirons: «Pierre est un homme», «Pierre est honnête», «Pierre est petit», «Pierre est un étudiant». Dans la réalité, seul l'individu (le sujet premier) a une existence en soi, alors que tout le reste (les attributs) n'a d'existence que par l'intermédiaire de l'individu. Pierre existe en soi, mais l'honnêteté et la grandeur n'existent que dans la mesure où Pierre existe et que Pierre est honnête, qu'il est petit ou grand.

En un autre sens, cependant, Aristote nous dit que l'être au sens premier est aussi la définition essentielle ou la forme du sujet premier. Pour Aristote, la forme est ce qui définit le mieux un être. C'est l'attribut essentiel. Ce qui persiste aussi longtemps que l'individu existe. C'est pourquoi, dans son ouvrage intitulé les *Catégories*, la forme est nommée «substance seconde». Par exemple, si on veut définir ce qu'est Pierre essentiellement ou ce qu'est Nathalie essentiellement, on ne dira pas que Pierre est musicien et que Nathalie est sculpteure, mais on dira qu'ils sont des humains. En effet, si Pierre ou Nathalie en venaient à perdre un bras, il leur serait plutôt difficile de continuer à exercer leur art. Par contre, ils resteront toujours des humains, même si on leur coupe bras et jambes. La forme a donc un statut particulier parce qu'elle est inséparable de l'être au sens premier (la substance première); ce qu'elle représente reste toujours identique à soi et ne subit par conséquent aucun changement. Tout au long de son existence, il sera toujours vrai de dire de Pierre qu'il est un être humain.

Selon Aristote, les sens de l'être, ou catégories de l'être, sont au nombre de dix (*voir le tableau 6.1*). L'être au sens premier, la substance, constitue la première catégorie de l'être. Les autres catégories correspondent pour leur part à des attributs non essentiels, qu'Aristote nomme attributs accidentels ou **accidents**. Il est indifférent à la nature de la substance première que ces attributs soient variés, c'est-à-dire qu'ils ne soient pas les mêmes chez tous les individus d'une même espèce. Pierre et Nathalie sont essentiellement égaux (l'un n'est pas plus humain que l'autre) même si Pierre est musicien alors que Nathalie est sculpteure. Un chat (soit-il un siamois) n'est pas plus chat qu'un autre chat (soit-il un chat de gouttière). Par ailleurs, les attributs accidentels diffèrent de la forme (attribut essentiel) en ce qu'ils subissent le changement, qu'ils ne sont pas toujours identiques. Par exemple, Pierre aurait acquis les rudiments de la musique à 6 ans; il serait devenu un musicien accompli à 20 ans; il cesserait de l'être à 65 ans.

Tableau 6.1 *Les catégories de l'être*

1. La substance
   - Irène
   - Pierre
   - Nathalie
2. La quantité
   - Mesurer deux mètres
   - Être âgé de 10 ans
3. La relation
   - La moitié ou le double
   - Être plus grand
4. La qualité
   - Être vertueux
   - Être jeune
5. L'action
   - Être assis
   - Être couché

6. La passion
   - Le mets est mangé
   - Le livre est lu
7. Le temps
   - Hier
   - Maintenant
   - La semaine prochaine
8. Le lieu
   - Être au cégep
   - Être au stade
   - Être dans le center-ville
9. La position
   - Être assis
   - Être couché
10. La possession
    - Avoir un livre
    - Avoir de l'argent

Puissance et acte

Selon Aristote, ce qui possède le plus d'être, c'est le composé de matière et de forme: *cet homme* plutôt que *l'Homme*; l'individu plutôt que l'universel. L'étude d'Aristote portant sur la nature dévoile que la cause véritable (ou principe premier) des êtres naturels réside non pas dans le monde des Idées, mais dans le composé de matière et de forme, parce que seul ce composé possède en lui-même le mouvement (la vie). Par opposition avec le composé, la matière seule (sans la forme) et la forme seule (sans la matière) n'ont pas d'existence réelle.

Le point de vue d'Aristote peut se résumer comme suit:

- Le composé (de matière et de forme) est ce qui a une existence réelle; Aristote dit qu'il est en **acte**.
- Quant à la forme, lorsqu'elle est séparée de la matière, elle n'a qu'une existence logique (elle peut être connue séparément, mais elle n'existe pas séparément).
- Enfin, la matière, lorsqu'elle est séparée de la forme, n'est que **puissance** à être.

La puissance

Aristote s'oppose aux philosophies antérieures (en l'occurrence celle de Parménide et celle de Platon) qui refusent toute forme d'existence à la matière. Selon lui, il est impossible que les êtres vivants reçoivent l'existence si la matière est un pur non-être: l'être ne peut sortir du non-être.

ACTE
Ce qui est, c'est-à-dire l'être réalisé et permanent qui résulte de la transformation de l'être en puissance. Par ailleurs, l'être en acte signifie aussi ce qui est en train de s'accomplir. Par exemple, le médecin en train de soigner un malade, plutôt que celui qui possède la science médicale.

PUISSANCE
Caractère de ce qui peut se produire mais qui n'existe pas actuellement. Être en puissance, c'est posséder la possibilité de changer et tendre à le faire.

En effet, si la matière était semblable au néant, on pourrait faire naître n'importe quel être à partir de n'importe quelle matière; il n'y aurait, par exemple, aucune différence entre la matière constitutive d'un être humain et la matière constitutive d'un être végétal, et de l'une comme de l'autre pourrait naître n'importe quel être. Il faut donc qu'une certaine différenciation appartienne déjà à la matière. En conséquence, Aristote situe la matière entre l'être et le non-être: la matière est l'être en puissance. La matière est susceptible d'acquérir la forme d'un être vivant; elle possède potentiellement la capacité de cette transformation. Aristote dit que la matière désire la forme qui lui correspond, qu'elle est un être vivant en puissance. Ainsi, à moins que Jeanne soit infertile, avant de naître, l'enfant de Jeanne est en puissance dans Jeanne. De même, en ce qui concerne les objets fabriqués, la statue de la déesse Aphrodite est en puissance dans le morceau de marbre.

L'acte

Avant qu'elle n'acquière la forme, on ne peut dire cependant de la matière qu'elle a déjà la nature d'un être vivant. Avant que la forme humaine ne soit transmise à la matière (autrement dit, avant que l'âme ne se joigne au corps), on ne peut dire de l'être qui sera l'enfant de Jeanne, qu'il est déjà un être humain. De même, dans le cas d'un objet fabriqué, on ne peut dire du morceau de marbre qu'il est une statue avant que le sculpteur ne lui donne telle ou telle forme (la forme de la déesse Aphrodite). C'est donc uniquement quand la matière reçoit la forme qu'on peut dire que nous sommes en présence d'un être en acte, c'est-à-dire d'un être vivant composé d'une matière et d'une forme et ayant une existence réelle.

L'être en acte est fondamentalement un être en puissance

La possibilité qu'a la matière de recevoir la forme n'est pas une nécessité. La matière peut recevoir la forme, mais cela n'est pas nécessaire: la puissance est une possibilité d'être ou de ne pas être. Par exemple, malgré la possibilité réelle qu'un enfant naisse de Jeanne, il peut se faire que Jeanne ne donne jamais le jour à cet enfant. Ainsi, la matière peut soit ne jamais recevoir la forme et donc ne jamais avoir d'existence réelle, soit recevoir la forme et passer alors à l'acte, c'est-à-dire à la réalisation d'un être concret composé de matière et de forme, et possédant un mouvement (ayant la vie).

En outre, lorsqu'il y a formation d'un individu réel, la matière ne disparaît pas; elle reste partie intégrante de l'individu. Par exemple, l'embryon se transforme en os et en chair. Le fait que la matière change continuellement (le corps d'un nourrisson évolue jusqu'à ce que l'individu devienne un vieillard) explique qu'une fois qu'il a atteint la maturité, l'être vivant subisse un mouvement inverse tendant vers la corruption et la mort. Rien en effet de ce qui a eu un début ne subsiste éternellement.

Par conséquent, tout être vivant (l'être en acte) est fondamentalement un être en puissance parce que, d'une part, il n'a pas reçu de façon nécessaire la vie et, d'autre part, lorsqu'il la possède, il est appelé à la perdre. L'homme connaît la vie et subit la mort; il y a en lui une possibilité d'être ou de ne pas être. La notion de puissance qui est attribuée aux êtres vivants démontre donc que, dans la nature (dans notre monde), il y a de la contingence, c'est-à-dire que tout ne se produit pas de façon nécessaire.

Le problème de la nature

À l'origine de la philosophie, le problème de l'être et le problème de la nature étaient, d'une certaine manière, indissociables. C'est surtout avec la philosophie d'Aristote qu'ils sont devenus distincts. Aristote, en effet, ne dénie pas, comme la plupart de ses prédécesseurs, la réalité des êtres naturels. Il croit que le mouvement mérite une étude pour lui-même. Dans la présente section, nous verrons d'abord la distinction qu'Aristote a établie entre la nature (le monde sublunaire) et le monde des êtres nécessaires (le monde supralunaire). Ensuite, nous traiterons du caractère contingent des êtres naturels par opposition à ce qui se produit de façon nécessaire. Enfin, un exposé sur le nombre de causes fondamentales des êtres naturels sera suivi d'une description de chacune de ces causes.

La séparation du monde supralunaire et du monde sublunaire

La division du monde selon Platon (entre le monde intelligible et le monde sensible) prend une toute autre allure chez Aristote. D'une certaine manière, nous pourrions dire que le monde, qui était divisé selon un ordre hiérarchique quasi religieux (les êtres supérieurs transcendant les êtres de notre monde), se voit dorénavant divisé suivant un ordre spatial mettant en relief le caractère **autarcique** du monde de la nature. Aristote établit une séparation entre les êtres qui se situent au-dessus de la Lune et ceux qui se situent plus bas que la Lune.

> **Autarcique**
> Ce qui se suffit à soi-même; ce qui n'a besoin de rien d'extérieur pour subsister. Une cité ou un pays est dit autarcique lorsqu'il est en mesure de combler lui-même tous ses besoins économiques.

Le monde supralunaire

Le monde supralunaire est le monde des êtres nécessaires: Dieu, le ciel et les corps célestes (les astres). Tout s'y passe selon une nécessité absolue. Les caractéristiques propres aux êtres nécessaires sont les suivantes:

- Ils n'ont pas de matière (c'est le cas de Dieu) ou, s'ils en ont une, elle est incorruptible (c'est le cas des astres).
- Ils n'ont pas de mouvement. Dieu ne subit ni génération ni corruption; il est soustrait à toute espèce d'altération; il est immobile. Quant au mouvement de rotation des astres, il est considéré par Aristote comme un mouvement parfait, car il est CIRCULAIRE, il se produit toujours dans un même lieu, il est éternel et il ne peut subir l'influence d'obstacles extérieurs. Ce mouvement se rapproche dès lors davantage du repos (de l'identité à soi) que du mouvement des êtres qui sont en continuel changement.
- Ils ont une forme éternelle. Chacun des êtres célestes est et restera éternellement identique à lui-même. C'est l'être au sens absolu.

Aristote considère le mouvement CIRCULAIRE des astres comme l'imitation la plus parfaite de l'immobilité de Dieu. Dieu étant l'Être le plus parfait, tous les êtres, selon leur propre degré de perfection, tendent à lui ressembler.

On sait que pour les philosophes grecs la RAISON est ce qu'il y a de plus noble dans l'être humain. Cependant, la raison humaine se propose des buts (des fins) qui sont extérieurs à elle-même. La raison humaine s'applique, par exemple, soit à la contemplation des êtres qui lui sont supérieurs, soit à l'organisation des choses relatives à la cité. La raison de Dieu est, au contraire, exclusivement réflexive; elle ne tend que vers elle-même.

Zénon, le fondateur du STOÏCISME, est né vers 335 avant Jésus-Christ, soit environ treize ans avant la mort d'Aristote.

- Par ailleurs, Dieu n'a pas de fin autre que lui-même. Aristote dit que Dieu est la pensée de la pensée[2]. Cela s'explique par ceci que la RAISON divine ne peut atteindre à aucune perfection plus grande qu'elle-même. Elle est ce qu'il y a de plus parfait; elle est la raison pure. C'est pourquoi la raison divine ne tend vers aucun objet extérieur à elle-même. Par conséquent, selon Aristote, il n'y a pas de providence divine. À la différence des STOÏCIENS, pour qui la bonté divine sera présente partout, Aristote pense que l'ordre de notre monde ne dépend pas de l'action de Dieu, mais qu'il est le résultat du but qui est immanent à la nature elle-même.

Aristote aborde également le problème du rapport de Dieu à notre monde sous un autre angle. Dans la *Physique,* Aristote se demande ce qui est cause du mouvement de la nature; «tout ce qui est mû, se dit-il, est mû par quelque chose[3]». Mais, même si tout ce qui est mû est mû par autre chose qui est également mû par autre chose, il faut pouvoir s'arrêter à un premier moteur qui meut sans être mû, car, sinon, il y aurait régression à l'infini dans la chaîne des causes, et nous devrions alors abandonner l'idée d'un premier principe, cause du monde et de la connaissance. Aristote en conclut donc que Dieu est le Premier Moteur et qu'il n'entretient de rapport avec notre monde que par le moyen des corps célestes. Les corps célestes, intermédiaires entre le Premier Moteur et notre monde, donnent une impulsion au mouvement de la nature, cette impulsion étant toutefois d'ordre purement mécanique.

Le monde sublunaire

Le monde sublunaire est, au sens général, la nature. C'est notre monde terrestre, le monde du mouvement, le monde sensible. Les caractéristiques du monde sublunaire diffèrent de celles des êtres nécessaires du monde supralunaire. Elles sont les suivantes:

- Les êtres naturels ont une matière; c'est cela qui les rend perceptibles à nos sens.
- Ils ont le mouvement. Ils changent selon la génération et la corruption (tous les êtres naturels naissent et meurent), selon l'altération (ils sont bien portants puis malades), selon l'augmentation et la diminution (ils croissent et décroissent), selon le lieu (ils se déplacent d'un endroit à l'autre).
- Ils ont une forme qui ne survit pas à la matière. L'âme est mortelle.
- Ils ont une fin qui leur est propre, mais qui ne s'accomplit pas de façon nécessaire.

La fin de la nature est immanente à la nature elle-même

La nature tend vers une fin qui ne dépend ni de Dieu ni de l'Idée platonicienne du Bien. Le bien ou la perfection vers laquelle la nature tend est la reproduction éternelle des espèces. Par exemple, l'homme et la femme s'accouplent naturellement entre eux afin de se reproduire; ils assurent ainsi la survie de l'espèce humaine.

2. Aristote, *La Métaphysique,* livre 12, chap. 7 et 9, traduction de J. Tricot, Paris, J. Vrin, 1986.
3. Aristote, *Physique VIII,* 4, 256a, 3, texte établi et traduit par Henri Carteron, Paris, éd. Les Belles Lettres, 1926.

Cependant, considérée sous le rapport des individus, cette fin ne se produit pas nécessairement.

Dans le cas des êtres du monde supralunaire, la réalisation de la fin ne cause aucun problème, puisque ces êtres sont à eux-mêmes leur propre fin. Mais, dans la nature, même si tous les êtres tendent vers le bien, qui est immanent à la nature, la réalisation individuelle de cette perfection n'a rien d'absolu. Il peut arriver qu'un homme ne se reproduise pas, qu'il soit par le fait même exclu de la chaîne de la reproduction de l'espèce humaine. Comparé à l'ordre qui existe dans le monde supralunaire, l'ordre de la nature ne s'accomplit donc pas de façon nécessaire.

Dans la nature, l'ordre du nécessaire est remplacé par l'ordre qu'Aristote nomme **téléologique**. La première partie de ce mot vient de *télos* qui veut dire «ce qu'on a en vue, la fin vers laquelle on tend, le but». Contrairement à ce qui se produit pour Dieu (Dieu est la pensée de la pensée), le *télos* des êtres naturels est différent d'eux-mêmes, il implique une distance. Une distance sépare en effet l'individu de la fin qu'il vise en tant qu'être naturel, en l'occurrence la reproduction de l'espèce. Entre les deux, l'individu et sa fin, il est donc possible qu'un événement fasse obstacle à la réalisation du but (la mort, par exemple).

Par conséquent, Aristote dit que si, dans la nature, il y a nécessité, elle n'est qu'hypothétique[4]. C'est-à-dire que c'est seulement à la condition que le but qui avait été posé (la reproduction) soit réalisé que nous pouvons dire qu'il était nécessaire qu'une chose (les parents) en précède une autre (l'enfant). Bien que l'effet (l'enfant) ne puisse exister sans ce qui le précède (les parents), c'est lui-même, l'effet, qui nécessite la cause sans laquelle il ne pourrait exister. Quant à la cause, rien n'empêche qu'elle existe sans jamais produire d'effet. Considérons cela au moyen d'exemples. Si une maison existe, il est nécessaire qu'il y ait des fondations. Mais ce n'est pas parce qu'il y a des fondations que la maison existera nécessairement. Les travaux peuvent être arrêtés en cours de route.

On ne peut supposer que tel individu engendrera nécessairement un fils. C'est seulement lorsque le fils existe qu'il est permis de dire qu'il a nécessairement une cause (un père). Mais avant son existence, il avait une possibilité égale d'être ou de ne pas être.

> ### TÉLÉOLOGIQUE
> Cette caractéristique se rapporte aux êtres qui possèdent une finalité, c'est-à-dire qui tendent vers un but. Selon Aristote, les êtres naturels tendent vers un but immanent à la nature elle-même. La réalisation de ce but s'oppose à ce qui se produit de façon nécessaire ou sous l'action d'êtres supérieurs.
>
> ### CONTINGENCE
> La contingence s'oppose à la nécessité. Est contingent ce qui peut être ou ne pas être. Pour les philosophes qui admettent l'existence du hasard, la contingence s'applique aux faits de la nature.

La doctrine de la contingence

Tout dans la nature n'est pas de l'ordre du nécessaire. Selon Aristote, la nature est de l'ordre de ce qui se produit le plus souvent. Quand on observe ce qui se produit dans la nature, on se rend compte que, même si les différentes espèces d'êtres vivants restent toujours pareilles, pour les individus, il y a de la place pour le **contingent**. En effet, le hasard intervient parfois pour produire des êtres qui sont en

---

4. Aristote, *Physique II*, 9.

dehors de la régularité des faits naturels (c'est le cas par exemple des êtres infertiles). Le hasard contrevient à ce qui se passe le plus souvent; ses effets sont imprévisibles et rares. L'ordre téléologique implique qu'entre la cause naturelle et son effet, des causes accidentelles (qui relèvent du hasard) peuvent intervenir pour faire obstacle à l'ordre habituel des choses. Par ailleurs, Aristote fait une distinction entre la fortune et le hasard. Alors que le hasard intervient dans les choses de la nature, la fortune intervient dans les affaires humaines. Par exemple, je creuse le sol pour planter un arbre et je découvre un trésor; je prends la route habituelle pour me rendre au cégep et, comme je passe sous une fenêtre, un pot de fleurs me tombe sur la tête.

L'intervention de ces causes accidentelles s'explique également par le fait que les êtres naturels restent fondamentalement des êtres en puissance. Ainsi, étant donné qu'aucun être naturel n'échappe à la mort, la mort accidentelle d'un homme pourra se produire avant que ce dernier ne se reproduise.

> **LIBERTÉ**
> Chez Aristote, cette notion fait référence au choix rationnel dans le domaine de l'action humaine. Mis à part le terme *eleuthéria*, qui a trait à la liberté politique, les Grecs n'avaient aucun terme pour désigner la liberté au sens d'un pouvoir propre (non déterminé de l'extérieur) d'agir. L'expression dont la signification s'en rapproche le plus est *eph'hemîn*; traduite littéralement, cette expression veut dire «ce qui dépend de nous».

Par ailleurs, la reconnaissance de la contingence dans la nature rend possible la **liberté** humaine, car, si tout était déterminé à l'avance, il serait inutile de faire des choix. Dans son *Traité de l'interprétation*[5], Aristote démontre que, s'il était vrai de toute éternité de dire d'une chose qu'elle est vraie ou fausse, la contigence et la liberté seraient supprimées, et il serait inutile de délibérer sur ce que nous devrions faire. Donc, selon Aristote, s'il est nécessaire que *dans le futur* tel événement ou bien se produise ou bien ne se produise pas, cet événement renferme *actuellement* autant la possibilité d'être que la possibilité de ne pas être. Aristote donne l'exemple, devenu célèbre, d'une bataille navale: s'il est nécessaire que, demain, il y ait ou n'y ait pas une bataille navale, actuellement, aucune de ces deux possibilités n'est plus nécessaire que l'autre. De même, s'il est nécessaire que, demain, ou bien j'obtienne mon diplôme ou bien je ne l'obtienne pas, actuellement, les deux éventualités de l'alternative sont possibles. Ce qui par ailleurs me confère la responsabilité de prendre les moyens pour l'obtenir.

Nous verrons plus loin qu'Aristote conçoit l'activité humaine comme un domaine où la liberté de l'homme correspond à la responsabilité que nous avons de faire des choix pour organiser le mieux possible, par des moyens humains, la vie en société. Dans le domaine technique (le savoir-faire en général), c'est également parce que la nature est empreinte de contingence que la raison humaine a le privilège de pouvoir remédier aux insuffisances de la nature. Par exemple, le médecin peut, en exerçant son art, remédier aux imperfections du corps humain, qui est naturellement sujet aux maladies; les habitants des pays froids se fabriquent des vêtements semblables aux manteaux naturels des autres espèces animales.

---

5. Aristote, *Traité de l'interprétation*; *Organon II*, chap. 9.

Les causes aristotéliciennes

Dans *Physique*[6], Aristote pose, comme condition essentielle à l'étude de la nature et des êtres en mouvement, la recherche du nombre de causes fondamentales de l'être. Pour Aristote, il y a en tout quatre causes ou raisons explicatives de la nature: la cause matérielle, la cause formelle, la cause efficiente et la cause finale.

Dans *La Métaphysique*[7], Aristote accuse les philosophes qui l'ont précédé d'avoir omis l'une ou l'autre cause explicative des êtres de notre monde. En particulier, Aristote fait une critique plutôt dépréciative des premiers philosophes (les Ioniens), qui à son avis n'étaient que des physiciens; leurs principes supposément universels n'étaient en réalité que des principes physiques. Le fondement de l'explication des premiers philosophes reposait en effet sur la matière; c'est elle qui était reconnue la cause de la permanence des choses. Suivant cette explication, c'est grâce à une matière première que nous pouvons reconnaître quelque chose de toujours identique à travers le changement, que nous pouvons donner un sens aux choses. Selon Aristote, ces philosophes ont donc le tort d'avoir identifié la cause matérielle à la totalité de l'être et d'avoir omis d'autres causes plus importantes que celle-là.

D'autres philosophes se sont tout de même intéressés à la cause efficiente (la cause du mouvement). Par exemple, d'après Empédocle, l'Amour et la Haine étaient à la source de la réunion ou de la désunion des éléments pour former la vie. Selon Aristote, ces philosophes n'ont cependant pas tenu compte de la cause formelle.

Aristote conteste également son maître Platon parce que, bien que ce dernier se soit intéressé à la cause matérielle, il a attribué l'être des choses à la forme seulement. Par ailleurs, selon les dires d'Aristote, tous auraient omis la cause finale, ce en vue de quoi les êtres existent.

La cause matérielle

La cause matérielle est «ce dont une chose est faite et qui y demeure immanent[8]».

- *Ce dont une chose est faite:* la matière est un substrat ou support physique à partir duquel un être peut être engendré.
- *Ce qui demeure immanent à cette chose:* une fois cet être engendré, la matière reste contenue dans cet être; elle demeure en lui comme un élément de sa composition (par exemple, la matière avec laquelle est conçu un enfant apparaît en lui sous l'aspect de la chair et des os).

Nous connaissons la cause matérielle d'une chose lorsque nous posons la question: à partir *de quoi* une chose est-elle produite?

La matière est une cause naturelle, car on ne peut imaginer un être de notre monde sans une matière qui le compose. De même, les objets fabriqués ont une matière qui nous est perceptible par les sens; par exemple, une statue est faite de bronze ou d'argile.

---

6. Aristote, *Physique II*, 3.
7. Aristote, *La Métaphysique I*, 3-10, traduction de J. Tricot, Paris, J. Vrin, 1986.
8. Aristote, *Physique II*, 3, 194b, *op. cit.*, 23.

La cause formelle

La forme est ce que la matière devient (par exemple, le bois devient une table ou une chaise); elle est ce qui actualise la matière.

Quand on recherche quelle est la forme d'une chose, on répond à la question: *qu'est-ce que* cette chose? En d'autres mots, on recherche sa définition essentielle. Ce qui, pour Aristote, définit le mieux une chose, c'est ce qu'il y a de permanent en elle, et cela, c'est la forme; par exemple: Jean-Pierre est essentiellement un être humain même s'il cesse d'être musicien; un individu reste fondamentalement un être humain même s'il change tout au long de son existence, passant du nourrisson au vieillard.

La forme est aussi ce qui est toujours identique au niveau des espèces. Elle est ce qui rassemble les individus des différentes générations (des ancêtres lointains aux hommes des siècles futurs) sous un genre ou un modèle commun. La forme est donc cause, car c'est par elle que nous reconnaissons le genre naturel auquel appartient une chose.

Par ailleurs, toutes les parties de la définition qui représentent quelque chose d'essentiel sont aussi appelées forme. Par exemple, pour «homme», on peut dire: animal (genre) possédant une raison (différence spécifique ou espèce).

Puisque tous les êtres de la nature sont composés d'une forme et d'une matière, il est nécessaire que l'étude de la nature englobe et l'étude de la matière et l'étude de la forme.

En dernier lieu, la forme appartient aussi aux êtres immatériels. Par exemple, Dieu a une forme, mais il n'a pas de matière.

La cause efficiente

La cause efficiente peut être entendue soit comme extérieure à la chose produite, soit comme intérieure.

La cause extérieure est le mouvement qui transmet la forme. Par exemple, les parents qui transmettent la forme humaine à l'enfant sont la cause efficiente de l'enfant. Il en est de même de l'auteur d'une décision ou du créateur d'une œuvre d'art. Dans les êtres naturels, la forme qui est transmise reste la même à travers les générations; le fils est identique au père selon l'espèce (ou la forme), mais il en diffère numériquement car ils sont séparés par la matière (ils ont des corps différents). Par conséquent, une fois la forme transmise, la cause efficiente devient immanente au composé de matière et de forme. Ainsi, chaque être naturel a à l'intérieur de lui-même son propre principe de mouvement ou de vie.

Nous connaissons la cause efficiente quand nous posons la question: *comment?* Comment préserver l'espèce humaine? Par l'accouplement du mâle et de la femelle.

La cause finale

La cause finale (le *télos*) est le fait pour tout genre d'être du monde sublunaire de tendre vers la perfection, vers le meilleur. La cause finale représente soit le but que nous nous proposons quand nous accomplissons une action, soit le but ou la fin visée par la nature elle-même. Par exemple, si nous voulons être en santé (fin de l'action), nous ferons des promenades; la promenade facilitera notre digestion, et une bonne digestion nous donnera la santé. Si nous voulons avoir de bons amis (fin de l'action), nous serons généreux avec les autres; cette générosité sera appréciée par les honnêtes gens et ces honnêtes gens seront susceptibles d'être de bons amis.

Selon Aristote, la nature, tout comme les êtres humains, a des fins. Au niveau de l'espèce, la fin est la reproduction éternelle des espèces. La conservation des espèces est le but de la nature dans son ensemble. Au niveau de l'individu, la fin est d'atteindre l'âge mûr; la maturité est, selon Aristote, l'état physique le plus parfait dans le parcours d'une vie.

Nous connaissons quelle est la fin d'une chose lorsque nous posons la question: *pourquoi?* Pourquoi l'accouplement du mâle et de la femelle? Afin de préserver l'espèce humaine ou animale à travers les générations. Pourquoi la promenade? Afin d'être en santé.

Le lien entre cause finale et cause efficiente

La cause finale et la cause efficiente vont toujours en sens inverse. Pourquoi la promenade? Pour obtenir la santé (cause finale). Comment obtenir la santé? En se promenant (cause efficiente). Pourquoi des prières? Pour obtenir les faveurs de Dieu (cause finale). Comment obtenir les faveurs de Dieu? En faisant des prières (cause efficiente).

Selon l'ordre chronologique, il y a toujours antériorité de l'efficience. C'est la cause efficiente qui vient en premier. On se fixe un but et on accomplit les actions pour le réaliser. Les moyens précèdent la fin. Si je veux faire carrière dans un domaine où je pourrai m'épanouir, je vais d'abord prendre mes études au sérieux. Selon l'ordre ontologique[9], il y a antériorité de la finalité. Il y a plus de perfection, plus d'être dans la fin que dans les moyens. Alors que les individus, par le moyen desquels la reproduction de l'espèce s'accomplit, restent fondamentalement des êtres en puissance (des êtres qui subissent le changement), la conservation de l'espèce confère des attributs divins à la nature considérée dans son ensemble: l'éternité (sans début ni fin), l'unité (forme pure, sans mélange), l'immuabilité (sans aucun changement).

	1	Semence	3	
Ordre chronologique	2	Enfant	2	**Ordre téléologique**
	3	Homme mûr	1	

Selon Aristote, il y a quatre causes explicatives de l'être des choses. Faire une science de la nature, ce sera donc rechercher toutes les causes dont dépendent les êtres naturels. Dans son *Traité du Destin*, Alexandre d'Aphrodise, aristotélicien du IIe siècle de notre ère, a illustré les quatre causes d'Aristote par l'exemple devenu célèbre d'une statue: la statue a pour cause matérielle la pierre ou le bronze; pour cause efficiente, le statuaire (l'artiste); pour cause formelle, un lutteur ou un discobole; pour cause finale, honorer un athlète qui a remporté une victoire.

---

9. *Óntos* veut dire «être».

Le problème du vrai

Tout comme la nature nécessite une étude spécifique différente de l'étude de l'être en tant qu'être, selon Aristote, il y a autant de sciences se fondant chacune sur des principes propres que de genres de réalités. Par ailleurs, la constitution de la majorité de ces sciences implique, outre le raisonnement, le recours aux sens. La méthode scientifique d'Aristote exige l'utilisation d'un procédé inductif qui part de l'expérience sensible pour s'élever à l'universel. Cependant, la science véritable procède par déduction et ne porte que sur l'universel. Bien qu'Aristote intègre l'expérience à la science, selon lui, l'universel est, tout comme chez Platon, ce qui est premier ontologiquement.

Dans la présente section, nous traiterons de l'incommunicabilité des genres, principe fondamental de la philosophie d'Aristote; de la nécessité de l'expérience sensible pour la formation de l'universel; de la logique, méthode de la science; et, enfin, des différents niveaux de la connaissance: la science, la dialectique, la rhétorique.

Le *Discobole* (lanceur de disque) de Myron (Ve siècle av. J.-C.)

L'incommunicabilité des genres

Le bien qui appartient aux êtres nécessaires du monde supralunaire diffère du bien vers lequel tendent les êtres naturels du monde sublunaire (Dieu est à lui-même sa propre fin, alors que les êtres naturels visent la reproduction de l'espèce). Chaque être vise un bien qui est immanent au genre auquel il appartient. Dans le même ordre d'idées, Aristote a divisé le monde sublunaire en différents genres d'êtres tendant chacun vers une fin qui leur est propre. Contrairement à Platon, Aristote soutient qu'il n'y a pas de genre suprême qui englobe tous les genres. Autrement dit, il n'y a pas, selon lui, d'Idée universelle du Bien qui détermine tous les êtres. L'être n'est point un; le bien est relatif à chaque catégorie de l'être. Par conséquent, pour connaître scientifiquement, il faudra considérer tout objet d'étude selon le secteur déterminé de l'être auquel il appartient. Et il y aura autant de sciences que de genres de réalités. Par exemple, le bien ou la fin vers laquelle tend l'être humain considéré en tant qu'animal politique (l'organisation de la cité) est différente du bien ou de la fin vers laquelle tend l'être humain considéré en tant qu'être contemplatif (exerçant une activité purement intellectuelle semblable à celle de Dieu), ainsi que de la fin vers laquelle tend l'être humain en tant qu'être naturel (la reproduction de l'espèce). En ce sens, la science politique n'est pas assimilable à la philosophie. S'il revient au philosophe d'enseigner au futur politicien ce qu'est la vertu, il ne saurait prétendre au titre de ROI-PHILOSOPHE, car le politicien a une connaissance qui lui est propre, connaissance que le philosophe n'a pas. De même, les physiciens et les mathématiciens ont, chacun dans leur domaine, une connaissance qui leur est propre (*voir le tableau 6.2*).

> Dans la cité idéale de Platon, les ROIS-PHILOSOPHES ont pour fonction de gouverner, parce qu'ils sont les seuls à posséder la connaissance des Idées immuables et éternelles.

Tableau 6.2　*La répartition des différents secteurs du savoir chez Aristote*

Métaphysique (étude de l'être en tant qu'être)
Cosmologie (étude des êtres célestes)
Arithmétique (étude du nombre)
Géométrie (étude des figures)
Physique (étude du mouvement)
Psychologie (étude de l'âme)
Zoologie (étude des animaux)
Praxis (politique et éthique)
Technique: – Logique (analytique)
　　　　　– Dialectique
　　　　　– Rhétorique
　　　　　– Poétique

　　　　　– Art du médecin
　　　　　– Art du cordonnier
　　　　　– Art du charpentier
　　　　　– Etc.

L'expérience et la formation de l'universel

Nous avons vu que la philosophie est la forme la plus élevée du savoir, car elle est la connaissance des principes premiers. Pour le philosophe, ce n'est qu'une fois cette connaissance de l'universel atteinte que l'on peut appréhender de façon certaine les choses des sciences particulières. Cette méthode est exclusive chez Platon. Selon lui, il n'y a qu'une seule vérité à partir de laquelle les autres savoirs sont rendus possibles; et c'est uniquement en faisant abstraction des données **empiriques** et descriptives que la science véritable peut se constituer. L'idéalisme de Platon nous invite donc à fuir toutes les données reçues par les sens, car ces dernières ne sont que des contraintes dans notre quête d'un savoir supérieur, que nous ne pouvons atteindre que par la raison se repliant sur elle-même.

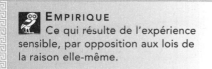

EMPIRIQUE
Ce qui résulte de l'expérience sensible, par opposition aux lois de la raison elle-même.

Par opposition à la philosophie, l'expérience scientifique part de l'expérience du sensible pour s'élever à la connaissance des principes concernant des parties spécifiques de l'être. C'est en rassemblant et en accumulant les faits particuliers qu'elle s'élève à un savoir général.

Selon Aristote, l'opposition entre ces deux méthodes n'exclut pas qu'il y ait un rapport entre elles. Selon lui, la connaissance sensible est nécessaire pour l'acquisition d'un savoir intellectuel. Par exemple, quand Platon s'interroge sur la cause des révolutions politiques (les changements de régime), il se réfère constamment à l'Idée, au nombre royal, à des réflexions générales sur la constitution, la révolution, l'État. Aristote, au contraire, fait confiance d'abord à l'expérience; il se sert d'observations sur les régimes déjà existants, les États déjà constitués. Et c'est seulement à partir de ces observations qu'il fera une analyse de l'État, comparera les constitutions et cherchera les causes des révolutions.

Par ailleurs, contrairement à Platon, Aristote ne croit pas que nous possédions déjà en nous, de façon innée, les principes. Certes, «tous les hommes désirent naturellement savoir [10]», mais cette tendance, exclusivement humaine, ne dépend pas d'un savoir que nous aurions *a priori,* mais plutôt d'une possibilité naturelle que nous avons d'acquérir la connaissance au moyen de l'expérience. Bien que la connaissance des principes soit supérieure à toute autre forme de connaissance, pour l'être humain, l'acquisition de cette connaissance nécessite certaines démarches préliminaires. Avec le vocabulaire d'Aristote, nous dirons que la science en acte (la possession des principes) précède ontologiquemnent (en perfection) la science en puissance, mais que, chez l'homme, cette dernière précède chronologiquement la science en acte.

A priori
Connaissance dont on pose la vérité avant toute expérience et qui ne peut par la suite être expliquée par cette dernière.

Dans le traité *De l'âme*, Aristote établit une hiérarchie entre les trois principales fonctions de l'âme. Cette répartition des fonctions de l'âme nous aide à comprendre comment, à partir d'une potentialité de connaître qui est en lui, l'être humain s'élève jusqu'à la saisie des principes premiers. Aristote parle de trois âmes: l'âme nutritive, l'âme sensitive et l'âme intellective. Par ordre croissant, il y a d'abord l'âme nutritive, qui remplit toutes les fonctions vitales, comme celles de se nourrir et de se reproduire; vient ensuite l'âme sensitive, qui consiste en la perception de tout ce qui est connu au moyen des sens, et à laquelle est rattaché le désir; enfin, vient l'âme intellective, par laquelle nous pensons. Seul l'être humain possède cette dernière faculté. Cette possession nécessite par surcroît celle des facultés qui sont moins élevées dans l'ordre hiérarchique. Ainsi, tous les êtres vivants possèdent l'âme ou la faculté nutritive. Les plantes n'ont que celle-ci alors que l'être humain et les autres animaux ont également la faculté sensitive. Tous les animaux (incluant les êtres humains) possèdent la perception sensible, c'est-à-dire qu'ils ont la capacité de distinguer, au moyen des sens, les choses nécessaires à leur subsistance. Chez les animaux supérieurs, l'impression sensible persiste et engendre ainsi la mémoire. Mais c'est seulement chez l'humain que nous pouvons parler d'expérience, quand d'une multiplicité de souvenirs d'une même chose se forme une notion universelle (un concept); quand, par exemple, à partir de la perception de

---

10. Aristote, *La Métaphysique*, I, 1, 980a, 21, traduction de J. Tricot, Paris, J. Vrin, 1986.

multiples individus (Ulysse, Callias, Socrate, etc.), je saisis l'existence de l'espèce humaine. Sans cette étape, il serait par ailleurs impossible d'apprendre à pratiquer une profession ou à accomplir un travail intellectuel. Finalement, à partir de ces premières notions universelles, certains hommes, les philosophes, s'élèvent à une connaissance encore plus haute, celle des principes premiers ou des attributs les plus généraux de l'être. La connaissance intellectuelle est donc réservée à l'être humain, mais «en l'absence de toute sensation, on ne pourrait apprendre ou comprendre quoi que ce fut[11]». L'intelligence atteint donc la connaissance de l'universel et des principes premiers à partir de la réalité sensible.

DÉDUCTION
Opération qui consiste, à partir de propositions prises pour prémisses, à conclure à une proposition qui en est la conséquence nécessaire. Dans la logique aristotélicienne, la déduction a pour nom «syllogisme».

RAISONNEMENT INFÉRENTIEL
Opération qui consiste à conclure à la vérité ou à la fausseté d'une proposition à partir de sa relation à d'autres propositions déjà reconnues comme vraies ou fausses. L'induction et la déduction sont des types de raisonnement inférentiel.

Prémisses
Dans un raisonnement, propositions à partir desquelles on tire la conclusion.

Le raisonnement: le syllogisme et l'induction

Aristote est l'inventeur de la logique, c'est-à-dire de la discipline dont l'objet est l'étude des règles du raisonnement. La logique est pour Aristote la méthode de la science. Grâce à lui, la science s'est enrichie de démonstrations rigoureuses dont les règles strictes fournissent des preuves et des conclusions certaines. L'instrument par excellence de la science est la **déduction** ou syllogisme. Le syllogisme est un **raisonnement inférentiel** qui associe des jugements ou propositions qui contiennent chacune un sujet et un attribut. À partir de deux propositions, les **prémisses**, qui servent de preuves pour la démonstration, une troisième proposition est déduite. Cette dernière découle de façon nécessaire des prémisses; elle tient lieu de conclusion.

Par exemple, dans A appartient à B,
            B appartient à C,
            donc A appartient à C, on conclut qu'il y a un rapport nécessaire entre deux termes (A et C) parce que, dans les prémisses, nous avons posé une relation pour chacun de ces deux termes avec le terme intermédiaire (ou moyen terme) B.

Exemples de syllogismes

Exemple 1

Si A = Mortalité	B est A (prémisse majeure).
B = Homme	C est B (prémisse mineure).
C = Socrate	Donc C est A (conclusion).

Ou, en langage courant: Tous les hommes sont mortels.
                            Socrate est un homme.

                            Donc Socrate est mortel.

Dans ce syllogisme, le moyen terme est: homme.

11. Aristote, *De l'âme*, 432a, 6-8, traduction de J. Tricot, Paris, J. Vrin, 1988.

Exemple 2

Si A = Santé   B est A (prémisse majeure).
  B = Bonne digestion   C est B (prémisse mineure).
  C = Promenade   Donc C est A (conclusion).
Ou, en langage courant: Une bonne digestion procure la santé.
                            La promenade procure une bonne digestion.

                            Donc la promenade procure la santé.

Dans ce syllogisme, le moyen terme est: une bonne digestion.

Exemple 3

Si A = Victoire olympique   B est A (prémisse majeure).
  B = Performance athlétique   C est B (prémisse mineure).
  C = Entraînement rigoureux Donc C est A (conclusion).
Ou, en langage courant: La performance athlétique est cause de la
                            victoire olympique.
                            Un entraînement rigoureux est cause de la
                            performance athlétique.

                            Donc, un entraînement rigoureux est cause
                            de la victoire olympique.

Dans ce syllogisme, le moyen terme est: la performance athlétique.

INDUCTION
Opération qui consiste à remonter de propositions portant sur des
faits singuliers à des propositions
générales impliquant les premières.

Le syllogisme représente donc la forme que prend chez Aristote le raisonnement déductif. La méthode scientifique d'Aristote comprend cependant un autre type de raisonnement qui ne procède pas selon un rapport de nécessité logique. Cet autre procédé est l'**induction**. Il y a induction lorsque nous jugeons que plusieurs cas particuliers sont à ce point semblables qu'ils permettent d'inférer une proposition générale qui les englobe tous. Puisque Aristote dit que seuls les individus ont une existence réelle, l'étude de la nature nécessite l'observation des êtres particuliers, à partir desquels on peut s'élever à une connaissance générale. «Il est évident, nous dit Aristote, que c'est nécessairement l'induction qui nous fait connaître les principes, car c'est de cette façon que la sensation elle-même produit en nous l'universel [12].» L'induction part donc de l'observation de données empiriques et, d'une somme de faits semblables; elle conclut à une connaissance générale.

Exemple

                    Socrate est mortel.
                    Ulysse est mortel.
                    Callias est mortel.
                    Etc.

                    Donc, tous les hommes sont mortels.

12. Aristote, *Organon; Les Seconds Analytiques; Organon IV,* 100b, 3-5, traduction de J. Tricot, Paris, J. Vrin, 1987.

Comme la conclusion repose sur l'observation des cas particuliers, et qu'il est souvent impossible de vérifier tous les cas relatifs à un même problème, l'induction nécessite qu'on généralise à des ensembles ce qu'on a vérifié auprès de parties seulement de ces ensembles. Cela peut parfois donner lieu à des erreurs de jugement. Ainsi, dans l'exemple qui suit, la conclusion semble dépendre beaucoup plus du désir d'un professeur que de la réalité.

Exemple

> Joseph aime la philosophie.
> Germain aime la philosophie.
> Cécile aime la philosophie.
>
> Donc, tous les étudiants aiment la philosophie.

La science, la dialectique et la rhétorique

La théorie du syllogisme d'Aristote donne lieu à des arguments de types scientifique, dialectique et rhétorique. Un syllogisme est dit scientifique lorsque les prémisses sur lesquelles on fonde le savoir sont vraies et qu'elles fournissent la raison justifiant l'universalité de la conclusion.

Le syllogisme scientifique, qu'Aristote appelle aussi démonstration, est possible parce que la nature tend vers la conservation éternelle des mêmes espèces et que cette stabilité procure aux individus la possibilité de constituer un objet d'étude, en tant que membres d'une espèce. La science s'intéresse à l'universel et non à l'individuel. Car, bien que les formes universelles n'existent pas autrement que dans les individus concrets, elles sont toujours premières logiquement. Par exemple, c'est uniquement lorsque je connais les caractéristiques propres à l'espèce humaine que je peux connaître ce qui définit essentiellement tel et tel individu; c'est uniquement lorsque je connais ce qu'est la santé que je peux guérir tel ou tel corps malade.

Le moyen terme d'un syllogisme scientifique doit fournir une cause générale qui vaut pour tous les cas particuliers qui pourraient faire l'objet de la démonstration.

Exemple

> Tous les hommes sont des animaux.
> Tous les animaux sont mortels.
>
> Donc tous les hommes sont mortels.

Dans l'exemple ci-dessus, le terme intermédiaire «animal» fournit la raison pour laquelle tous les hommes sont mortels: c'est parce que l'homme est un animal et que tout animal est mortel que l'homme est nécessairement mortel. La science est donc de nature explicative; elle fournit le pourquoi des choses. Alors que le raisonnement inductif nous conduit progressivement vers la connaissance de l'universel (animal, homme), le véritable savoir scientifique, la science en acte, consiste en notre pouvoir de déduire, à partir d'un universel (animal), les propriétés essentielles (mortel) d'un sujet (homme).

Aristote (384–322). La pensée d'Aristote est une source inestimable à laquelle puisent encore les philosophes.

Cependant, Aristote ne croit pas, comme son maître Platon, qu'il existe une science universelle dont les principes supragénériques fournissent l'explication de tous les genres d'êtres. Platon croyait que toutes les connaissances pouvaient se ramener à un seul principe, à partir duquel les connaissances étaient établies déductivement. Pour Aristote, cependant, il en va tout autrement. Selon lui, les causes les plus hautes que doivent fournir les sciences particulières se rapportent exclusivement au genre de l'objet considéré. Il y a autant de vérités que de genres de réalité. La dialectique platonicienne pèche par son trop grand degré de généralité, alors que la science exige une connaissance des matières particulières. Le syllogisme dialectique, qu'Aristote appelle l'«épichérème», peut user de principes tellement généraux, par exemple le principe de non-contradiction applicable à toutes les sciences, qu'il conclut sans nous permettre de connaître plus à fond l'objet d'une science particulière. Toutefois, Aristote concède que la dialectique puisse être utile là où la science fait défaut. En ce sens, le syllogisme dialectique est un syllogisme qui conclut à partir de prémisses probables qui se fondent sur les opinions «qui sont reçues par tous les hommes, ou par la plupart d'entre eux, ou par les sages, et, parmi ces derniers, soit par tous, soit par la plupart, soit enfin par les plus notables et les plus illustres[13]». Par exemple, de l'opinion probable qu'il faut faire du bien à ses amis découlent les deux prémisses suivantes: il ne faut pas faire de mal à ses amis et il faut faire du mal à ses ennemis. Par ailleurs, en apportant des arguments à la fois pour et contre des opinions contraires, la dialectique permet de découvrir la vérité et l'erreur dans chacun des cas. Mais elle n'est pas un substitut de la science: dans le meilleur des cas, ses conclusions ne sont que probables.

La dialectique diffère de la sophistique, car elle se doit de partir de prémisses qui sont réellement probables et non pas simplement probables en apparence. En effet, il arrive parfois qu'une chose nous semble probable, mais qu'elle ne le soit pas. En ce qui concerne la rhétorique, cependant, Aristote est moins dogmatique que Platon. S'il s'accorde avec ce dernier pour condamner l'utilisation immorale qu'en font les SOPHISTES, il la croit utile lorsqu'elle tente de persuader en vue du meilleur. Selon Aristote, il existe deux sortes de moyens de persuasion: 1) les preuves techniques, qui comprennent le syllogisme, et les preuves morales (caractère éthique du discours); 2) les preuves extra-techniques (textes de lois, témoignages, contrats, etc.) qui, contrairement aux premières, ne relèvent pas de l'invention de l'orateur. L'«enthymème» est le nom qu'Aristote donne au syllogisme rhétorique; dans les

À l'époque où l'Académie de Platon accueillit Aristote, il existait à Athènes une école rivale que dirigeait Isocrate (436 – 338 av. J.-C.), héritier de l'enseignement des SOPHISTES.

13. Aristote, *Organon; Topiques; Organon V*, I, 1, 100b, 21-23, traduction de J. Tricot, Paris, J. Vrin, 1984.

discours portant sur le juste et l'injuste, c'est lui qui forme la partie principale de la preuve. L'enthymème, ressemblant en cela au syllogisme dialectique, conclut la plupart du temps à partir de prémisses probables. Il faut dire toutefois que, contrairement à la dialectique, qui peut porter sur toutes choses, la rhétorique porte surtout sur des questions d'ordre politique et moral. Elle n'appartient cependant pas elle-même au genre de la **praxis**. La rhétorique est un outil permettant de traiter des choses relatives à ce domaine.

PRAXIS

La praxis, ou philosophie pratique, concerne les règles de la conduite individuelle (morale) et collective (politique). Parce qu'elle a trait à l'action, la praxis s'oppose aux disciplines de nature purement théorique.

Le problème de la vertu

La présente section porte sur la philosophie pratique d'Aristote. D'abord, nous traiterons de la nature du bien dans le domaine de l'action humaine et de la raison comme cause de sa réalisation. Ensuite, il sera question de la subordination de l'éthique à la politique. Selon Aristote, la conduite vertueuse de l'individu n'est possible que dans la mesure où il se reconnaît en tant que membre d'une communauté politique. Enfin, nous tenterons de définir les éléments de l'acte moral et les conditions relatives à la vertu, dont la recherche du juste milieu.

Le bien dans le domaine de l'action

Aristote a classifié les différents genres de réalité selon les principes premiers (ou causes) de leur production et selon leurs fins respectives. Dans l'*Éthique à Nicomaque*, il range la raison au nombre des causes premières. À côté du nécessaire (cause des êtres supralunaires), de la nature (cause des êtres sublunaires), et du hasard (cause des êtres contingents), la raison est dite cause de ce qui a trait aux pratiques humaines (actes moraux et politiques). Selon Aristote, la raison en tant que cause de l'action est par conséquent autonome; elle dépasse le cadre de la biologie et de la philosophie de la nature. C'est parce qu'il y a du contingent dans la nature et que tout ne relève pas du nécessaire qu'il y a de la place pour la liberté dans les choses humaines et que, même si le destin existe, nous pouvons en changer le cours. Avant de procéder à l'étude de la vertu comme telle, nous devons donc vérifier si, dans le domaine des choses humaines, il existe des choses qui sont fondées en nature; nous devons ensuite les distinguer de ce qui relève de l'action rationnelle proprement dite.

Selon Aristote, «l'homme est par nature un animal politique[14]». L'évolution des sociétés humaines se fait selon un ordre téléologique (un but) qui est immanent à la nature de l'homme; elle s'accomplit grâce à un ressort secret de la nature. «Il est tout d'abord nécessaire, dit Aristote, que s'unissent les êtres qui ne peuvent exister l'un sans l'autre, par exemple la femme et l'homme en vue de la procréation [...] et celui qui commande [(c'est-à-dire le maître)] et celui qui est commandé [(c'est-à-dire l'esclave)], [et ce] par nature, en vue de leur [mutuelle] sauvegarde[15].» La création

14. Aristote, *Les politiques*, 1253a, 3, traduction de P. Pellegrin, Paris, G/F Flammarion, 1990.

15. *Ibid.* 1252a, 26-29. Pour plus de détails concernant l'esclavage dans la Grèce antique, voir le chapitre 3 du présent ouvrage, p. 60.

de la famille élargie permet ainsi à l'homme de répondre aux exigences les plus fondamentales de la vie quotidienne. Vient ensuite la formation de villages qui réunis-
sent, sous la tutelle d'un roi, plusieurs familles, en vue de relations plus complexes.
Enfin, de la réunion de plusieurs villages naît la cité qui, de par sa nature autarcique,
représente la forme de communauté la plus achevée, et qui procure par surcroît une
vie heureuse à ses membres. Selon un ordre chronologique, la famille est donc ce qui
vient naturellement en premier, en vue de la formation de la cité. À l'inverse, selon
l'ordre téléologique, la cité est antérieure parce qu'elle est ce en vue de quoi le village
et la famille ont eu lieu; elle est ce qui a le plus de perfection, parce qu'elle réalise la
sociabilité naturelle de l'homme, lui procurant ainsi le bonheur.

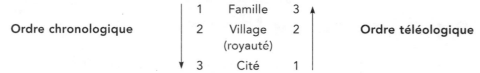

Donc, la cité représente la forme achevée de la nature politique de l'homme; son
existence dépend d'une loi de la nature elle-même. Par contre, l'organisation de la
cité et la conduite morale des citoyens dépendent exclusivement de l'action rationnelle. Il appartient aux hommes de choisir la forme de gouvernement qui leur
convient et d'organiser les lois et les mœurs en accord avec la constitution politique
de leur choix. Aristote appelle «science politique» la disposition qu'ont certaines
gens de produire de bonnes lois et de fournir ainsi un but aux autres hommes, réalisant à la fois le bien de la communauté et celui de l'individu. Ce dernier étant, par
définition, un être qui n'acquiert le bonheur qu'en communauté avec ses semblables, l'État a non seulement la responsabilité et le devoir d'assurer l'ordre et la
sécurité, mais il doit aussi veiller à rendre les individus moralement meilleurs. Par
ailleurs, selon Aristote, cette dernière tâche n'est possible que dans la mesure où,
selon Aristote, les hommes sont libres d'agir selon le bien ou le mal. Si tout était
déterminé par la nature ou par le destin et que la raison n'était pas cause de l'action, il serait, en effet, inutile de rechercher les moyens pour devenir moralement
meilleurs.

Il existe plusieurs formes de gouvernement. Selon Aristote, qui s'oppose en cela
à Platon, chacune de ces formes est bonne si elle vise l'avantage (le bonheur) commun. À l'inverse, une constitution est dite déviée si le gouvernement recherche son propre
intérêt aux dépens de ses sujets. Le tableau 6.3 présente les différentes constitutions
possibles selon qu'elles visent l'intérêt commun ou l'intérêt des gens au pouvoir.

Tableau 6.3 *Les différentes constitutions*

	Constitutions droites	**Constitutions déviées**
1. Pouvoir d'un seul (monarchie)	Royauté	Tyrannie (vise l'intérêt du roi)
2. Pouvoir d'un petit nombre	Aristocratie	Oligarchie (vise l'intérêt des riches)
3. Pouvoir de la multitude	*Politeia* ou démocratie modérée	Démocratie (gouvernement populaire tyrannique; contre les plus riches)

Aristote ne croit pas qu'il faille imposer à toutes les cités-États une même forme de gouvernement, qui serait la plus parfaite. Il pense qu'il vaut mieux prendre en considération ce qui est déjà établi et ramener à la juste mesure ce qui en est éloigné. Par exemple, Aristote ne condamne pas aussi radicalement que Platon la démocratie athénienne; les abus de celle-ci ne lui semblent pas être liés à l'essence même de la démocratie. Il opte plutôt pour un réaménagement ou une réforme de cette dernière. L'important, c'est que la fin de la cité soit réalisée dans le cadre d'une constitution droite: il faut que le bien commun soit la fin visée. Il en va de même pour toutes les autres formes de constitutions.

L'éthique et la politique

Dès l'ouverture de l'*Éthique à Nicomaque*, Aristote s'attache à démontrer la suprématie de la politique sur toutes les autres connaissances relatives aux pratiques humaines. La politique est la science suprême et «architectonique» par excellence, parce que c'est d'elle que dépend la connaissance du SOUVERAIN BIEN auquel sont subordonnées les fins de tous les autres savoirs pratiques; par exemple, tous les métiers concernant le harnachement des chevaux sont subordonnés à l'art hippique, qui lui-même est subordonné, avec tous les autres arts relatifs à la guerre, à l'art stratégique, qui, en dernier lieu, est subordonné aux fins politiques. Si la fin visée par la politique lui confère cette supériorité, c'est parce que cette fin consiste en la perfection de l'homme lui-même, contrairement aux autres savoirs dont la fin vise un produit extérieur à l'homme. Par ailleurs, l'éthique se trouve elle aussi subordonnée à la politique. «Même si, en effet, il y a identité entre le bien de l'individu et celui de la cité, de toute façon c'est une tâche manifestement plus importante et plus parfaite d'appréhender et de sauvegarder le bien de la cité: car le bien est assurément aimable pour un individu isolé, mais il est plus beau et plus divin appliqué à une nation ou à des cités[16].» En fait, Aristote adresse l'*Éthique à Nicomaque* aux futurs politiciens en vue de les éclairer au sujet de la fin vers laquelle doit tendre leur activité politique. Connaissant la nature du Souverain Bien, ils seront, espère Aristote, mieux disposés à créer de bonnes lois, fixant ainsi équitablement les normes du comportement des citoyens, eux-mêmes appelés, par leur vertu morale, à participer au bien commun. Les vertus (dont la justice) sont par conséquent toutes subordonnées à l'être politique des individus, car le bien-agir est déterminé conformément au bien de la cité. «Le bien parfait semble en effet se suffire à lui-même. Et par *ce qui se suffit à soi-même*, nous entendons non pas ce qui suffit à un seul homme menant une vie solitaire, mais aussi à ses parents, ses enfants, sa femme, ses amis et ses concitoyens en général, puisque l'homme est par nature un être politique[17].» Selon Aristote, les volontés individuelles s'épanouissent donc dans des actes qui sont en accord avec une fin supra-individuelle, elle-même déterminée par de bonnes lois. C'est donc dire également que la vertu est relative à chacune des différentes constitutions. Le bien peut être différent selon que nous vivons dans une royauté, dans une aristocratie ou dans une démocratie. Pour juger des lois et des actions, il faut alors prendre en considération la forme de gouvernement en place.

Dans le dernier livre de l'*Éthique à Nicomaque*, Aristote rattache le parfait bonheur, ou SOUVERAIN BIEN, à l'activité contemplative. Puisque Aristote dit, d'une part, que le Souverain Bien réside dans l'activité politique et que, d'autre part, il réside dans l'activité contemplative, c'est qu'il considère l'être humain selon deux caractéristiques essentielles qui sont en lui et qui se rapportent chacune à un bien propre. D'abord, selon sa nature sociable; ensuite, selon qu'il y a en lui un élément «divin» que le philosophe cultive en vue de l'obtention d'une activité purement intellectuelle. On peut par ailleurs supposer que, relativement au corps, le Souverain Bien serait la santé.

16. Aristote, *Éthique à Nicomaque*, I, 1, 1094b, 7-10, traduction de J. Tricot, Paris, J. Vrin, 1990.
17. *Ibid.*, I, 5, 1097b, 8-11.

Si nous voulons connaître ce qu'est, du point de vue d'Aristote, une action vertueuse, il faudra, compte tenu de ce qui précède, retenir les principes suivants:
– Dans les choses humaines, le bien est relatif à chaque constitution;
– Le bien dépend d'un savoir qui est immanent à l'ordre politique;
– Ce savoir se constitue en lois;
– L'individu est vertueux s'il agit en conformité avec les lois.

Selon Aristote, le savoir qui relève de l'intelligence politique et la vertu ne s'acquièrent pas, comme le croyait Platon, au moyen de la philosophie ou par la réminiscence du bien qui serait inné en nous. Nous avons une disposition naturelle à devenir ou vertueux ou vicieux, mais l'éducation joue le rôle le plus important pour l'acquisition des vertus. Les vertus et les vices dépendent principalement de l'habitude. «Ainsi donc, ce n'est ni par nature, ni contrairement à la nature que naissent en nous les vertus, mais la nature nous a donné la capacité de les recevoir, et cette capacité est amenée à maturité par l'habitude[18].» Chez l'enfant, selon Aristote, le désir de l'agréable s'alimente de tout. Le rôle de l'éducateur consiste donc à fortifier la raison imparfaite de l'enfant afin que ce dernier contrôle peu à peu ses désirs. En obéissant aux ordres de l'éducateur, l'enfant acquiert de bonnes habitudes qui, avec la maturité, constitueront une seconde nature. À la nature individuelle, première nature qui s'identifie uniquement aux aptitudes (tempérament), se superpose une seconde nature à laquelle correspond réellement le caractère.

Beaucoup d'adultes, pourtant, agissent de façon irrationnelle bien qu'ils connaissent les règles morales. C'est le cas de l'«intempérant» qui, même lorsqu'il reconnaît le bien et tend vers lui, se laisse la plupart du temps emporter par ses passions. Un alcoolique, par exemple, qui a conscience de faire le mal autour de lui lorsqu'il boit, aura tôt fait de reprendre, malgré lui, sa mauvaise habitude dès qu'il aura à sa disposition une bouteille d'alcool. Les lois sont alors indispensables pour ramener à l'ordre de tels individus; elles jouent auprès des adultes le rôle que joue l'éducateur auprès des enfants. Compte tenu de la faiblesse de la majorité des hommes à l'égard des passions et des plaisirs, l'éducation concerne non seulement l'enfance mais aussi toute la vie. Une bonne législation se préoccupe alors forcément de la vertu. Aristote ne croit donc pas, comme Platon, qu'une conduite vertueuse découle nécessairement d'un savoir rationnel concernant le bien. Il reconnaît l'existence de passions chez l'homme et ne les condamne pas si elles sont vécues avec mesure. Pour cette raison, l'art poétique aura pour Aristote une fonction sociale importante. À l'encontre de Platon qui, dans *La République*, excluait les poètes de la cité, Aristote consacre une étude à l'art poétique dans laquelle il reconnaît à celui-ci la capacité de purifier le spectateur de toutes les émotions jusqu'alors retenues en lui. Le théâtre permet ainsi aux citoyens de vivre de façon artificielle les passions trop fortes qui risqueraient, dans la vie ordinaire, de créer du désordre social.

---

18.   Aristote, *Éthique à Nicomaque*, II, 1, 1103a, 23-26, traduction de J. Tricot, Paris, J. Vrin, 1990.

L'acte moral, la vertu et la théorie du juste milieu

L'acte moral concerne les choses relatives à la vertu et au vice. Selon Aristote, il se compose de deux éléments. En premier lieu, le désir, ou intention, selon lequel l'individu pose un but ou un bien à atteindre; ce but ou ce bien est par ailleurs conditionné par l'éducation et l'habitude. Par opposition à l'être vertueux, on a affaire à un être vicieux dans le cas où le bien que l'individu se propose n'est qu'apparent et qu'il assouvit délibérément et sans restriction ses passions.

En second lieu, vient la raison grâce à laquelle l'agent moral fixe les moyens d'atteindre son but. L'acte moral est ainsi un acte volontaire (avec intention) qui, de plus, est accompagné de délibération et de choix rationnel. Les enfants, par exemple, ont part à l'action volontaire, c'est-à-dire à des actes auxquels ils consentent sans y être contraints. Cependant, ils n'agissent vertueusement que sous l'indication des éducateurs, car, leur raison étant insuffisante, ils agissent sans délibération, en poursuivant leurs tendances irrationnelles; ils ne sont donc pas non plus en mesure d'ajuster leurs désirs aux exigences de la raison.

La vertu requiert certaines conditions. D'abord, il faut que l'individu désire le bien, qu'il pratique la vertu pour la vertu et qu'il en éprouve du plaisir.

> La vie des gens de bien n'a nullement besoin que le plaisir vienne s'y ajouter comme un surcroît postiche, mais elle a son plaisir en elle-même. [...] on n'est pas un véritable homme de bien quand on n'éprouve aucun plaisir dans la pratique des bonnes actions, pas plus que ne saurait être jamais appelé juste celui qui accomplit sans plaisir des actions justes [...]. S'il en est ainsi, c'est en elles-mêmes que les actions conformes à la vertu doivent être des plaisirs [19].

Ensuite, il faut que l'individu soit dans une disposition stable à l'égard du bien et non que ses bonnes actions soient accomplies sous l'effet du hasard. Enfin, il faut qu'il soit en mesure de choisir rationnellement les moyens pour parvenir à sa fin.

Par ailleurs, chaque vertu correspond à un juste milieu entre deux extrêmes (ou deux vices), l'un par excès et l'autre par défaut. L'homme vertueux ne vise ni le trop ni le trop peu, mais le moyen. Par exemple, la modération, ou tempérance, est le juste milieu entre le dérèglement et l'insensibilité; le courage entre la témérité et la lâcheté; la libéralité entre la prodigalité et la parcimonie (l'avarice). Certes, il n'est pas facile d'atteindre le moyen et d'être vertueux. C'est pourquoi il faut d'abord s'éloigner de l'extrême qui en est le plus contraire et choisir le moindre mal. Par exemple, la témérité étant moins éloignée du courage que la lâcheté, l'on travaillera davantage à ne pas être lâche. Ensuite, nous devons nous écarter des fautes pour lesquelles nous avons le plus fort penchant. «Nous devons nous en arracher nous-mêmes vers la direction opposée, car ce n'est qu'en nous écartant loin des fautes que nous commettons, que nous parviendrons à la position

---

19. Aristote, *Éthique à Nicomaque*, I, 9, 1099a, 15-21, traduction de J. Tricot, Paris, J. Vrin, 1990.

Bien qu'Aristote soit d'une certaine manière moins dogmatique que Platon, il faut prendre garde de le confondre avec les Sophistes, qui, pour leur part, prônent un RELATIVISME absolu concernant le bien.

moyenne, comme font ceux qui redressent le bois tordu[20].» Enfin, il faut surtout éviter la poursuite de l'agréable et du plaisir, car c'est là où nous sommes le plus sujets à faillir.

En outre, le juste milieu n'est pas, selon Aristote, identique pour tout le monde. Il est relatif à chacun, selon ses capacités et selon la situation. Aristote compare cela à la quantité de nourriture que doivent absorber différents athlètes.

> [S]i] pour la nourriture de tel individu déterminé, un poids de 10 mines est beaucoup et un poids de 2 mines peu, il ne s'ensuit pas que le maître de gymnase prescrira un poids de 6 mines (qui est le moyen par rapport à la chose), car cette quantité est peut-être aussi beaucoup pour la personne qui l'absorbera, ou peu: pour Milon (qui mangeait un bœuf par jour) ce sera peu, et pour un débutant dans les exercices de gymnase, beaucoup[21].

Le juste milieu, relativement à chacun de nous, admet donc des variations à l'intérieur, cependant, de ses limites.

Aristote contemplant le buste d'Homère, Rembrandt (1653).

En lui-même, le bien n'est pas RELATIF à chaque personne. Il est vrai que, selon Aristote, la plupart des hommes le perçoivent dans l'acquisition de biens matériels ou dans les honneurs, que d'autres le situent dans l'ordre social, qu'un petit nombre enfin le place dans l'activité philosophique. Mais, sur le plan moral, il n'y a, selon Aristote, qu'un seul véritable bien pour l'ensemble des individus d'un même État. Le bien de l'individu est toujours subordonné au bien de la cité comme à sa fin la plus haute.

Parallèlement à cela, Aristote fait aussi une analyse détaillée de l'amitié. En bref, elle consiste à dire que notre qualité morale conditionne le choix et la qualité de nos relations amicales; celles-ci nous procurent en retour le bonheur que nous méritons. Peu d'amis suffisent à celui qui ne recherche pas l'amitié en vue du plaisir ou de l'utilité. Par contre, les amis de l'homme vertueux, eux-mêmes vertueux, l'aimeront pour lui-même et non pour des biens extérieurs à lui. En fait, si l'État réalisait son but de rendre les citoyens meilleurs, l'amitié serait un garant plus fidèle de la cohésion sociale que la justice elle-même.

---

20. Aristote, *Éthique à Nicomaque*, II, 9, 1109b, 4-7, traduction de J. Tricot, Paris, J. Vrin, 1990.
21. *Ibid.*, II, 5, 1106a, 36-1106b, 4.

Les répercussions de l'aristotélisme sur le monde occidental

Il n'est pas exagéré de dire que la pensée d'Aristote est une source inestimable à laquelle ont puisé, d'une façon ou d'une autre, tous les grands philosophes de l'Occident. À commencer par Théophraste d'Érèse (v. 372 – v. 287 av. J.-C.), qui prit la relève d'Aristote au Lycée, après la mort du maître. Théophraste, qui travailla à poursuivre les recherches d'Aristote, a écrit une *Histoire des plantes,* empruntant pour cela un modèle identique à celui de l'*Histoire des animaux.*

On perçoit par ailleurs l'influence d'Aristote dans la longue tradition des commentateurs de son œuvre, à partir du Ier siècle avant notre ère, avec Andronicos de Rhodes, jusqu'à aujourd'hui. On commente son œuvre, on l'interprète, on l'adopte par certains côtés, on la rejette par d'autres, autant de signes de son incontournable valeur pour tous ceux qui partagent un intérêt pour la philosophie. Parmi les plus prestigieux commentateurs anciens, mentionnons Alexandre d'Aphrodise (IIe siècle de notre ère), qui a défendu la pensée d'Aristote contre les vues du stoïcisme sur des questions qu'Aristote n'avait pas explicitement traitées (comme celles du destin et de la liberté).

La doctrine d'Aristote fut le fondement de nombreuses sciences pendant plus de deux millénaires. La logique, tout d'abord, dont il fut d'ailleurs l'inventeur, dut attendre le XIXe siècle pour se départir de ses principes aristotéliciens. De même, le traité *Du ciel* d'Aristote restera le fondement de l'astronomie jusqu'au XVIe siècle. En physique et en biologie, également, Aristote demeurera l'autorité incontestée pendant des siècles. En médecine, Galien (v. 131 – v. 201) prit appui sur la méthode scientifique d'Aristote pour créer une nouvelle médecine qui a inspiré tout le Moyen Âge.

Tous les philosophes du Moyen Âge ont en outre fondé leurs thèses sur la logique d'Aristote. Le problème le plus discuté pendant cette longue période de l'histoire occidentale fut celui de la conciliation entre la foi et la raison (la théologie et la philosophie). Or, quelle que soit la position que l'on prenait, on croyait pouvoir s'autoriser de la pensée d'Aristote. Toutefois, l'Église ne voit pas toujours d'un bon œil les thèses de ceux qui, empruntant à la science aristotélicienne de la nature, contredisent les dogmes sacrés. Malgré cela, l'œuvre de Thomas d'Aquin (1225 – 1274), docteur de l'Église, s'inspire fortement de la pensée d'Aristote.

Aux XVIe et XVIIe siècles, la révolution scientifique entraîne cependant un renversement des mentalités. Par exemple, on remplace la représentation d'un monde clos et hiérarchisé qu'avait léguée Aristote par des spéculations sur l'infini. Un fossé semble se creuser encore davantage, entre Aristote et nous, avec les Temps Modernes et la visée d'une maîtrise totale de la nature que prône René Descartes (1596 – 1650). En effet, les transformations que nous avons imprimées à la nature auraient été inimaginables au temps des philosophes grecs. Pour Aristote, l'être humain avait un certain pouvoir sur la nature, mais ce pouvoir se limitait à remédier aux imperfections de la nature, non pas à la transformer. L'être humain ne s'opposait pas à la nature; il était partie intégrante de celle-ci.

Le développement des sciences et techniques n'exclut pas cependant que, par d'autres aspects, on interroge toujours la pensée du philosophe. Ainsi, plus près de nous, Martin Heidegger, métaphysicien qui a vécu de 1889 à 1976, nous convie à un retour à la pensée grecque. Heidegger fait la critique de l'aboutissement de la pensée occidentale dans la technique. La question de la technique lui apparaît la plus urgente, car elle met en jeu l'existence même de l'être humain. Selon lui, revenir aux Grecs, c'est faire en sorte que la réflexion puisse trouver des issues inédites, des voies ou des directions différentes de celles que nous avons empruntées en Occident. Heidegger se penche sur *La Métaphysique* d'Aristote et médite la phrase «l'Être se dit en de multiples façons»; Heidegger en déduit que l'Être voile et dévoile de multiples formes, et qu'il faut se laisser pénétrer de lui pour être en mesure de découvrir d'autres chemins sur lesquels nous pourrions nous engager.

À l'opposé de la pensée de Heidegger, d'autres penseurs, les empiristes, s'autorisent aussi de la pensée d'Aristote, bien que ce soit peut-être de façon plus ou moins abusive. En effet, les empiristes ne retiennent que le point de vue inductif[22]; ils laissent tomber complètement le sens pour lui substituer un savoir constitué par une somme de faits particuliers.

Enfin, quelques auteurs nous invitent à tirer des leçons de l'enseignement moral et politique d'Aristote. Se référant à cet enseignement, Jacqueline de Romilly nous rappelle que, selon Aristote, lorsque la démocratie se fonde sur un principe de liberté et d'égalité qui implique le droit de chacun de faire ce qu'il veut, elle est déviée par rapport exclusivement à son essence. La véritable liberté politique, et c'est là la leçon à tirer, se fonde sur le respect des lois à la condition que celles-ci visent l'intérêt de chacun exclusivement à travers l'intérêt commun. Ainsi, l'individu, qui est lié à la communauté par un but commun, remplit ses devoirs envers autrui et, en retour, il bénéficie de droits.

---

22. Voir la page 168 du présent chapitre.

RÉSUMÉ SCHÉMATIQUE DE L'EXPOSÉ

Aristote, héritier de Platon

Aristote affectionne dès son jeune âge la biologie et l'anatomie. Son œuvre, en un sens, est une longue discussion avec Platon. Aristote croit en la réalité des êtres de la nature indépendamment de leur relation à des êtres supérieurs. L'œuvre complète d'Aristote se divise en écrits ésotériques et en écrits exotériques. Aristote a été le précepteur d'Alexandre le Grand. Il a fondé le Lycée. On dénomme «péripatéticiens» les disciples d'Aristote. L'œuvre d'Aristote touche presque tous les domaines de la connaissance.

Le problème de l'être

1. La forme d'une chose ne peut exister en dehors des composés de matière et de forme. L'argument du *troisième homme* prouve le caractère inadmissible de la duplication des êtres du monde sensible en des êtres intelligibles. La forme n'est qu'un concept abstrait de la réalité sensible, qui permet de classifier les êtres en espèces différentes. Aristote est un réaliste parce que, selon lui, la forme est immanente aux choses sensibles. L'éternité ne s'acquiert qu'au niveau des espèces. L'âme est mortelle.

2. L'Être a de multiples sens. La substance, c'est-à-dire le composé de matière et de forme, est l'être au sens premier. En un autre sens, la forme est l'être au sens premier. Les sens de l'être ou catégories de l'être sont au nombre de dix. Mise à part la substance, les autres catégories de l'être sont des attributs accidentels.

3. La matière n'est pas un pur non-être; elle est puissance à être. La forme sans la matière n'a d'existence que logique. Le composé de matière et de forme est l'être en acte. L'être en acte (l'individu) est fondamentalement un être en puissance.

Le problème de la nature

1. Dans le monde supralunaire, tout se passe selon une nécessité absolue. Dieu est la pensée de la pensée. Dieu est le Premier Moteur. Le monde sublunaire est le monde du devenir. Le *télos* de la nature est la reproduction des espèces. Dans la nature, la nécessité n'est qu'hypothétique.

2. La nature est de l'ordre de ce qui se produit le plus souvent. La régularité des faits naturels peut être empêchée par des causes accidentelles. La reconnaissance de la contingence rend possible la liberté.

3. Il y a en tout quatre causes: la cause matérielle, la cause formelle, la cause efficiente, la cause finale. La forme actualise la matière. C'est grâce à la forme que nous reconnaissons le genre d'une chose. Tout être naturel possède en lui-même son principe de mouvement. Selon l'ordre chronologique, il y a antériorité de l'efficience, mais selon l'ordre ontologique, il y a antériorité de la fin.

Le problème du vrai

1. Chaque genre d'êtres poursuit une fin qui lui est propre. Il y a autant de sciences que de genres de réalité.

2. La connaissance du sensible est nécessaire pour l'acquisition de l'universel et des principes premiers. La science en acte précède ontologiquement la science en puissance, mais la science en puissance précède chronologiquement la science en acte. Il y a trois âmes: l'âme nutritive, l'âme sensitive et l'âme intellective. L'universel se forme à partir de l'expérience.

3. La logique est l'étude des règles du raisonnement. La déduction ou syllogisme est un raisonnement inférentiel dont la conclusion découle de façon nécessaire des prémisses. L'induction ne procède pas selon un rapport de nécessité logique. L'induction part de l'observation des êtres particuliers pour s'élever à une connaissance générale.

4. Le syllogisme scientifique est un raisonnement dans lequel les prémisses sont vraies et suffisantes pour justifier l'universalité de la conclusion. Le syllogisme dialectique part de prémisses probables pour conclure de façon probable. La rhétorique porte surtout sur des questions d'éthique et de politique.

Le problème de la vertu

1. La raison est cause de l'action. L'homme est par nature un animal politique. L'organisation de la cité dépend des hommes. La science politique consiste à produire de bonnes lois et à veiller à ce que les hommes poursuivent le bien. Toute forme de gouvernement est bonne si elle vise le bien commun.

2. La politique est la science du Souverain Bien. L'éthique est subordonnée à la politique. La vertu est conforme au respect des lois. La vertu dépend de l'habitude. L'art poétique libère les citoyens de leurs passions.

3. L'acte moral est constitué d'un désir vis-à-vis une fin et un choix rationnel portant sur les moyens d'atteindre cette fin. L'acte moral diffère de l'acte volontaire. La vertu est l'accord entre le désir et la raison. La vertu est un juste milieu. La conduite de l'individu est subordonnée aux fins de l'État. L'amitié entraîne la cohésion sociale.

Les répercussions de l'aristotélisme sur le monde occidental

L'œuvre d'Aristote a eu une forte influence sur le développement de la pensée et de la science occidentales. La longue tradition des commentateurs d'Aristote en est un signe. On s'y intéresse par un côté ou un autre, selon l'époque et selon le mouvement de pensée auquel on adhère.

LECTURES SUGGÉRÉES

BRUN, Jean. *Aristote et le Lycée*, Paris, PUF, coll. «Que sais-je?», n° 928, 1983.

CRESSON, André. *Aristote. Sa vie, son œuvre avec un exposé de sa philosophie*, Paris, PUF, coll. «Philosophes», 1963.

MOREAU, Joseph. *Aristote et son école*, Paris, PUF, coll. «Dito», 1985.

ACTIVITÉS D'APPRENTISSAGE

Le problème de l'être

1. **Résumez en une ou deux phrases, en vos propres mots, chacun des paragraphes du texte «Métaphysique» et, ensuite, répondez aux questions suivantes:**

   a) Comment Aristote nomme-t-il l'être au sens premier?

   b) À qui Aristote pense-t-il quand il conteste que l'être au sens premier soit représenté par les Idées?

   c) Pourquoi la matière ne représente-t-elle pas totalement l'être au sens premier?

   d) Selon vous, quelle est l'idée principale de ce texte?

2. **Traitez du problème de l'être chez Aristote dans un texte d'argumentation d'environ deux pages. Pour réaliser cette activité, vous devez:**

   a) formuler dans une thèse la position *réaliste* d'Aristote sur l'être;

   b) appuyer cette thèse au moyen de deux ou trois arguments;

   c) faire des objections à un ou deux de ces arguments en vous servant de la pensée de philosophes qui précèdent Aristote (Platon ou Parménide);

   d) réfuter les objections;

   e) faire une brève conclusion.

Le problème de la nature

3. **Résumez en une ou deux phrases, en vos propres mots, chacun des paragraphes du texte «Physique» et, ensuite, répondez aux questions suivantes:**

   a) Qu'est-ce qui distingue les êtres naturels des produits de l'art et des objets fabriqués?

   b) Aristote définit de trois façons différentes la nature. Nommez ces façons et dites laquelle correspond le plus véritablement à la nature.

   c) Relativement à la matière, pourquoi la forme est-elle dite nature?

   d) Que veut dire l'expression «un homme naît toujours d'un homme»?

4. a) Inventez un exemple pour illustrer les quatre causes d'Aristote. Inspirez-vous de l'exemple de la statue que nous a donné Alexandre d'Aphrodise.

   b) Dans votre exemple, quelle est, selon vous, la cause la plus importante? Pourquoi?

5. **Traitez du problème de la nature chez Aristote dans un texte d'argumentation d'environ deux pages. Pour réaliser cette activité, vous devez:**

   a) définir ce qu'est la nature selon Aristote en tenant compte des quatre causes;

   b) appuyer cette définition au moyen de deux ou trois arguments;

   c) faire des objections à un ou deux de ces arguments en vous servant de la pensée de philosophes qui précèdent Aristote (Platon ou les Ioniens);

   d) réfuter les objections;

   e) faire une brève conclusion.

Le problème du vrai

6. Lisez le texte «Organon» et répondez, de préférence en vos propres mots, aux questions suivantes:

a) Pourquoi Aristote dit-il que c'est une absurdité de croire que nous possédons les principes de façon innée?

b) À quelle capacité naturelle Aristote oppose-t-il le savoir inné?

c) Nommez, par ordre croissant, les étapes de la connaissance.

d) Par quel procédé pouvons-nous connaître les principes?

e) Quelle est, selon vous, l'idée principale de ce texte?

7. Dans un texte d'argumentation d'environ deux pages, traitez de la nature de la science chez Aristote. Pour réaliser cette activité, vous devez:

a) définir la science aristotélicienne en tenant compte de l'induction, de la déduction et de la répartition des sciences selon les genres de l'être;

b) soutenir votre définition au moyen de deux ou trois arguments;

c) émettre une ou deux objections fondées sur la conception platonicienne de la science;

d) réfuter ces objections;

e) faire une brève conclusion.

8. a) À partir de chacun des raisonnements inductifs suivants, construisez un syllogisme. Utilisez les conclusions comme prémisses majeures.

Note: Dans la conclusion, l'attribut doit pouvoir s'appliquer à davantage ou à autant d'êtres que le moyen terme.

b) Identifiez le moyen terme de chacun des syllogismes que vous avez construits.

c) Ces syllogismes sont-ils scientifiques? Pourquoi?

A. L'homme de Cro-Magnon est bipède.
L'homme de Grimaldi est bipède.
L'homme de Chancelade est bipède.
Etc.
Tous les *homo sapiens* sont bipèdes.

B. La chatte allaite ses petits.
La chauve-souris allaite ses petits.
La baleine allaite ses petits.
Etc.
Tous les mammifères allaitent leurs petits.

C. Le gorille est un mammifère.
L'homme est un mammifère.
Le chimpanzé est un mammifère.
Etc.
Tous les primates sont des mammifères.

D. Le sapin produit de la résine.
Le pin produit de la résine.
L'épinette produit de la résine.
Etc.
Tous les conifères produisent de la résine.

E. Victor Hugo joue avec les mots.
Charles Baudelaire joue avec les mots.
Émile Nelligan joue avec les mots.
Etc.
Tous les poètes jouent avec les mots.

F. Le Soleil est un corps céleste visible.
La Lune est un corps céleste visible.
L'étoile Polaire est un corps céleste visible.
Etc.
Tous les astres sont des corps célestes visibles.

G. Le loup se nourrit de chair.
Le lion se nourrit de chair.
L'aigle se nourrit de chair.
Etc.
Tous les carnivores se nourrissent de chair.

H. L'hirondelle a des ailes.
Le merle a des ailes.
La tourterelle a des ailes.
Etc.
Tous les oiseaux ont des ailes.

I. Le lys est apprécié pour l'ornement.
    La rose est appréciée pour l'ornement.
    Le tournesol est apprécié pour l'ornement.
    Etc.
    Toutes les fleurs sont appréciées pour l'ornement.

J. La presse fournit de l'information.
    La radio fournit de l'information.
    Le cinéma fournit de l'information.
    Etc.
    Tous les médias fournissent de l'information.

Le problème de la vertu

9. **Lisez «Le Souverain Bien» et répondez aux questions suivantes:**

    a) Pourquoi Aristote dit-il que les fins des arts architectoniques doivent être préférées aux fins des arts subordonnés?

    b) Pourquoi Aristote dit-il que le Souverain Bien dépend de la politique?

    c) Y a-t-il une contradiction dans le fait qu'Aristote dise que le bien de l'individu est identique à celui de la cité, alors qu'il nous invite à préférer le second?

10. **Lisez le texte «La vertu morale» et répondez aux questions suivantes:**

    a) Quelle est, selon vous, l'idée principale de ce texte?

    b) Énumérez trois arguments qu'Aristote utilise pour démontrer que la vertu morale dépend de l'habitude.

    c) La vertu est-elle contraire à la nature?

11. **Traitez du problème de la vertu chez Aristote dans un texte d'argumentation d'environ deux pages. Pour réaliser cette activité, vous devez:**

    a) formuler dans une thèse la définition aristotélicienne de la vertu;

    b) appuyer cette thèse au moyen de deux ou trois arguments;

    c) émettre une ou deux objections à partir soit de la doctrine platonicienne de la vertu-science, soit de la théorie des Sophistes concernant la relativité des valeurs;

    d) réfuter ces objections;

    e) faire une brève conclusion.

Extraits de textes

Métaphysique

Aristote, *La Métaphysique*, t. I, livre 7, chap. 1-3, traduction de J. Tricot, Paris, J. Vrin, 1986, p. 347-357.

1. L'Être se prend en de multiples sens, suivant les distinctions que nous avons précédemment faites dans le livre des *Acceptions multiples*: en un sens, il signifie ce qu'est la chose, la substance, et, en un autre sens, il signifie une qualité, ou une quantité, ou l'un des autres prédicats de cette sorte. Mais, entre toutes ces acceptions de l'Être, il est clair que l'Être au sens premier est le «ce qu'est la chose», notion qui n'exprime rien d'autre que la Substance. En effet, lorsque nous disons de quelle qualité est telle chose déterminée, nous disons qu'elle est bonne ou mauvaise, mais non qu'elle a trois coudées ou qu'elle est un homme: quand, au contraire, nous exprimons ce qu'elle est, nous ne disons pas qu'elle est blanche ou chaude, ni qu'elle a trois coudées, mais qu'elle est un homme ou un dieu. Les autres choses ne sont appelées des êtres, que parce qu'elles sont ou des quantités de l'Être proprement dit, ou des qualités, ou des affections de cet être, ou quelque autre détermination de ce genre. Aussi pourrait-on même se demander si le *se promener*, le *se bien porter*, le *être assis*, sont des êtres ou ne sont pas des êtres; et de même dans n'importe quel autre cas analogue: car aucun de ces états n'a par lui-même naturellement une existence propre, ni ne peut être séparé de la Substance, mais, s'il y a là quelque être, c'est bien plutôt ce qui se promène qui est un être, ce qui est assis, ce qui se porte bien. Et ces dernières choses apparaissent davantage des êtres, parce qu'il y a, sous chacune d'elles, un sujet réel et déterminé: ce sujet, c'est la Substance et l'individu, qui est bien ce qui se manifeste dans une telle catégorie, car le bon ou l'assis ne sont jamais dits sans lui. Il est donc évident que c'est par le moyen de cette catégorie que chacune des autres catégories existe. Par conséquent, l'Être au sens fondamental, non pas tel mode de l'Être, mais l'Être absolument parlant, ne saurait être que la Substance.

2. Nous savons qu'il y a plusieurs acceptions du terme *premier*. Toutefois, c'est la Substance qui est absolument première, à la fois logiquement, dans l'ordre de la connaissance et selon le temps. En effet, d'une part, aucune de ces catégories n'existe à l'état séparé, mais seulement la Substance. D'autre part, elle est aussi première logiquement, car dans la définition de chaque être est nécessairement contenue celle de sa substance. Enfin, nous croyons connaître le plus parfaitement chaque chose quand nous connaissons ce qu'elle est, par exemple ce qu'est l'homme ou le feu, bien plutôt que lorsque nous connaissons sa qualité, sa quantité ou son lieu, puisque chacun de ces prédicats eux-mêmes, nous les connaissons seulement quand nous connaissons ce qu'ils sont, ce qu'est la quantité ou la qualité. — Et, en vérité, l'objet éternel de toutes les recherches, présentes ou passées, le problème toujours en suspens: qu'est-ce que l'Être? revient à demander: qu'est-ce que la Substance? C'est cette Substance, en effet, dont les philosophes affirment, les uns, l'unité, et les autres, la pluralité, cette pluralité étant conçue, tantôt comme limitée en nombre, et tantôt comme infinie. C'est pourquoi, pour nous aussi, l'objet principal, premier, unique pour ainsi dire, de notre étude, ce doit être la nature de l'Être pris en ce sens.

3. Dans l'opinion courante, c'est aux corps que la Substance appartient avec le plus d'évidence. Aussi appelons-nous d'ordinaire des substances, non seulement les animaux, les plantes et leurs parties, mais encore les corps naturels, tels que le Feu, l'Eau, la Terre, et chacun des autres éléments de ce genre, en y ajoutant toutes les choses qui sont ou des parties de ces éléments, ou composées de ces éléments, soit de parties, soit de la totalité des éléments, par exemple l'Univers physique et ses parties, je veux dire les astres, la Lune et le Soleil. Quant à savoir si ce sont là les seules substances, ou s'il y en a d'autres en plus; ou si seulement quelques-unes de celles désignées plus haut, ou quelques-unes de celles-là et d'autres en plus, ou encore aucune d'elles mais seulement certaines autres, sont des substances, c'est ce qu'il faut examiner. — Certains philosophes sont d'avis que les limites du corps, comme la surface, la ligne, le point et l'unité, sont des substances, et même à bien plus juste titre que le corps et le solide. — En outre, les uns pensent qu'en dehors des êtres sensibles, il n'y a rien qui soit substance; les autres admettent qu'il y a des substances éternelles, plus nombreuses et plus réelles: ainsi, selon Platon, les Idées et les Choses mathématiques sont deux espèces de substances, la troisième étant la substance des corps sensibles. — Speusippe admet encore un plus grand nombre de substances; il commence en partant de l'Un; puis il pose un principe pour chaque espèce de substance, un pour les nombres, un autre pour les grandeurs, un autre ensuite pour l'âme; en continuant de cette façon, il étend à plaisir les espèces des substances. — Enfin, il y a des philosophes pour qui les Idées et les Nombres possèdent la même nature; tout le reste en dérive, lignes et surfaces, pour arriver enfin à la substance de Ciel et aux choses sensibles.

4. Sur tous ces points, qui a raison et qui a tort? Quelles substances y a-t-il? Est-ce qu'il existe ou non des substances en dehors des substances sensibles? Comment les substances sensibles elles-mêmes existent-elles? Est-ce qu'il y a une Substance séparée, et, s'il en existe, pourquoi et comment? Ou bien, n'y a-t-il aucune substance distincte des substances sensibles? C'est ce qu'il faut examiner, après avoir d'abord exposé, dans les grandes lignes, la nature de la Substance.

5. La Substance se prend, sinon en un grand nombre d'acceptions, du moins en quatre principales [dont] le sujet. Le sujet, c'est ce dont tout le reste s'affirme, et qui n'est plus lui-même affirmé d'une autre chose. Aussi est-ce lui dont il convient de fixer tout d'abord la notion, étant donné que, dans l'opinion courante, c'est le sujet premier d'une chose qui constitue le plus véritablement sa substance. Or, ce sujet premier, en un sens on dit que c'est la matière, en un autre sens que c'est la forme, et, en un troisième sens, que c'est le composé de la matière et de la forme. Par matière, j'entends par exemple l'airain, par forme, la configuration qu'elle revêt, et par le composé des deux, la statue, le tout concret. Il en résulte que si la forme est antérieure à la matière, et si elle a plus de réalité qu'elle, elle sera aussi, pour la même raison, antérieure au composé de la matière et de la forme.

6. Nous avons maintenant donné un exposé schématique de la nature de la substance, en montrant qu'elle est ce qui n'est pas prédicat d'un sujet, mais que c'est d'elle, au contraire, que tout le reste est prédicat. Nous ne devons pas toutefois nous borner à la caractériser de cette façon, car ce n'est pas suffisant. Notre exposé lui-même est vague, et, de plus, la matière devient alors une substance. Si elle n'est pas substance, en effet, on ne voit pas bien quelle autre chose le sera, car, si l'on supprime tous les attributs, il ne subsiste évidemment rien d'autre qu'elle. [...] J'appelle matière ce qui n'est par soi, ni existence déterminée, ni d'une certaine quantité, ni d'aucune autre des catégories par lesquelles l'Être est déterminé: car il y a quelque chose dont

chacune de ces catégories est affirmée, et dont l'être est différent de celui de chacune des catégories, parce que toutes les catégories autres que la substance sont prédicats de la substance, et que la substance est elle-même prédicat de la matière. [...] À considérer la question sous cet aspect, il résulte donc logiquement que la matière est substance. Pourtant cela est impossible, car la substance paraît bien avoir surtout pour caractère d'être séparable et d'être une chose individuelle. D'après cela, la forme et le composé de la matière et de la forme sembleraient être substance bien plutôt que la matière. La substance composée, c'est-à-dire celle qui provient de l'union de la matière et de la forme, est, elle, à passer sous silence, car elle est postérieure, et sa nature nous est bien connue. La matière, de son côté, est aussi, dans une certaine mesure, accessible. Mais la troisième sorte de substance doit, au contraire, faire l'objet de notre examen, car c'est pour celle-ci que la difficulté est la plus grande.

PHYSIQUE

Aristote, *Physique II*, 1, texte établi et traduit par Henri Carteron, Paris, éd. Les Belles Lettres, 1926, p. 59-62.

1. Parmi les êtres, en effet, les uns sont par nature, les autres par d'autres causes; par nature, les animaux et leurs parties, les plantes et les corps simples, comme terre, feu, eau, air; de ces choses, en effet, et des autres de même sorte, on dit qu'elles sont par nature. Or, toutes les choses dont nous venons de parler diffèrent manifestement de celles qui n'existent pas par nature; chaque être naturel, en effet, a en soi-même un principe de mouvement et de fixité, les uns quant au lieu, les autres quant à l'accroissement et au décroissement, d'autres quant à l'altération. Au contraire un lit, un manteau et tout autre objet de ce genre, en tant que chacun a droit à ce nom, c'est-à-dire dans la mesure où il est un produit de l'art, ne possèdent aucune tendance naturelle au changement, mais seulement en tant qu'ils ont cet accident d'être en pierre ou en bois ou en quelque mixte, et sous ce rapport; car la nature est un principe et une cause de mouvement et de repos pour la chose en laquelle elle réside immédiatement, par essence et non par accident.

2. Je dis et non par accident parce qu'il pourrait arriver qu'un homme, étant médecin, fût lui-même la cause de sa propre santé; et cependant, ce n'est pas en tant qu'il reçoit la guérison qu'il possède l'art médical; mais, par accident, le même homme est médecin et recevant la guérison; aussi ces deux qualités peuvent-elles se séparer l'une de l'autre. De même pour toutes les autres choses fabriquées; aucune n'a en elle le principe de sa fabrication; les unes l'ont en d'autres choses et hors d'elles, par exemple une maison et tout objet fait de main d'homme; les autres l'ont bien en elles-mêmes, mais non par essence, à savoir toutes celles qui peuvent être par accident causes pour elles-mêmes.

3. La nature est donc ce que nous avons dit. Maintenant, avoir une nature est le propre de tout ce qui a un tel principe. Or toutes ces choses sont substances, car ce sont des sujets et la nature est toujours dans un sujet. Maintenant, sont choses conformes

à la nature et ces substances et tous leurs attributs essentiels; par exemple, pour le feu le transport vers le haut; car cela n'est pas nature, pas davantage n'a une nature, mais cela est par nature et conformément à la nature.

4. On vient de dire ce qu'est la nature, ce que c'est que d'être par nature et conformément à la nature. Quant à essayer de démontrer que la nature existe, ce serait ridicule; il est manifeste, en effet, qu'il y a beaucoup d'êtres naturels. Or démontrer ce qui est manifeste par ce qui est obscur, c'est le fait d'un homme incapable de distinguer ce qui est connaissable par soi et ce qui ne l'est pas. C'est une maladie possible, évidemment: un aveugle de naissance peut bien raisonner des couleurs; et ainsi de telles gens ne discourent que sur des mots sans aucune idée.

5. Pour certains, la nature et la substance des choses qui sont par nature semblent être le sujet prochain et informe par soi; par exemple, la nature du lit, ce serait le bois; de la statue, l'airain. Une preuve en est, dit Antiphon, que si l'on enfouit un lit et que la putréfaction ait la force de faire pousser un rejeton, c'est du bois, non un lit, qui se produira; cela montre qu'il faut distinguer la façon conventionnelle et artificielle, qui existe par accident dans la chose, et la substance qu'elle est et qui subit tout cela en subsistant d'une façon continue. Si ces sujets se trouvent, relativement à d'autres, dans le même rapport d'assujettissement, comme l'airain et l'or sont relativement à l'eau, les os et le bois relativement à la terre, de même dans tout autre cas, alors, dira-t-on, ces sujets sont la nature et la substance des premiers. C'est pourquoi pour les uns le feu, pour d'autres la terre, pour d'autres l'air, pour d'autres l'eau, pour d'autres plusieurs de ces êtres, pour d'autres tous, constituent la nature des êtres. En effet, ce à quoi (unité ou groupe) ils donnent ce rôle, constitue la substance de tout (à lui seul ou à eux tous), tandis que le reste ne serait relativement à ces sujets qu'affections, habitudes, dispositions. Et chacun d'eux serait éternel, car il n'y aurait pas de changement qui les fît sortir d'eux-mêmes, tandis que tout le reste subirait à l'infini la génération et la corruption.

6. En un sens donc, on appelle ainsi nature la matière qui sert de sujet immédiat à chacune des choses qui ont en elles-mêmes un principe de mouvement et de changement.

7. Mais, en un autre sens, c'est le type et la forme, la forme définissable. De même, en effet, qu'on appelle art dans les choses ce qu'elles ont de conforme à l'art et de technique, de même on appelle nature ce qu'elles ont de conforme à la nature et de naturel. Or d'une chose artificielle nous ne dirons pas qu'elle a rien de conforme à l'art, si elle est seulement lit en puissance et ne possède pas encore la forme du lit, ni qu'il y a en elle de l'art; de même d'une chose constituée naturellement: en effet, la chair ou l'os en puissance n'ont pas encore leur propre nature et n'existent pas par nature, tant qu'ils n'ont pas reçu la forme de la chair et de l'os, j'entends la forme définissable, celle que nous énonçons pour définir l'essence de la chair ou de l'os. Par suite, en cet autre sens, la nature doit être, dans les choses qui possèdent en elles-mêmes un principe de mouvement, le type et la forme, non séparables, si ce n'est logiquement.

8. Quant au composé des deux, matière et forme, ce n'est pas une nature, mais un être par nature comme l'homme. Et cela est plus nature que la matière: car chaque chose est dite être ce qu'elle est plutôt quand elle est en acte que quand elle est en puissance.

9. En outre un homme naît d'un homme, mais, objecte-t-on, non un lit d'un lit? C'est pourquoi ils disent que la figure du lit n'en est pas la nature, mais le bois, car, par bourgeonnement, il se produira du bois, non un lit; mais si le lit est bien une forme artificielle, cet exemple prouve, par le bois, que c'est encore la forme qui est nature; dans tous les cas un homme naît d'un homme.

ORGANON

Aristote, *Organon IV. Les Seconds Analytiques II,* 19, traduction de J. Tricot, Paris, J. Vrin, 1987, p. 241-246.

En ce qui concerne le syllogisme et la démonstration, on voit clairement l'essence de l'un et de l'autre, ainsi que la façon dont ils se forment; on le voit aussi en même temps pour la science démonstrative, puiqu'elle est identique à la démonstration même. — Quant aux principes, ce qui nous apprendra clairement comment nous arrivons à les connaître et quel est l'*habitus* [la faculté] qui les connaît, c'est la discussion de quelques difficultés préliminaires.

Nous avons précédemment indiqué qu'il n'est pas possible de savoir par la démonstration sans connaître les premiers principes immédiats. Mais au sujet de la connaissance de ces principes immédiats, des questions peuvent être soulevées: on peut se demander non seulement si cette connaissance est ou n'est pas de même espèce que celle de la science démonstrative, mais encore s'il y a ou non science dans chacun de ces cas; ou encore si c'est seulement pour les conclusions qu'il y a science, tandis que pour les principes il y aurait un genre de connaissance différent; si enfin les *habitus* [les facultés] qui nous font connaître les principes ne sont pas innés mais acquis, ou bien sont innés mais d'abord latents.

Mais que nous possédions les principes de cette dernière façon, c'est là une absurdité, puisqu'il en résulte que tout en ayant des connaissances plus exactes que la démonstration nous ne laissons pas de les ignorer. Si, d'autre part, nous les acquérons sans les posséder antérieurement, comment pourrons-nous les connaître et les apprendre, sans partir d'une connaissance préalable? C'est là une impossibilité, comme nous l'avons indiqué également pour la démonstration. Il est donc clair que nous ne pouvons pas posséder une connaissance innée des principes, et que les principes ne peuvent non plus se former en nous alors que nous n'en avons aucune connaissance, ni aucun *habitus* [faculté]. C'est pourquoi nous devons nécessairement posséder quelque puissance de les acquérir, sans pourtant que cette puissance soit supérieure en exactitude à la connaissance même des principes. — Or c'est là manifestement un genre de connaissance qui se retrouve dans tous les animaux, car ils possèdent une puissance innée de discrimination que l'on appelle perception sensible. Mais bien que la perception sensible soit innée dans tous les animaux, chez certains il se produit une persistance de l'impression sensible qui ne se produit pas chez les autres. Ainsi les animaux chez qui cette persistance n'a pas lieu, ou bien n'ont absolument aucune connaissance au-delà de l'acte même de percevoir, ou bien ne connaissent que par le sens les objets dont l'impression ne dure pas; au contraire, les animaux chez qui se produit cette persistance retiennent encore, après la sensation, l'impression sensible dans l'âme. — Et quand une telle persistance s'est répétée un grand nombre de fois, une autre distinction dès lors se présente entre ceux chez qui, à partir de la persistance de telles impressions, se forme une notion, et ceux chez qui la notion ne se forme pas. C'est ainsi que de la sensation vient ce que nous appelons le souvenir, et du souvenir plusieurs fois répété d'une même chose vient l'expérience, car une multiplicité numérique de souvenirs constitue une seule expérience. Et c'est de l'expérience à son tour (c'est-à-dire de l'universel en repos tout entier dans l'âme comme une unité en dehors de la multiplicité et qui réside une et identique dans tous les sujets particuliers) que vient le principe de l'art et de la science, de l'art en ce qui regarde le devenir, et de la science en ce qui regarde l'être.

Nous concluons que ces *habitus* [facultés] ne sont pas innés en nous dans une forme définie, et qu'ils ne proviennent pas non plus d'autres *habitus* [facultés] plus connus, mais bien de la perception sensible. C'est ainsi que, dans une bataille, au milieu d'une déroute, un soldat s'arrêtant, un autre s'arrête, puis un autre encore, jusqu'à ce que l'armée soit revenue à son ordre primitif: de même l'âme est constituée de façon à pouvoir éprouver quelque chose de semblable.

Nous avons déjà traité ce point, mais comme nous ne l'avons pas fait d'une façon suffisamment claire, n'hésitons pas à nous répéter. Quand l'une des choses spécifiquement indifférenciées s'arrête dans l'âme, on se trouve en présence d'une première notion universelle; car bien que l'acte de perception ait pour objet l'individu, la sensation n'en porte pas moins sur l'universel: c'est l'homme, par exemple, et non l'homme Callias. Puis, parmi ces premières notions universelles, un nouvel arrêt se produit dans l'âme, jusqu'à ce que s'y arrêtent enfin les notions impartageables et véritablement universelles: ainsi, telle espèce d'animal est une étape vers le genre animal, et cette dernière notion est elle-même une étape vers une notion plus haute.

Il est donc évident que c'est nécessairement l'induction qui nous fait connaître les principes, car c'est de cette façon que la sensation elle-même produit en nous l'universel.

Le Souverain Bien

Aristote, *Éthique à Nicomaque I*,1, traduction de J. Tricot, Paris, J. Vrin, 1990, p. 31-35.

Tout art et toute investigation, et pareillement toute action et tout choix tendent vers quelque bien, à ce qu'il semble. Aussi a-t-on déclaré avec raison que le Bien est ce à quoi toutes choses tendent.

Mais on observe, en fait, une certaine différence entre les fins: les unes consistent dans des activités, et les autres dans certaines œuvres, distinctes des activités elles-mêmes. Et là où existent certaines fins distinctes des actions, dans ces cas-là les œuvres sont par nature supérieures aux activités qui les produisent.

Or, comme il y a multiplicité d'actions, d'arts et de sciences, leurs fins aussi sont multiples: ainsi l'art médical a pour fin la santé, l'art de construire des vaisseaux le navire, l'art stratégique la victoire, et l'art économique la richesse. Mais dans tous les arts de ce genre qui relèvent d'une unique potentialité (de même, en effet, que sous l'art hippique tombent l'art de fabriquer des freins et tous les autres métiers concernant le harnachement des chevaux, et que l'art hippique lui-même et toute action se rapportant à la guerre tombent à leur tour sous l'art stratégique, c'est de la même façon que d'autres arts sont subordonnés à d'autres), dans tous ces cas, disons-nous, les fins des arts architectoniques doivent être préférées à toutes celles des arts subordonnés, puisque c'est en vue des premières fins qu'on poursuit les autres. Peu importe, au surplus, que les activités elles-mêmes soient les fins des actions, ou que, à part de ces activités, il y ait quelque autre chose, comme dans le cas des sciences dont nous avons parlé.

Si donc il y a, de nos activités, quelque fin que nous souhaitons par elle-même, et les autres seulement à cause d'elle, et si nous ne choisissons pas indéfiniment une chose en vue d'une autre (car on procéderait ainsi à l'infini, de sorte que le désir serait futile et vain), il est clair que cette fin-là ne saurait être que le bien, le Souverain Bien. N'est-il pas vrai dès lors que, pour la conduite de la vie, la connaissance de ce bien est d'un grand poids, et que, semblables à des archers qui ont une cible sous les yeux, nous pourrons plus aisément atteindre le but qui convient? S'il en est ainsi, nous devons essayer d'embrasser, tout au moins dans ses grandes lignes, la nature du Souverain Bien, et de dire de quelle science particulière ou de quelle potentialité il relève. On sera d'avis qu'il dépend de la science suprême et architectonique par excellence. Or une telle science est manifestement la Politique, car c'est elle qui dispose quelles sont parmi les sciences celles qui sont nécessaires dans les cités, et quelles sortes de sciences chaque classe de citoyens doit apprendre, et jusqu'à quel point l'étude en sera poussée; et nous voyons encore que même les potentialités les plus appréciées sont subordonnées à la Politique: par exemple la stratégie, l'économique, la rhétorique. Et puisque la Politique se sert des autres sciences pratiques, et qu'en outre elle légifère sur ce qu'il faut faire et sur ce dont il faut s'abstenir, la fin de cette science englobera les fins des autres sciences; d'où il résulte que la fin de la Politique sera le bien proprement humain. Même si, en effet, il y a identité entre le bien de l'individu et celui de la cité, de toute façon c'est une tâche manifestement plus importante et plus parfaite d'appréhender et de sauvegarder le bien de la cité: car le bien est assurément aimable même pour un individu isolé, mais il est plus beau et plus divin appliqué à une nation ou à des cités.

LA VERTU MORALE

Aristote, *Éthique à Nicomaque II*, 1, traduction de J. Tricot, Paris, J. Vrin, 1990, p. 87-90.

La vertu est de deux sortes, la vertu intellectuelle et la vertu morale. La vertu intellectuelle dépend dans une large mesure de l'enseignement reçu, aussi bien pour sa production que pour son accroissement; aussi a-t-elle besoin d'expérience et de temps. La vertu morale, au contraire, est le produit de l'habitude, d'où lui est venu aussi son nom, par une légère modification de *éthos* [mœurs]. Et par suite il est également évident qu'aucune des vertus morales n'est engendrée en nous naturellement, car rien de ce qui existe par nature ne peut être rendu autre par l'habitude: ainsi la pierre, qui se porte naturellement vers le bas, ne saurait être habituée à se porter vers le haut, pas même si des milliers de fois on tentait de l'y accoutumer en la lançant en l'air; pas davantage ne pourrait-on habituer le feu à se porter vers le bas, et, d'une manière générale, rien de ce qui a une nature donnée ne saurait être accoutumé à se comporter autrement.

Ainsi donc, ce n'est ni par nature, ni contrairement à la nature que naissent en nous les vertus, mais la nature nous a donné la capacité de les recevoir, et cette capacité est amenée à maturité par l'habitude.

En outre, pour tout ce qui survient en nous par nature, nous le recevons d'abord à l'état de puissance, et c'est plus tard que nous le faisons passer à l'acte, comme cela est manifeste dans le cas des facultés sensibles (car ce n'est pas à la suite d'une multitude d'actes de vision ou d'une multitude d'actes d'audition que nous avons acquis les sens correspondants, mais c'est l'inverse: nous avions déjà les sens quand nous en avons fait usage, et ce n'est pas après en avoir fait usage que nous les avons eus). Pour les vertus, au contraire, leur possession suppose un exercice antérieur, comme c'est aussi le cas pour les autres arts. En effet, les choses qu'il faut avoir apprises pour les faire, c'est en les faisant que nous les apprenons: par exemple, c'est en construisant qu'on devient constructeur, et en jouant de la cithare qu'on devient cithariste; ainsi encore, c'est en pratiquant les actions justes que nous devenons justes, les actions modérées que nous devenons modérés, et les actions courageuses que nous devenons courageux. Cette vérité est encore attestée par ce qui se passe dans les cités, où les législateurs rendent bons les citoyens en leur faisant contracter certaines habitudes: c'est même là le souhait de tout législateur, et s'il s'en acquitte mal, son œuvre est manquée, et c'est en quoi une bonne constitution se distingue d'une mauvaise.

De plus, les actions qui, comme causes ou comme moyens, sont à l'origine de la production d'une vertu quelconque, sont les mêmes que celles qui amènent sa destruction, tout comme dans le cas d'un art: en effet, jouer de la cythare forme indifféremment les bons et les mauvais cithatistes. On peut faire une remarque analogue pour les constructeurs de maisons et tous les corps de métiers: le fait de bien construire donnera de bons constructeurs, et le fait de mal construire, de mauvais. En effet, s'il n'en était pas ainsi, on n'aurait aucun besoin du maître, mais on serait toujours de naissance bon ou mauvais dans son art. Il en est dès lors de même pour les vertus: c'est en accomplissant tels ou tels actes dans notre commerce avec les autres hommes que nous devenons, les uns justes, les autres injustes; c'est en accomplissant de même telles ou telles actions dans les dangers, et en prenant des habitudes de crainte ou de hardiesse que nous devenons, les uns courageux, les autres poltrons. Les choses se passent de la même façon en ce qui concerne les appétits et les impulsions: certains hommes deviennent modérés et doux, d'autres déréglés et emportés, pour s'être conduits, dans des circonstances identiques, soit d'une manière soit de l'autre. En un mot, les dispositions morales proviennent d'actes qui leur sont semblables. C'est pourquoi nous devons orienter nos activités dans un certain sens, car la diversité qui les caractérise entraîne les différences correspondantes dans nos dispositions. Ce n'est donc pas une œuvre négligeable de contracter dès la plus tendre enfance telle ou telle habitude, c'est au contraire d'une importance majeure, disons mieux totale.

CHAPITRE 7

La période
hellénistique

La fin des cités-États

En l'an 338 avant Jésus-Christ, la Grèce, vaincue par Philippe de Macédoine, perd son autonomie. C'est la fin des cités-États. Les Grecs, qui n'avaient pour maître que la loi, doivent désormais obéir au roi. Cette soumission aux ordres de l'Empire entraîne un grave état d'instabilité sociale, car le renversement du cadre politique représente également l'écroulement de toutes les valeurs morales et religieuses. Jusque-là, en Grèce, le bonheur et la liberté de l'homme en tant qu'individu avaient été indissociables de son bonheur et de sa liberté en tant que citoyen. À Athènes, par exemple, la jouissance de droits individuels dépendait des devoirs que le citoyen avait à remplir, comme sa participation aux Assemblées et son respect des lois, des croyances et des valeurs. Mais la chute de la cité entraîne une perte d'identité et un état de grande détresse.

Les philosophes, qui jusqu'ici s'étaient préoccupés de former de bons gouvernants, soucieux de sauvegarder l'ordre et la justice, pensent désormais à sauver l'individu. De nouvelles écoles de pensée voient le jour et proposent d'autres modes de vie pour remplacer celui qui avait cours dans la cité. Les valeurs communes, dont la loi était la mesure, sont remplacées par la recherche d'une conduite morale personnelle. À la liberté politique se substitue une liberté tout intérieure.

Le présent chapitre est consacré à l'étude de deux écoles de pensée nées dans cette période de l'histoire de la Grèce: le stoïcisme et l'épicurisme. Pour chacune d'entre elles, nous aborderons le problème de la nature et celui de la vertu. Nous verrons que, malgré une intention commune, ces deux écoles offrent des solutions très différentes au problème moral. Par exemple, alors que le stoïcisme remplace la cité-État par le modèle d'une cité universelle, l'épicurisme propose l'intimité d'une «société des amis». D'un côté, on tend à penser que toute souffrance individuelle peut être anéantie si on l'envisage par rapport à l'Ordre du monde. C'est, selon le stoïcisme, en apprenant à vivre en harmonie avec cet Ordre que l'individu acquiert sa liberté et son bonheur. De l'autre côté, on recherche l'absence de trouble, ou ataraxie, au moyen de l'élimination des désirs superflus et des craintes relatives aux dieux. Dans ce cas, le travail sur soi nécessite la présence de bons amis qui nous soutiennent et nous réconfortent. Par ailleurs, nous verrons que ces différences sur le plan moral trouvent leur justification dans les représentations que chaque école de pensée se fait de la nature.

Le stoïcisme

Le stoïcisme, ou école du Portique (du grec *Stoá*), a été fondé par Zénon de Citium, en l'an 301 avant Jésus-Christ. Zénon est né vers 335 et il est mort vers 264. L'originalité de sa doctrine consiste dans la liaison qu'il a établie entre la philosophie de la nature et la philosophie morale. Outre Zénon, les principaux représentants du stoïcisme sont Cléanthe (né à Assos v. 331 et mort v. 232), qui a pris la relève de Zénon à la mort de ce dernier; Chrysippe (né en Cilicie v. 282 et mort v. 206), qui a été surnommé le second fondateur du Portique, pour avoir défendu la doctrine de Zénon contre des disciples dissidents; Sénèque (né à Cordoue en l'an 4 de notre ère et mort en 65), qui était le précepteur de Néron et qui, sur l'ordre de ce dernier, a été condamné à s'ouvrir les veines; enfin, Épictète (né à Hiérapolis v. l'an 50 de notre ère et mort v. 138), qui, esclave, a été affranchi puis exilé. C'est en l'honneur de ce dernier qu'a été écrit l'extrait suivant, tiré d'une inscription gravée dans un sanctuaire d'Apollon en Pisidie (une région de la Turquie):

> Étranger, c'est d'une mère esclave que naquit Épictète, cet aigle parmi les hommes, cet esprit si fameux pour sa sagesse. Comment me faut-il le nommer? Ce fut un homme divin. Plût au ciel qu'aujourd'hui encore, en réponse aux vœux de l'univers, il fût né d'une mère esclave un homme pareil à celui-là, puissant secours, merveilleux sujet de joie pour les mortels[1].

Cet éloge montre que, selon Épictète et selon les Stoïciens en général, la véritable liberté ne consiste pas dans le statut social ou dans la possession de biens matériels.

Bien qu'il soit né à l'aube de la période hellénistique, le stoïcisme domine la scène philosophique, à Rome, lors des premiers siècles de notre ère. Par exemple, Marc Aurèle (121–180), qui a été empereur de 161 à 180, a écrit lui-même un traité de morale stoïcienne intitulé *Pensées pour moi-même*.

Le problème de la nature

Les Stoïciens soutiennent une doctrine **déterministe** de l'univers. Selon eux, tout ce qui se produit dans la nature est dû à la nécessité. Ce qui est cause de la permanence qui existe dans la nature consiste en un ordre nécessaire et prédéterminé que suit le mouvement des choses.

Par ailleurs, les Stoïciens se représentent la nécessité, qu'ils nomment aussi «destin», comme la Raison divine elle-même. De plus, puisque tout dans la nature est ordonné de façon nécessaire, ils identifient généralement aussi la nature et la nécessité. Il en résulte que, pour se représenter la cause première de l'être, les Stoïciens emploient indifféremment les termes nécessité, destin, Dieu, raison ou nature.

Cette doctrine déterministe de l'univers, ou doctrine du destin, implique deux choses qui feront à tour de rôle l'objet des sous-sections qui suivent. D'abord, les Stoïciens sont amenés à considérer que seule la cause efficiente, ou cause responsable du mouvement, mérite véritablement le nom de cause. Selon eux, les autres causes, comme la forme, la matière ou la fin des choses, ne constituent qu'une réalité secondaire nous permettant de repérer et

> **DÉTERMINISME**
> Doctrine suivant laquelle l'ordre de tous les événements de l'univers, et en particulier celui des actions humaines, implique un enchaînement de causes et d'effets nécessaires. Le déterminisme stoïcien suppose, par ailleurs, une conception fataliste de l'univers, selon laquelle tous les événements sont fixés d'avance et se produisent infailliblement.

---

1. La traduction est de A.-J. Festugière, o.p., *Liberté et civilisation chez les Grecs*, Paris, éd. de la Revue des Jeunes, 1947, p. 74.

d'expliquer la véritable cause du changement et du déroulement des événements particuliers et concrets. Autrement dit, les Stoïciens s'intéressent non pas au pourquoi et à la nature générale des choses, mais au comment[2], c'est-à-dire à la cause de la production des choses.

Ensuite, les Stoïciens posent que les êtres singuliers ont une tendance naturelle à réagir en conformité avec l'ordre de la nature considérée comme un Tout unique. Si tout se produit en vertu du destin, c'est que non seulement les causes entraînent des effets déterminés (à telle cause répond nécessairement tel effet et non pas un autre), mais c'est aussi que la nature même des êtres affectés (qui subissent l'effet d'une cause) détermine par avance la façon dont ils réagissent à ce qui agit sur eux.

La cause efficiente

Selon les Stoïciens, l'ordre et l'unité de l'univers reposent sur le fait que tous les êtres et tous les événements ont des causes efficientes, antécédentes et extérieures, dont ils procèdent nécessairement; de sorte que toutes les choses se rattachent les unes aux autres à la manière d'une chaîne. Cette conception, par conséquent, n'admet l'existence d'aucun fait contingent; s'il advenait qu'un seul événement se produise en dehors de cette chaîne, il romprait l'unité du monde et entraînerait sa dissolution.

Il existe deux façons d'interpréter la conception stoïcienne de l'ordre que suit le mouvement des choses. Selon la première façon, l'ordre, ou destin, est conçu comme une liaison de causes et d'effets à l'infini. Par exemple, le père est cause d'un fils, qui à son tour devient cause d'un autre fils et ainsi de suite à l'infini.

c = cause (dans l'exemple, la cause est le père)
e = effet (dans l'exemple, l'effet est le fils)

Bien que cette interprétation soit le plus souvent admise, elle souffre cependant d'une trop grande simplicité, les Stoïciens ne peuvent, en effet, ne pas être conscients que, pour différentes raisons, certains hommes n'ont jamais de fils.

L'autre façon est plus nuancée. Le destin est défini comme la liaison non des causes et des effets, mais des causes entre elles dans leur rapport au Tout unique, c'est-à-dire Dieu ou la Nature, qui les englobe toutes. Ces causes déterminent aussi de façon nécessaire les effets, mais ceux-ci ne deviennent jamais eux-mêmes des causes. L'effet n'est qu'un événement d'importance secondaire, un être incorporel ne pouvant lui-même causer quoi que ce soit.

Les Stoïciens tentent d'expliquer comment sont produits les êtres et les événements particuliers, accessibles à l'expérience. Selon eux, seuls les êtres corporels peuvent être des causes. Ainsi, un corps, par son contact avec un autre corps, procède à un transfert de force (ou de tension) qui, devenue interne au corps affecté, se développe et produit des effets incorporels à la surface de l'être réel.

2. Voir, dans le chapitre 1, la sous-section «Philosophie et science», p. 15-16.

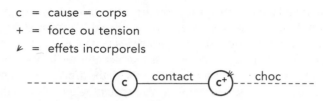

c = cause = corps

+ = force ou tension

↙ = effets incorporels

Selon les Stoïciens, la réalité est donc d'ordre matériel et s'oppose, en ce sens, au monde intelligible et immatériel comme les Idées de Platon. En outre, puisque Dieu, l'âme (ou raison humaine) et les vertus produisent des effets, ces êtres sont eux-mêmes considérés comme des corps.

En plus de croire au déterminisme dans le déroulement des événements, les Stoïciens partagent une conception fataliste de l'univers qui implique que, pour chaque événement et pour chaque action, le moment précis de sa réalisation soit assigné depuis toujours. Selon une expression connue, on peut dire que, pour tout ce qui arrive, «c'est écrit dans le ciel». Ainsi, qu'un père ait ou non un fils est déterminé par une cause antécédente et nécessaire. Rien n'est livré au hasard. Bien que les Stoïciens n'aient pas intégré la divination dans la philosophie, leur conception de la nature implique la croyance dans les prédictions des devins et dans l'astrologie présuppose une telle conception.

La nature individuelle

Selon les Stoïciens, les individus sont des parcelles du Tout cosmique. Tout être, de la pierre à l'être humain, est à la fois considéré comme un individu unique et caractérisé par une force interne qui prédétermine la manière dont il réagit aux causes qui l'affectent, et le lie, de façon nécessaire, à l'unité de l'univers. La nature individuelle est donc conçue de telle sorte que, confronté à des circonstances identiques (lorsqu'il est mis en présence de causes efficientes identiques), l'individu réagit toujours de la même manière. Par exemple, chaque fois que l'on donne une impulsion à une toupie, elle tourne nécessairement. Par contre, si la toupie n'avait pas la forme qu'on lui connaît, elle n'accomplirait pas ce mouvement de rotation. Il faut noter que les Stoïciens ne conçoivent pas la forme comme ce qui définit l'espèce à laquelle appartient la toupie (comme c'est le cas pour Aristote), mais comme une force intérieure propre à la toupie et qui la maintient en mouvement. Donc, lorsqu'une impulsion lui est donnée, la toupie se meut nécessairement, grâce à une force qui appartient à sa nature propre.

La combinaison des différentes causes stoïciennes du mouvement, soit les causes extérieures et prédéterminées et les causes intérieures, conduit à l'affirmation que, pour tout être, il est depuis toujours déterminé qu'il sera, à tel moment particulier, mis en présence de telles circonstances particulières (en présence de causes efficientes et extérieures) et qu'il réagira de telle façon particulière et d'aucune autre puisque, par sa nature propre, il ne peut réagir autrement. Bien que cohérente, cette théorie soulève cependant une grave difficulté. Si tout ce qui arrive, y compris nos actions, est déterminé depuis toujours, comment expliquer l'existence de la liberté humaine? Les Stoïciens, en particulier Chrysippe, se sont intéressés à ce problème. Il semble même qu'ils soient les premiers à avoir traité de la liberté comme telle.

Chrysippe se rend bien compte que, si tout est nécessaire, il ne vaut pas la peine de délibérer quant à la qualité de nos actions. Le problème lui apparaît urgent, car il ne veut certainement pas que le stoïcisme encourage les gens à ne pas respecter les lois et à ne faire aucun effort dans le but de devenir moralement meilleurs. Voici la solution qu'a trouvée Chrysippe. Elle consiste à distinguer deux aspects au sein du déterminisme. D'abord, si l'on se place du point de vue cosmologique, il est vrai de soutenir que tout est déterminé d'avance par des causes antécédentes. Mais, par ailleurs, si l'on se place du point de vue de la connaissance humaine, il est légitime de dire que ce qui ne se produira pas est possible. Puisque l'homme ne sait pas d'avance ce qui va se passer dans le futur, il est libre de délibérer au sujet des actions qu'il va poser. En vue de cela, la philosophie stoïcienne comporte, outre la morale et la physique, une logique qui sert à discerner les jugements vrais des jugements faux concernant le bien et le mal. La liberté est donc rendue possible grâce à l'exercice de ce discernement.

L'argument de Chrysippe a entraîné des objections de la part des écoles adverses car, du point de vue cosmologique, il ne réussit pas à dénier que les événements futurs soient depuis toujours déterminés. Cet argument se rapporte, en effet, à la connaissance humaine et non à la réalité objective; sa valeur, par conséquent, n'est que d'ordre logique. Par exemple, au IIᵉ siècle de notre ère, Alexandre d'Aphrodise, un aristotélicien, a montré que si, pour certains d'entre nous, les devins, il n'y a aucune possibilité que les événements arrivent d'une autre manière que celle qu'ils ont prédite, il est clair que ceux qui ne sont pas des devins ne peuvent non plus avoir une influence sur les événements futurs et qu'ils ne sont que des ignorants. En somme, selon Alexandre, la liberté stoïcienne ne signifie rien de plus que notre soumission au destin, qui agit à travers nous. Notre raison ne joue ainsi qu'un rôle de «médium» par lequel s'accomplissent les décrets rigides de la nécessité.

Contre ces critiques, les Stoïciens maintiennent cependant que l'assentiment que nous donnons au destin dépend de notre volonté, et que nous sommes véritablement libres lorsque nous nous confions à ces décrets. Selon eux, le destin est Providence et il ne peut qu'être bon, pour nous, de consentir à vivre en harmonie avec l'univers. «Je ne suis pas esclave de Dieu [dit Sénèque], je consens, et d'autant plus que je sais que tout découle d'une loi déterminée, fixée pour l'éternité [3].»

Le problème de la vertu

NATURALISME
Doctrine suivant laquelle les valeurs morales ne sont qu'un prolongement naturel de l'instinct de conservation. Par conséquent, les adeptes de cette doctrine ne considèrent pas l'éthique et la physique comme deux sciences nettement distinctes.

Les Stoïciens prônent un **naturalisme** éthique. Selon eux, les valeurs morales, de même que la culture en général, ne sont qu'un prolongement de la vie biologique. L'être humain est d'abord un «vivant»; sa tendance première consiste à conserver la vie en s'appropriant tout ce qui convient au développement de sa constitution, par exemple la nourriture, un abri, etc., et en fuyant tout ce qui lui est étranger et nuisible. La vie morale, qui débute avec l'âge de raison, ne constitue que l'étape ultime de ce développement. L'acte vertueux a donc pour base une inclination naturelle.

3. Sénèque, *De la Providence*, chap. 5, 6-7 dans Geneviève Rodis-Lewis, *La morale stoïcienne*, Paris, PUF, coll. «Initiation philosophique», 1970, p. 116.

Par ailleurs, toute activité rationnelle a également son origine dans une connaissance spontanée. Les Stoïciens identifient «raison» et «nature». Les délibérations rationnelles s'appliquent à des choses, telle la moralité, qui dépendent tout aussi bien de la nature. Par conséquent, les jugements vrais concernant le bien et la mal nécessitent une connaissance parfaite des lois de la physique. Contrairement à Aristote, pour qui le bonheur de l'humain en tant qu'individu était subordonné au bonheur de l'humain en tant que citoyen, à sa fin dernière, pour les Stoïciens, il n'y a pas lieu de considérer l'individu et le citoyen indépendamment de leur relation à la nature. Tous les êtres et tous les événements sont enchaînés dans un mouvement universel se déroulant toujours selon un même ordre. Le sage est heureux et libre parce qu'il se reconnaît comme une partie de ce grand Tout et qu'il consent à s'abandonner à cet ordre. La présente section débute par quelques considérations concernant cette tendance à l'**universalisme**. Ensuite, nous verrons en quoi consiste exactement le fait d'être sage. Enfin, une troisième sous-section traitera des règles de la vie pratique pour ceux qui ne sont pas des sages. Les Stoïciens ont conscience que la perfection du sage n'est pas accessible à tous. C'est pourquoi ils élaborent, à côté de la morale du sage, une autre morale mieux adaptée à la grande majorité des êtres humains.

> ### UNIVERSALISME
> Doctrine qui considère la réalité (ou la société) comme un tout unique, dont les individus ne sont que des parties. Pour les Stoïciens, ce tout est la Raison divine qui englobe l'ensemble des êtres de l'univers. Dans son sens strictement politique, l'universalisme s'oppose à l'individualisme ainsi qu'à l'impérialisme.
>
> ### INDIFFÉRENTS
> Les indifférents sont les fins qui sont recherchées par une inclination naturelle, mais qui néanmoins ne contribuent pas à la vertu. Il s'agit des biens corporels et extérieurs comme la vie, le plaisir, la santé, la beauté, la richesse, etc.

L'universalisme

Dans l'univers tel qu'il est conçu par les Stoïciens, tout est déterminé par un principe unique qui laisse peu de place à l'actualisation d'autres causes, comme le hasard et le libre choix. L'être humain doit consentir à l'ordre nécessaire des choses parce que, même s'il n'y consent pas, elles se présenteront telles qu'elles ont été prévues. Un individu est heureux et libre quand il reconnaît que toute la nature est pénétrée par une même Raison et que sa raison individuelle n'est qu'une parcelle de cette Raison universelle. Le sage est citoyen de l'univers. Sa liberté consiste dans l'abandon volontaire à la vérité de la Raison divine. Par conséquent, la mesure même de l'action morale est à rechercher dans les lois de la nature. Une action est dite vertueuse lorsqu'elle s'harmonise à l'action providentielle de Dieu qui agit sur tout et qui est en tout.

Avant que l'âge de raison ne survienne, l'accord avec la nature ne suscite aucun problème, car l'enfant, tout comme l'animal, suit spontanément, sans défaillance et sans avoir recours à un savoir, une impulsion instinctive qui est en lui. La sagesse, cependant, ne peut se réduire à si peu. Chez l'être humain, la tendance, qui au départ était spontanée, se transforme en volonté réfléchie. L'individu se détache de l'adhérence immédiate au présent. Les buts qui étaient d'abord visés deviennent alors **indifférents** et ne sont plus que des moyens en vue d'une fin plus élevée qui est le bien. L'individu délaisse progressivement ce qui concerne sa propre conservation et tend à fondre sa raison dans la Raison divine qui gouverne la nature universelle. Le

Sénèque (4-65). «Les destins guident celui qui les accepte, ils traînent celui qui leur résiste.»

sage veut le bonheur du Tout et s'en réjouit. La sagesse nécessite donc que notre raison juge correctement des représentations extérieures de sorte que le sens que nous donnons aux événements soit conforme au sens qu'ils ont du point de vue de l'univers. Être sage, c'est acquiescer à ce sens qui nous dépasse, c'est le désirer et vivre en accord avec lui, malgré les événements malheureux qui peuvent se présenter. L'individu qui ne se soumet pas et qui garde l'illusion de pouvoir changer le cours du destin, se livre à lui-même un combat intérieur qui ne peut que le rendre malheureux. Le destin sera toujours plus fort que lui, car, selon Sénèque, «les destins guident celui qui les acceptent, ils traînent celui qui leur résiste[4]».

Bien que la sagesse consiste dans l'union de l'individu avec l'univers, les Stoïciens ne croient pas que le lien social ne soit que pure convention. La société humaine est, selon eux, conforme à la nature. Cependant, les Stoïciens sont complètement indifférents aux diverses formes politiques. Leur véritable choix est le **cosmopolitisme**, car la justice véritable n'existe, selon eux, que dans la cité cosmique. Être citoyen de cette cité, ou citoyen du monde, c'est reconnaître la loi du cosmos, c'est vivre vertueusement en accord avec elle, indépendamment des frontières géopolitiques.

Le portrait du sage

Le sage stoïcien vit en union profonde avec la nécessité cosmique. Jamais il ne se désespère ou ne s'afflige de son sort car, plutôt que d'essayer de changer la réalité, il modifie ses désirs en fonction de celle-ci. La liberté et le bonheur du sage lui viennent de son obéissance à la raison. Tout le reste, c'est-à-dire ce qui ne dépend pas de sa raison et que la majorité des humains confond avec le bien ou le mal, lui est indifférent. Aucune tentation extérieure ne peut obscurcir le discernement du sage. Sa raison est droite et inébranlable. Selon Zénon, «on enfoncerait plutôt dans l'eau une outre gonflée d'air qu'on ne forcerait un sage quel qu'il soit à com-

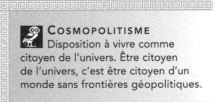

COSMOPOLITISME
Disposition à vivre comme citoyen de l'univers. Être citoyen de l'univers, c'est être citoyen d'un monde sans frontières géopolitiques.

---

4. Sénèque, *Lettre à Lucilius*, 107, 11 dans P. Hadot, *Qu'est-ce que la philosophie antique?*, Paris, Gallimard, coll. «Folio/Essais», 1995, p. 203.

mettre malgré lui un acte contraire à son vouloir: son âme est inflexible et invincible, car la droite raison l'a tendue de fortes doctrines [5]».

Le sage ne perçoit rien de ce qui peut lui arriver comme un mal. Les choses qui ne dépendent pas de lui, par exemple, la pauvreté ou la richesse, le pouvoir ou l'esclavage sont comprises, par avance, comme bonnes pour l'ordre du Tout. Rien ne sert de se battre contre les vents, d'être pris de panique devant la tempête. Nous n'y pouvons rien. Le mal vient de ce que nous souffrons et que nous nous plaignons de notre condition alors que nous n'y pouvons rien. Si, au contraire, nous jugions en fonction du Tout, rien de ce qui ne dépend pas de nous ne nous affligerait. «Je dois partir en exil. Qu'est-ce qui m'empêche de partir en riant, joyeux et tranquille [6]?», dit Épictète. «Je dois mourir [c'est-à-dire que je suis condamné à mourir]. Si c'est tout de suite, je vais à la mort; si c'est dans un moment, pour l'instant, je déjeune, puisque l'heure est venue de le faire, ensuite je mourrai. Comment? Comme il convient à l'homme qui restitue ce qui n'est pas à lui [7].»

Il faut accepter les choses comme elles se présentent, ne pas se révolter contre les décrets du destin, ne pas se rendre esclaves de ce qui est extérieur à nous. Il faut aimer ses enfants, mais savoir couper les liens, se rappeler qu'ils sont mortels. À quoi bon vouloir gagner de l'argent? acquérir des honneurs? un statut social?

> [L'affranchi,] quand il est parvenu au terme de son ambition et qu'il est devenu sénateur, alors, dès qu'il entre au sénat, le voilà esclave [...] Or, quand il est devenu l'ami de César, a-t-il cessé d'être entravé ou contraint, vit-il dans la paix, dans la félicité? [...] il a durant le dîner, l'attitude de l'esclave vis-à-vis de son maître, tout le temps attentif à ne dire ou commettre aucune sottise. Et que penses-tu qu'il redoute? D'être fouetté comme un esclave? Comment pourrait-il espérer un si beau traitement? Mais, comme il convient à un homme de cette qualité, à un ami de César, ce qu'il redoute, c'est de perdre sa tête [8].

La vertu procure tout ce qui est nécessaire au bonheur; elle se contente elle-même de peu. Peu importe, par ailleurs, si les actions du sage n'aboutissent pas au résultat escompté. Sa vertu réside tout entière dans l'intention de se conformer à la nature. Si, par exemple, tentant de sauver quelqu'un de la noyade, il rate son coup, il se dira que l'heure de la mort était venue. Le sage sait qu'il a fait ce qu'il a pu. Le reste ne dépend pas de lui.

Finalement, s'il arrive que nous souffrions de quelque événement, c'est que nous considérons celui-ci par rapport à nous seulement. Cependant, du point de vue de l'univers, il existe un équilibre harmonieux entre les biens et les maux. Ce que nous prenons pour le mal se résorbe dans le Bien du Tout.

5. Von Arnim, *Stoïcorum Veterum Fragmenta*, I, 218 dans A.-J. Festugière, o.p., *Liberté et civilisation chez les Grecs*, Paris, éd. de la Revue des Jeunes, 1947, p. 71.

6. Épictète, *Entretiens*, I, 1, 22, traduction de J. Souilhé, Paris, éd. Les Belles Lettres, coll. des Universités de France, 1948, p. 8.

7. Épictète, *Entretiens*, I, 1, 32, traduction de J. Souilhé, Paris, éd. Les Belles Lettres, coll. des Universités de France, 1948, p. 19.

8. *Ibid.*, IV, 1, 40, 46, 48.

Les règles de la vie pratique

Au-dessous de la morale du sage, les Stoïciens ont élaboré une autre morale pour guider la multitude des «insensés» et les aider à se conformer le plus possible au bien. D'abord, ils ont établi une hiérarchie des biens indifférents au sage, selon que ces biens sont plus ou moins rapprochés de la vertu. Cette classification prend pour base les inclinations naturelles de l'humain. Par exemple, les actions que l'on pose pour conserver la vie ont plus de valeur que leurs contraires, alors que, pour le sage, la vie ou la mort, la santé ou la maladie sont choses indifférentes.

Ensuite, en prenant aussi comme principe la vertu du sage, les Stoïciens ont tenté de déterminer un ensemble d'actions *convenables*, adaptées aux besoins du «vulgaire». Les maximes d'actions qu'ils ont écrites à ce propos répondent à des questions comme les suivantes: «Le sage rendra-t-Il un dépôt qu'on lui a confié?»; «Cherchera-t-il à gagner de l'argent?»; «S'enivrera-t-il?». Bien que les motifs d'action du sage et du non-sage diffèrent (par exemple, le sage remet un dépôt par esprit de justice parce que la nature est juste, alors que le non-sage remet un dépôt par devoir ou par crainte), l'action du non-sage peut être considérée comme moralement belle.

Enfin, les Stoïciens ont élaboré une théorie des passions pour montrer que l'action irrationnelle n'est pas une force extérieure qui nous contraint et devant laquelle nous sommes impuissants. La passion est une déviation de la tendance naturelle, due à l'éducation qui, nous poussant à rechercher le plaisir, perturbe nos premiers jugements. En définitive, la passion dépend de notre propre jugement au regard des attitudes que nous croyons devoir adopter devant certains événements, par exemple, lorsque nous nous affligeons d'une rupture amoureuse, ou lorsque nous nous emportons parce qu'on nous a manqué de respect. Contrairement à Aristote, les Stoïciens ne croient pas qu'il y ait de juste milieu; aucune perturbation, même modérée ou passagère, ne doit nous affecter. Selon eux, il est possible de corriger nos jugements et nous devons apprendre à le faire par nous-mêmes.

Épicure (341-270). «La sagesse est le seul bien impérissable.»

L'épicurisme

Épicure est né à Samos en 341 avant Jésus-Christ; il est mort à Athènes en 270. À Samos, qui était une colonie athénienne, la famille d'Épicure vivait pauvrement. Mais elle connut une infortune plus grande encore le jour où, sur l'ordre de Perdiccas de Thrace, elle dut s'exiler à Colophon. Sa jeunesse difficile ainsi que le désordre politique et économique de l'époque

ont joué un rôle important dans les préoccupations philosophiques d'Épicure. L'effondrement de la Grèce et, par conséquent, de ses valeurs morales et religieuses avait laissé un
sentiment d'isolement et provoqué une crainte effroyable
des dieux et de la mort. Tout comme les Stoïciens, Épicure
entreprit de sauver les Grecs de leur détresse en instituant de
nouvelles valeurs. Le succès de sa philosophie lui vint justement d'avoir débarrassé les consciences de toutes ces peurs
qui les accablaient, et d'avoir guidé les hommes sur la voie
d'un bonheur solitaire mais durable. La physique épicu-
rienne n'avait, par ailleurs, d'autre but que de consolider les règles de la vie
morale. À cette fin, Épicure puisa chez Démocrite [9] les premiers éléments d'une
conception **matérialiste** de l'univers. Il démontra que les dieux n'ont aucune action
sur notre monde et que tous les événements de l'univers sont dus à des causes
exclusivement matérielles, relevant de la nature elle-même.

> **MATÉRIALISME**
> Doctrine d'après laquelle la matière est l'être au sens premier, la substance. Selon cette doctrine, l'âme, elle-même composée de matière, est mortelle et n'a pas d'autres fins que celles qui sont attribuées au corps.

Épicure fonda une première école philosophique à Mytilène, puis une deuxième
à Lampsaque où il rencontra, parmi ses disciples, des hommes riches qui lui
achetèrent une maison et un jardin à Athènes. Épicure s'y rendit et, en 306, il
fonda l'école du Jardin où il demeura toute sa vie. À sa mort, c'est son disciple
Hermarque qui prit la relève à la tête de l'école, en même temps que de multiples
communautés épicuriennes s'établissaient un peu partout.

On a conservé peu d'ouvrages écrits par Épicure. Sa doctrine nous est cependant
connue, grâce surtout au poème (en 6 livres) de son disciple Lucrèce (né à Rome
v. 98 avant Jésus-Christ et mort en 55). Voici un extrait de l'ouverture du livre premier, dans lequel Lucrèce fait l'éloge de son maître:

> Au temps où, spectacle honteux, la vie humaine traînait à terre
> les chaînes d'une religion qui, des régions du ciel, montrait
> sa tête aux mortels et les effrayait de son horrible aspect, le pre-
> mier, un homme de la Grèce, un mortel, osa lever contre le mons-
> tre ses regards, le premier il engagea la lutte. Ni les fables divines,
> ni la foudre, ni le ciel avec ses grondements ne purent le réduire;
> son courage ardent n'en fut que plus animé du désir de briser les
> verrous de la porte étroitement fermée de la nature. Mais la force
> de son intelligence l'a entraîné bien au-delà des murs enflammés
> du monde. Il a parcouru par la pensée l'espace immense du grand
> Tout, et de là, il nous rapporte vainqueur la connaissance de ce qui
> peut ou ne peut pas naître, de la puissance départie à chaque être
> et de ses bornes inflexibles. Ainsi la superstition est à son tour
> terrassée, foulée aux pieds, et cette victoire nous élève jusqu'aux
> cieux [10].

Par ailleurs, la philosophie d'Épicure a eu une influence sur les matérialistes
modernes. Par exemple, ces derniers ont retenu l'idée que la connaissance
rationnelle ne précède jamais l'objet de la pensée, mais que c'est, au contraire,
l'existence sensible qui précède nécessairement la connaissance. Dans le même

---

9. Voir, dans le chapitre 2, la sous-section «Démocrite», p. 39-40.
10. Lucrèce, *De la Nature*, traduction de H. Clouard, Paris, GF/Flammarion, 1964, p. 20-21.

esprit, les matérialistes modernes ont aussi retenu l'idée que les pratiques humaines dépendent de déterminismes extérieurs (par exemple les moyens de subsistance) et que leur mise en forme théorique (par exemple la constitution d'une théorie du droit, d'une théologie) n'en est que la représentation subséquente. Ces théories s'opposent à l'idéalisme de Platon, selon lequel les Idées transcendent les objets sensibles. Notons que la thèse de doctorat de Karl Marx (philosophe socialiste allemand né en 1818 et mort en 1883) portait sur une comparaison entre la philosophie de la nature chez Démocrite et chez Épicure.

Le problème de la nature

C'est dans l'atomisme de Démocrite qu'Épicure trouve les fondements de sa conception matérialiste de l'être. Selon Démocrite, l'univers était composé des atomes, principes matériels de l'être qui existent en nombre infini, et d'une étendue, le vide infini, permettant aux atomes de se mouvoir. Le vide n'opposant aucune résistance au mouvement des atomes, il apparaissait comme ce qui leur procurait la possibilité d'entrer en contact pour produire la vie. Quant à la diversité des espèces, Démocrite l'expliquait par les différences géométriques (forme, ordre, position) des atomes.

Aux propriétés géométriques de l'atome démocritéen, Épicure ajoute la pesanteur, cause interne d'un mouvement strictement déterminé vers le bas, et la déclinaison, qui, rompant avec l'ordre nécessaire de l'univers, est cause de la rencontre fortuite des atomes entre eux ainsi que de la liberté humaine. La présente section traitera d'abord du hasard et de la déclinaison comme causes de l'être, puis de l'explication épicurienne de la liberté.

Le hasard, cause de l'être

Selon Épicure, c'est à cause de leur pesanteur que tous les atomes sont portés naturellement vers le bas et qu'ils tombent en ligne droite dans le vide. Ce mouvement interne ne peut cependant être à l'origine des êtres composés. Malgré l'inégalité de leur grandeur et, par conséquent, de leur pesanteur, tous les atomes tombent à une même vitesse, car aucun d'entre eux n'est retenu par le vide. Contrairement à l'eau ou à l'air, qui résistent en fonction du poids des corps, le vide n'oppose absolument aucune résistance. La génération des êtres ne peut donc s'expliquer, comme on pourrait le croire, par le choc des atomes plus lourds sur les atomes plus légers.

Pour expliquer la génération des êtres, Épicure imagine l'existence d'un autre mouvement, qu'il appelle «déclinaison», grâce auquel les atomes, en s'écartant faiblement de la verticale, peuvent entrer en contact entre eux pour former des corps. La déclinaison des atomes apparaît donc comme la cause de l'existence des composés et du mouvement qui les anime.

La déclinaison n'est elle-même déterminée par aucune autre cause. L'univers, tel que nous le percevons, n'est dû à aucun ordre préétabli. Épicure nie l'existence d'un premier moteur immatériel ou d'une raison divine présidant à l'ordre de l'univers. L'ordre, ou la permanence que nous voyons dans la nature, est dû au principe purement matériel de la conservation éternelle de la quantité de matière;

rien n'est créé de rien, et rien ne se perd. Ce qui veut dire que, malgré le nombre infini de naissances et de morts d'êtres composés, les atomes ne subissent, quant à eux, aucun changement; leur nombre reste toujours identique et, de plus, ils persistent à produire ce qu'ils sont déjà habitués à produire.

C'est le hasard qui a fait en sorte que, après des milliers de combinaisons entre les atomes et de multiples créations d'autres mondes, notre monde et les espèces qui l'habitent soient tels qu'ils sont. Aucun être n'a été créé en vue d'une fin déterminée, non plus qu'aucun organe, en vue d'une fonction précise. «Le pouvoir des yeux ne nous a pas été donné [dit Lucrèce] pour nous permettre de voir au loin, de même ce n'est pas pour la marche à grands pas que jambes et cuisses s'appuient à leur extrémité sur la base des pieds et savent fléchir leurs articulations; les bras n'ont pas été attachés à de solides épaules, les mains ne sont pas de dociles servantes à nos côtés, pour que nous en fassions usage dans les besoins de la vie. Toute explication de ce genre est à contresens et prend le contre-pied de la vérité. Rien en effet ne s'est formé dans le corps pour notre usage; mais ce qui s'est formé, on en use[11].» De plus, rien n'empêche que, dans l'univers qui est infini, il existe un nombre infini de mondes semblables ou dissemblables.

Nos fausses croyances au sujet des dieux et en des fins spirituelles ne sont, selon Épicure, que des superstitions qui contredisent le témoignage des sens. Elles nous ont été léguées par nos ancêtres lointains qui, n'ayant aucun moyen d'expliquer le système du monde et les événements exceptionnels qui les terrifiaient, attribuaient tout aux dieux qu'ils voyaient dans leurs rêves.

Cependant, lorsque la raison s'applique à vérifier, auprès de l'expérience sensible, les relations qu'elle établit entre les choses, la nature suffit à expliquer tout ce qui se produit dans le monde. Par ailleurs, cela ne remet pas en cause l'existence des dieux. Les dieux existent mais ils n'ont rien à voir avec nous.

La liberté

Selon Épicure, le principe à l'origine de la liberté est, comme tout ce qui se produit dans l'univers, d'ordre matériel. L'âme, tout comme le corps, est de nature matérielle. Elle est composée d'atomes extrêmement subtils et d'une très grande mobilité. C'est la déclinaison de ces atomes, à l'intérieur de l'âme, qui fonde la liberté. Avec Épicure, la liberté est donc conçue comme élément constitutif de l'individu. Aucune condition préalable n'est posée, comme, dans le stoïcisme, l'adhésion aux lois universelles.

Cependant, si la déclinaison n'existait pas et que les atomes n'étaient animés que de mouvements nécessaires, tout se produirait toujours selon un ordre déterminé; jamais aucune action ne pourrait se détacher des chaînes du destin. Mais l'expérience montre qu'il n'en est pas ainsi et que, grâce à la liberté, l'âme est maître de mouvoir à son gré le corps auquel elle est rattachée. Nous sentons particulièrement ce pouvoir lorsque, des forces nous contraignant de l'extérieur, quelque chose en nous résiste et entraîne notre corps à combattre. Cela serait impossible sans l'existence de la liberté et sans le mouvement de déclinaison qui en rend compte.

11. Lucrèce, *De la nature*, traduction de H. Clouard, Paris, GF/Flammarion, 1964, p. 139.

Le problème de la vertu

L'éthique épicurienne est, comme l'éthique stoïcienne, fondée sur la nature. Pour accéder au bien moral, il faut, pour l'une comme pour l'autre, recourir à l'étude de la nature et vivre en harmonie avec elle. Cependant, il n'y a pas dans l'épicurisme de nature universelle conçue comme un tout homogène. La tendance à vivre selon le bien est toujours envisagée en fonction de la nature individuelle. Épicure ne croit pas que l'individu se rattache spirituellement à un ensemble plus grand. Selon lui, il n'existe pas de fin plus élevée que le bonheur individuel. En ce sens, sa pensée s'oppose aussi à celle de Platon, qui faisait dépendre le bien de l'individu du bien commun. Épicure considère que la vie en société est contre nature.

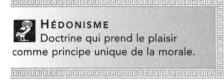

HÉDONISME
Doctrine qui prend le plaisir comme principe unique de la morale.

Épicure ne croit pas non plus qu'il existe de différence essentielle entre la fin morale et la tendance naturelle que l'on suit dès les débuts de la vie. Selon lui, la nature nous porte dès notre naissance à rechercher le plaisir, et c'est à lui qu'aboutit la raison lorsqu'elle juge adéquatement du bien. C'est pourquoi «le plaisir est le principe et la fin de la vie bienheureuse [12]». Le naturalisme éthique d'Épicure débouche donc sur un **hédonisme**.

Si le bien est compris tout entier dans la recherche de l'intérêt et du plaisir individuel, l'être humain a cependant de la difficulté à distinguer le vrai plaisir des faux plaisirs. Sa poursuite incessante de nouveautés de toutes sortes l'empêche de voir que certaines choses apportent plus de maux que de plaisirs. Croyant trouver son plaisir, il fait son malheur. La mission philosophique d'Épicure sera donc de guérir les âmes de leurs opinions vides, de les débarrasser de toutes ces inventions de l'imagination qui sont la source de tant de craintes et de souffrances. Une fois la nature mise à nu, l'humain pourra alors voir qu'il faut peu de choses pour être véritablement heureux, et que ce peu de choses est facilement accessible. «Si l'on se conduisait par les conseils de la sagesse, l'homme trouverait la suprême richesse à vivre content de peu: car de ce peu jamais il n'y a disette [13].»

Le reste du présent chapitre traitera plus en détail du mode de vie qu'Épicure propose en remplacement de la cité, ainsi que de la nature du plaisir qu'il préconise.

La société des amis

À l'époque d'Épicure, les philosophes ne croient plus, comme du temps de Platon et d'Aristote, en la possibilité d'un bonheur collectif. Ils ne cherchent guère à renouveler le cadre politique et économique de la Grèce, car ils n'ont aucun espoir d'y parvenir. C'est pourquoi ils remplacent la recheche du gouvernement le meilleur par un questionnement sur la liberté et la conduite individuelles. Il est important de tenir compte de ces indications historiques pour comprendre le total désintérêt que ressent Épicure vis-à-vis de la vie en société, et pourquoi il exhorte les hommes à «se délivrer de la prison des affaires et de la politique [14]».

12. Épicure, *Lettre à Ménécée*, 129, dans *Lettres et Maximes*, traduction de M. Conche, Paris, PUF, 1987, p. 221.

13. Lucrèce, *De la nature*, traduction de H. Clouard, Paris, GF/Flammarion, 1964, p. 185.

14. Épicure, *fragment A*, 58 dans P. Nizan, *Les matérialistes de l'antiquité*, Paris, François Maspero, 1979, p. 101.

Selon Épicure, la justice sociale est une convention. Elle est conforme à la nature dans la mesure seulement où elle collabore à la recherche du bonheur individuel et empêche les hommes de se nuire mutuellement. Cependant, lorsque les structures sociales n'assurent plus la sécurité de l'individu, il vaut mieux que celui-ci se retire de la vie en société. Dans son poème *De la Nature*, Lucrèce appuie cette conception de la justice sur une théorie de l'évolution des sociétés humaines[15]. Selon cette théorie, l'homme, dans son habitat primitif, vivait seul et se contentait de peu. Ce n'est que progressivement, au hasard des découvertes et poussé par les nouveaux besoins qu'elles créaient, qu'il apprit à vivre avec les autres hommes. Il établit alors des ententes qui visaient à sa sécurité et au respect mutuel. Cependant, au fur et à mesure des nouvelles inventions, ses besoins grandissaient et le désir de posséder des richesses et du pouvoir s'empara de lui. De là naquirent les conflits et les guerres et l'on vit «des milliers d'hommes à périr sous les drapeaux en un jour de bataille[16]».

Contrairement aux Sophistes, Épicure s'oppose à la loi du plus fort. Cela pourrait laisser sous-entendre qu'il prêche l'amour du prochain. Mais le refus d'Épicure de consentir à cette loi tient à d'autres raisons. Épicure pense que tout ce qui rend capable d'atteindre la sécurité vis-à-vis des autres hommes est un bien conforme à la nature. Par conséquent, si les hommes qui accomplissent des crimes en vue des honneurs et de la fortune obtenaient la sécurité, ils vivaient aussi selon le bien auquel aspire la nature. Toutefois, Épicure ne croit pas que la vie de ces gens soit exempte de craintes et de souffrances. Toujours à l'affût de nouvelles conquêtes, ne jouissant que très peu de leur richesse parce qu'ils sont trop occupés à la protéger, tourmentés jusque dans leur sommeil, ils vivent en disharmonie avec eux-mêmes.

Pour Épicure, il n'y a qu'un seul remède aux maux qu'engendre la société; il n'y a qu'un moyen d'acquérir la sécurité à l'égard des autres hommes: le retrait. «La source la plus pure de sécurité à l'égard des hommes, qui est assurée dans une certaine limite par une force d'expulsion, est en fait l'immunité qui résulte d'une vie paisible et du retranchement du monde[17].»

Pour accéder à cette paix, certaines conditions matérielles sont par ailleurs requises. La sécurité et le plaisir exigent un milieu que l'école du Jardin, transformée en «société des amis», a la fonction de procurer. La communauté ne vise cependant pas de fin supra-individuelle à laquelle les disciples doivent se soumettre. Son existence ne se justifie que par l'utilité qu'elle apporte à chacun, en facilitant la guérison des âmes. L'ami vise nécessairement la même chose que soi. Il nous accompagne dans la méditation des enseignements, dans le renoncement aux désirs superflus, dans l'examen de conscience et, ce faisant, il nous rend la vie plus agréable.

15. Ce thème rappelle la théorie du sophiste Protagoras; voir le chapitre 3, p. 72.

16. Lucrèce, *De la nature*, traduction de H. Clouard, Paris, GF/Flammarion, 1964, p. 182.

17. Épicure, *Doctrines principales*, 14 dans P. Nizan, *Les matérialistes de l'antiquité*, Paris, François Maspero, 1979, p. 101.

L'hédonisme

Selon Épicure, le souverain bien consiste dans le plaisir. On interprète souvent de façon abusive cette morale du plaisir en attribuant le surnom d'«épicuriens» à ceux qui ne songent qu'aux plaisirs des sens. L'examen de la doctrine montre la fausseté de ce préjugé.

Ascèse

Ensemble d'exercices qui visent à la libération de l'âme par la privation des désirs corporels.

Épicure définit le plaisir comme l'absence de souffrance physique et de trouble de l'âme. «La limite quantitative des plaisirs est la suppression de ce qui est douloureux. Partout où le plaisir est présent, et tout le temps qu'il est présent, il n'y a ni douleur physique ni douleur morale, ni l'une et l'autre ensemble[18].» Pour atteindre à l'absence de douleur, il faut, d'après Épicure, avoir une vie d'**ascèse**, car les désirs insatiables des insensés ne peuvent que les rendre malheureux. L'ascèse repose sur une distinction entre différents types de désirs. Il y a des désirs non naturels, vains et insatiables (la richesse matérielle, le pouvoir, la réputation), des désirs naturels et non nécessaires (le désir sexuel, des repas gastronomiques) et des désirs naturels et nécessaires. Parmi les désirs nécessaires, certains le sont pour la conservation de la vie (la nourriture, l'abri), d'autres pour le repos du corps (la santé), d'autres enfin pour le bonheur (absence de craintes). L'ascèse consiste donc dans la suppression totale des désirs qui sont vains et dans la limitation, autant qu'il est possible, des désirs naturels à ceux qui sont nécessaires, car les désirs naturels et non nécessaires sont susceptibles de provoquer des passions excessives.

Comme on le voit, le plaisir, selon Épicure, naît de la satisfaction de besoins simples. «La pauvreté, quand on la mesure à la fin de la nature est une grande richesse, mais la richesse sans limites est une pauvreté[19].» Contre les Cyrénaïques (ce sont les disciples d'Aristippe; *voir le chapitre 4, pages 87-88*) qui prêchaient l'accumulation des plaisirs et qui préféraient le banquet somptueux au repas simple de l'ascète, Épicure croit que si l'on sait juger des avantages et des désavantages de tous nos désirs, le vrai plaisir se limite à peu. Ce peu procure, par ailleurs, un plaisir total, sans risque de douleur subséquente. En outre, ce calcul raisonné des plaisirs engendre la tranquillité de l'âme, car si «l'origine et la racine de tout bien sont, selon Épicure, le plaisir du ventre[20]», «ni la possession de la richesse, ni les honneurs, ni le respect de la foule, ni tout ce qui est lié à des désirs sans limites ne peuvent mettre fin à l'inquiétude spirituelle ou créer la joie[21]».

La sagesse découle donc du plaisir du corps quand ce dernier est réglé d'après ce que nécessite la nature. La connaissance de la nature guide l'âme dans son jugement concernant ce qui est bon et ce qui est mauvais pour le corps, et il en résulte une grande paix intérieure. Sans cette paix intérieure, on ne peut par ailleurs être

---

18. Épicure, *Doctrines principales*, III, dans P. Nizan, *Les matérialistes de l'antiquité*, Paris, François Maspero, 1979, p. 112.

19. Épicure, *fragment A*, 25 dans P. Nizan, *Les matérialistes de l'antiquité*, Paris, François Maspero, 1979, p. 116.

20. Épicure, *fragment B*, 59 dans P. Nizan, *op. cit.*, p. 113.

21. Epicure, *fragment A*, 81 dans P. Nizan, *op. cit.*, p. 118.

disposé aux plaisirs de l'esprit. Autrement dit, la morale d'Épicure s'oppose aux philosophies intellectualistes (comme celle de Platon et, en partie, celle d'Aristote) qui placent le bonheur suprême dans la contemplation, sans tenir compte des nécessités relatives au corps. «Pense qu'il est naturel que quand la chair crie, l'âme crie aussi [22]», dit Épicure.

On comprend que cette morale, qui s'adresse aux gens des classes pauvres tout aussi bien qu'à ceux des classes riches, ait plu aux matérialistes modernes qui luttaient contre les injustices sociales. Bien qu'elle prenne pour base le bien de l'individu et non le bien commun, il ne faut pas croire, cependant, que cette morale incite, à la manière du capitalisme et de l'individualisme contemporains, à la satisfaction sans limites des désirs. En fait, si chacun vivait selon l'enseignement d'Épicure, la nature suffirait largement à combler les besoins de tous les êtres humains. Le très beau passage qui suit, tiré du poème de Lucrèce, résume bien les caractéristiques de l'hédonisme épicurien.

> **S'**il n'y a point dans nos demeures des statues d'or, éphèbes tenant dans leur main droite des flambeaux allumés pour l'orgie nocturne; si notre maison ne brille pas d'argent et n'éclate pas d'or; si les cithares ne résonnent pas entre les lambris dorés des grandes salles, du moins nous suffit-il, amis étendus sur un tendre gazon, au bord d'une eau courante, à l'ombre d'un grand arbre, de pouvoir à peu de frais réjouir notre corps surtout quand le temps sourit et que la saison émaille de fleurs l'herbe verte des prairies. [...]
>
> Puisque les trésors ne sont pour notre corps d'aucun secours, et non plus la noblesse ni la gloire royale, comment seraient-ils plus utiles à l'esprit? Quand tu vois les légions pleines d'ardeur se déployer dans la plaine et brandir leurs étendards; quand tu vois la flotte frémissante croiser au large, est-ce qu'à ce spectacle les craintes religieuses s'enfuient tremblantes de ton esprit, les terreurs de la mort laissent-elles ton cœur libre et en paix [23]?

---

22. Épicure, *fragment B*, 44 dans P. Nizan, *op. cit.*, p. 113.

23. Lucrèce, *De la nature*, traduction de H. Clouard, Paris, GF/Flammarion, 1964, p. 54.

RÉSUMÉ SCHÉMATIQUE DE L'EXPOSÉ

La fin des cités-États

En l'an 338 avant Jésus-Christ, la Grèce entre sous la tutelle de Philippe de Macédoine. Cet événement provoque un état d'instabilité sociale et psychologique. De nouvelles écoles de pensée proposent de nouveaux modèles de vie basés sur la recherche d'une liberté intérieure. Le stoïcisme propose le modèle d'une cité universelle; l'épicurisme propose celui d'une «société des amis». Les divergences d'ordre éthique entre les deux écoles reposent sur différentes conceptions de la nature.

Le stoïcisme

Zénon de Citium est le fondateur du stoïcisme ou «école du Portique» (301 av. J.-C.). Il a établi des liens étroits entre la morale et la physique. Les Stoïciens sont détachés des biens matériels. Le stoïcisme est prédominant à l'époque impériale romaine.

Le problème de la nature

Les Stoïciens ont une vision déterministe de l'univers. Ils nomment la cause première de l'être: nécessité, destin, Dieu, raison ou nature. Les Stoïciens s'intéressent au «comment» des choses. Les êtres individuels ont une tendance propre à réagir en conformité avec la nature.

1. Tous les êtres et tous les événements se rattachent les uns aux autres à la manière d'une chaîne. L'existence d'un événement contingent entraînerait la dissolution du monde. Le destin est conçu soit comme la liaison des causes et des effets à l'infini, soit comme la liaison des causes entre elles. L'effet est un événement incorporel. Seuls les corps peuvent être des causes. Dieu, l'âme et les vertus sont des corps. La conception stoïcienne de l'univers est fataliste.

2. Tout être est à la fois un individu unique et une parcelle de la Nature. Lorsque l'individu est confronté à des circonstances identiques, sa nature le pousse à réagir toujours de la même manière. Tout est déterminé depuis toujours. Chrysippe distingue deux aspects dans le déterminisme afin de prouver l'existence de la liberté. La valeur de cette distinction est d'ordre logique. Selon Alexandre d'Aphrodise, la liberté stoïcienne n'est que soumission au destin. Selon les Stoïciens, l'assentiment que nous donnons au destin est volontaire.

Le problème de la vertu

Selon les Stoïciens, la vie morale est le prolongement de tendances naturelles à la conservation. Les Stoïciens identifient «raison» et «nature». L'individu et le citoyen sont considérés dans leur rapport au cosmos. Le sage se reconnaît comme faisant partie de l'ordre universel. Les Stoïciens élaborent une morale du sage et une morale adaptée aux non-sages.

1. Tous les êtres de l'univers sont déterminés selon un principe unique. La raison individuelle n'est qu'une parcelle de la Raison universelle. La liberté est l'abandon volontaire à l'ordre de l'univers. La vertu consiste dans l'accord de l'action avec les lois de la nature. À l'âge de raison, la tendance naturelle à conserver la vie se transforme en volonté réfléchie. Les premières fins visées par l'être humain deviennent indifférentes. Le propre de l'être rationnel est de vivre en harmonie avec la Raison universelle. Les Stoïciens prônent le cosmopolitisme.

2. La raison du sage est droite et inflexible. Tout ce qui ne dépend pas du pouvoir de la raison est indifférent au sage. Il faut accepter les choses comme elles sont. Les biens extérieurs ne procurent pas la liberté. La vertu entraîne le bonheur. Le critère permettant de juger si un acte est vertueux est l'intention. Le mal par rapport à l'individu se résorbe dans le bien par rapport à l'univers.

3. Au-dessous de la morale du sage, les Stoïciens ont élaboré une autre morale pour guider les «insensés». Les Stoïciens ont établi une hiérarchie de valeurs entre les indifférents. Ils ont déterminé des actions convenables. Ils ont élaboré une théorie des passions. Nous devons corriger nos jugements par rapport aux événements qui se présentent à nous.

L'épicurisme

Épicure a vécu de 341 à 270 avant Jésus-Christ. Il a débarrassé les hommes de leurs craintes vis-à-vis des dieux et de la mort. La physique épicurienne soutient la théorie morale. Épicure a une conception matérialiste de l'univers. En 306, Épicure fonda l'école du Jardin, à Athènes. On connaît la doctrine épicurienne surtout grâce à Lucrèce. La philosophie d'Épicure a eu une influence sur les matérialistes modernes.

Le problème de la nature

Épicure a puisé les fondements de sa physique dans l'atomisme de Démocrite. Aux propriétés de l'atome démocritéen, Épicure ajoute la pesanteur et la déclinaison. La déclinaison rompt avec l'ordre nécessaire de la nature.

1. La pesanteur porte les atomes à tomber en ligne droite dans le vide. Les atomes tombent à vitesse égale. Le vide n'oppose aucune résistance. La déclinaison est cause des êtres vivants. La déclinaison n'est due à aucune autre cause. L'ordre de l'univers dépend de la conservation de la quantité de matière. Le

hasard est cause de notre monde. Il existe un nombre infini de mondes. Nos fausses croyances sur les dieux contredisent le témoignage des sens. La nature suffit à expliquer la production de l'être.

2. L'âme est matérielle. La déclinaison est cause de la liberté. La liberté ne s'acquiert pas; elle est donnée. L'expérience montre que la liberté contrevient au destin.

Le problème de la vertu

L'éthique épicurienne est fondée sur la nature. La tendance à vivre selon le bien est envisagée en fonction de la nature individuelle. La vie en société est contre nature. Le plaisir est le principe et la fin de la vie bienheureuse. Le naturalisme d'Épicure débouche sur un hédonisme. La mission d'Épicure est de guérir les âmes de leurs opinions vides. Il faut peu de choses pour être heureux.

1. À l'époque d'Épicure, on ne croit plus au bonheur collectif. Selon Épicure, la justice sociale est une convention. Elle doit être utile pour la sécurité des hommes. La conception épicurienne de la justice s'appuie sur une théorie de l'évolution des sociétés humaines. Épicure s'oppose à la loi du plus fort. Le retrait est la source de sécurité la plus certaine à l'égard des autres hommes. La société des amis est le milieu idéal pour la guérison de l'âme.

2. Le souverain bien consiste dans le plaisir. Le plaisir est l'absence de souffrance physique et de trouble de l'âme. Il faut avoir une vie ascétique. Épicure établit une distinction entre les désirs. L'ascèse consiste à se limiter aux désirs naturels et nécessaires. Il faut juger des avantages et des désavantages de nos désirs. Le plaisir du corps entraîne la tranquillité de l'âme.

LECTURES SUGGÉRÉES

Auteurs anciens

LUCRÈCE. *De la Nature*, traduction de H. Clouard, Paris, GF/Flammarion, 1964.

MARC AURÈLE. *Pensées pour moi-même*, suivies du *Manuel d'Épictète*, traduction de M. Meunier, Paris, Garnier-Flammarion, 1964.

Commentateurs

BRUN, Jean. *L'épicurisme*, Paris, PUF, coll. «Que sais-je?», n° 810, 1959.

BRUN, Jean. *Le stoïcisme*, Paris, PUF, coll. «Que sais-je?», n° 770, 1958.

FESTUGIÈRES, A.-J. (o.p.). *Liberté et civilisation chez les Grecs*, Paris, Éditions de la Revue des Jeunes, coll. «Initiations», XIV, 1947.

NIZAN, Paul. *Les matérialistes de l'antiquité*, Paris, François Maspero, petite collection Maspero, 1979.

ROMILLY, Jacqueline de. *La Grèce antique à la découverte de la liberté*, Paris, Éditions de Fallois, 1989.

ACTIVITÉS D'APPRENTISSAGE

Le stoïcisme

Le problème de la nature

1. Lisez le texte «Le destin» et répondez aux questions suivantes. Utilisez l'exposé du présent chapitre.

   a) Par quel nom pourrait-on remplacer l'expression «nature vivante, raisonnable et intelligente»?

   b) Pourquoi est-il impossible, quand les circonstances sont les mêmes pour une cause et pour ce sur quoi elle agit, que l'effet puisse être différent?

   c) Pourquoi le déterminisme stoïcien s'oppose-t-il à l'intervention de la contingence dans la nature?

   d) Donnez, en une phrase, l'idée essentielle de ce texte.

2. a) À partir de l'idée principale du texte «Le destin», formulez dans une thèse la conception stoïcienne du déterminisme de la nature.

   b) En vous aidant de l'exposé du présent chapitre, apportez deux arguments en faveur de cette thèse.

   c) Faites des objections à ces arguments à partir de la conception aristotélicienne de la nature (*voir, dans le chapitre 6, les sous-sections «La séparation du monde supralunaire et du monde sublunaire» et «La doctrine de la contingence»*).

Le problème de la vertu

3. Lisez le texte «Le souverain bien» et répondez aux questions suivantes. Utilisez l'exposé du présent chapitre.

   a) Pourquoi Cicéron, l'auteur du texte, dit-il que «ce qu'il y a de premier dans l'homme, c'est son accommodation "instinctive" aux choses qui sont conformes à la nature»?

   b) Comment le souverain bien peut-il résider à la fois dans l'accord du choix avec la nature et dans l'action moralement bonne?

   c) Que doit-on retenir de l'exemple du lanceur de javelot?

   d) Donnez, en vos propres mots, l'idée essentielle de ce texte.

4. a) Que veut dire «être citoyen de l'univers»?

   b) Pourquoi le cosmopolitisme des Stoïciens ne s'accorde-t-il pas avec le point de vue d'Aristote sur le rapport de l'individu à son milieu politique? (Si cela est nécessaire, revoyez, dans le chapitre 6, la section «Le problème de la vertu».)

L'épicurisme

Le problème de la nature

5. **Lisez le texte «La déclinaison des atomes» et répondez aux questions suivantes.**

    a) Quelle est l'idée principale de chacun des paragraphes?

    b) Quels sont les mots qui manquent dans le texte suivant?

    La doctrine matérialiste des Atomistes est dénommée ainsi parce qu'elle tente d'expliquer tous les phénomènes naturels et tous les phénomènes humains sans faire référence ni à des divinités ni à un ordre _____. À ces dernières causes, Épicure substitue le _____ comme principe purement mécaniste. Cette doctrine pose qu'aucune forme de vie ne saurait advenir sans la présence de chocs entre les atomes. Les Atomistes font donc intervenir la _____ comme principe au fondement de ces chocs.
    Ce principe est également cause de la _____ humaine. La permanence que nous voyons dans la nature est tout de même sauvegardée par la quantité que conserve la masse de la _____ et par l'imperceptibilité du _____ des atomes.

    c) Dans le cinquième paragraphe de «La déclinaison des atomes», Lucrèce dit que la liberté humaine ne pourrait exister si tous les mouvements de la nature s'enchaînaient selon un ordre rigoureux. Opposez, à ce sujet, la thèse d'Épicure à celle des Stoïciens.

6. **Croyez-vous que l'homme se soit progressivement adapté à son milieu grâce aux dispositions organiques qu'il a reçues du hasard (point de vue matérialiste), ou croyez-vous que la constitution physique de l'homme était d'avance adaptée à des fonctions déterminées (point de vue finaliste ou téléologique)? Autrement dit, croyez-vous que c'est l'organe qui précède la fonction ou que c'est la fonction qui précède l'organe? Dites pourquoi.**

Le problème de la vertu

7. **Lisez la «Lettre à Ménécée» et répondez aux questions suivantes. Utilisez l'exposé du présent chapitre.**

    a) Épicure fait une distinction entre différents types de plaisirs. Selon lui, auxquels de ces plaisirs le sage accorderait-il sa préférence?

    b) Expliquez ce qu'Épicure entend par «plaisirs vains».

    c) Pourquoi Épicure dit-il que c'est par la comparaison et l'examen des avantages et des désavantages qu'il convient de juger des plaisirs et des peines?

    d) Comment interprétez-vous l'affirmation selon laquelle ceux qui jouissent de l'abondance avec le plus de plaisir sont ceux qui ont le moins besoin d'elle?

    e) Quand Épicure dit que le plaisir est le principe et la fin de la vie bienheureuse, de quel plaisir parle-t-il?

8. **Épicure pensait que le plaisir intellectuel est conditionné par l'absence de douleur physique. Êtes-vous d'accord? Pourquoi?**

9. **Épicure et les Sophistes pensent que la justice est de nature conventionnelle. Certains Sophistes en ont conclu qu'il était préférable de suivre la loi du plus fort. Exposez la pensée d'Épicure à ce sujet.**

10. **Quelle est, d'après vous, la différence principale entre le naturalisme éthique d'Épicure et le naturalisme éthique des Stoïciens?**

EXTRAITS DE TEXTES

LE DESTIN

Alexandre d'Aphrodise, *Le traité du destin*, chap. 22, traduction de Pierre Thillet, Paris, éd. Les Belles Lettres, coll. des Universités de France, 1984, p. 43-44.

Ils [les Stoïciens] disent donc que ce monde-ci, qui est un, renferme en lui tous les êtres, est gouverné par une nature vivante, raisonnable et intelligente; que l'organisation des êtres s'y trouve procéder éternellement selon un enchaînement ordonné, de sorte que les événements antérieurs sont causes des événements postérieurs, et toutes choses sont liées les unes aux autres de telle façon qu'il n'y a aucun événement dans l'univers qu'un autre inévitablement n'en résulte et ne s'y rattache comme à une cause, non plus inversement qu'aucun événement conséquent ne peut se séparer des événements antérieurs en sorte qu'il ne soit la conséquence de l'un d'entre eux comme s'il lui était lié. Bref, de tout événement un autre découle qui lui est lié nécessairement comme à sa cause, et tout événement est précédé d'un autre, auquel il est lié comme à sa cause. Aucun être, aucun événement du monde n'est sans cause, parce que rien en lui n'est sans lien avec la totalité des événements antérieurs et séparé d'eux.

Le monde en effet serait disloqué, divisé, et ne resterait plus éternellement un, gouverné selon un ordre unique et par un principe organisateur unique, si l'on y introduisait un mouvement sans cause; et ce serait introduire un tel mouvement que de supposer que tous les êtres et tous les événements puissent ne pas avoir de causes antécédentes dont ils procèdent nécessairement. C'est, disent-ils, pareil et pareillement impossible qu'un événement se produise sans cause, et que quelque chose provienne du non-être.

Telle qu'elle est, l'organisation de l'univers s'étend de l'infini à l'infini avec efficacité, et sans fin.

Bien qu'il y ait dans les causes une certaine différence, qu'ils exposent — ils énumèrent en effet un essaim de causes: les unes principales, les autres accessoires, les autres efficaces, d'autres ayant en elles-mêmes leur principe, d'autres enfin d'autre sorte: car il ne faut pas allonger le discours, tout ce qu'ils disent nous l'exposons, qui montre l'intention de leur doctrine du destin, — quoiqu'il y ait, certes, un plus grand nombre de causes, ils disent qu'il est également vrai de toutes, quand les circonstances sont les mêmes et pour l'agent causal et ce par quoi il est cause, qu'il est impossible tantôt qu'il n'y ait pas d'effet, ou, si un effet survient, qu'il soit tantôt différent, tantôt lui-même. Il y aurait en effet, au cas où l'effectuation se ferait ainsi, un mouvement sans cause.

Le destin même, la nature, la raison par laquelle est régi l'univers, c'est Dieu, disent-ils, puisqu'il se trouve dans tous les êtres et dans tous les événements, et qu'il utilise la nature propre de tous les êtres en vue de l'organisation de l'univers.

LE SOUVERAIN BIEN I

Cicéron, *Des termes extrêmes des biens et des maux*, tome II, livre III dans *Œuvres philosophiques*, traduction de Jules Martha, Paris, éd. Les Belles Lettres, coll. des Universités de France, 1930, p. 17-19.

Les Stoïciens qualifient de «ayant de la valeur» (c'est, je crois, l'expression à employer) la chose qui ou bien est de soi-même conforme à la nature ou bien produit quelque résultat de ce genre, en sorte que «dans les deux cas» le droit de cette chose à notre choix s'explique par le fait qu'elle a un poids propre ayant droit à une valeur: voilà ce qu'ils appellent son *axía* [sa valeur]. Inversement, «sans valeur» désigne l'opposé de ce qui précède. Les mobiles initiaux étant donc constitués de telle sorte que les choses conformes à la nature doivent être, par elles-mêmes et pour elles-mêmes, adoptées, et que les choses contraires doivent être, dans les mêmes conditions, rejetées, le premier des «convenables» de l'être (je rends par «convenable» le grec *kathêkon*) est de se conserver dans sa constitution naturelle; puis de s'attacher aux choses qui sont conformes à la nature et de repousser celles qui sont contraires; une fois la connaissance acquise de ce choix, et pareillement, de cette élimination, ce qui en est la suite immédiate, c'est une connexion établie entre le convenable et le choix, puis la permanence du choix, lequel finit alors par être en constant accord avec lui-même et en harmonie avec la nature; et c'est dans ce choix que, pour la première fois, le bien commence d'être contenu et que se découvre l'idée de ce qui peut être véritablement appelé bien. En effet ce qu'il y a de premier dans l'homme, c'est son accommodation « instinctive » aux choses qui sont conformes à la nature. Mais aussitôt qu'il a compris cela, ou qu'il en a acquis, pour mieux dire, la notion, appelée par les Stoïciens *énnoia*, dès qu'il a observé, dans ce que doit réaliser sa conduite, l'existence d'un ordre et, pour ainsi dire, d'une harmonie, cette harmonie lui paraît avoir beaucoup plus de prix que les objets premiers de sa dilection: et de tout ce que la connaissance « réfléchie » et la raison lui ont permis de recueillir, il conclut que c'est là que réside le souverain bien de l'homme, ce bien qu'il faut estimer et rechercher pour lui-même. Puisque là est le souverain bien (dans ce que les Stoïciens appellent *omología*, terme que nous pourrions rendre, si l'on veut, par accord), puisque là réside le bien auquel tout doit être rapporté, il s'ensuit que les actions morales et la moralité elle-même, la moralité qui « pour nous » est la seule chose comptant parmi les biens, tout cela n'est pas primitif sans doute et ne vient qu'après coup, mais est pourtant la seule chose qui, par son essence propre et sa dignité, mérite d'être recherchée, tandis qu'aucune des tendances primitives de la nature n'est à rechercher pour elle-même. Mais comme les actes que j'ai appelés « convenables » ont pour point de départ les mobiles premiers de la nature, il est nécessaire qu'ils y soient rapportés, mais en sorte qu'on puisse dire légitimement de tous que la fin à laquelle ils se rapportent est d'atteindre les principes originaires de la nature, mais non pourtant de trouver en eux le bien dernier, par la raison que dans les premières accommodations de la nature il n'y a pas place pour l'action morale, cette action étant une suite et ne venant, comme je l'ai dit, qu'après coup; ce qui d'ailleurs ne l'empêche pas d'être conforme à la nature et « même » d'exercer sur nous une attraction beaucoup plus grande que celle de toutes les tendances antérieures.

Mais il y a dans ce qui précède une cause d'erreur, qu'il faut supprimer tout d'abord, afin qu'on évite d'en tirer cette conséquence qu'il existe deux souverains biens. Nous sommes, en effet, quand nous parlons d'une fin dernière dans la série des biens, comme quelqu'un qui aurait le dessein d'atteindre un but avec un javelot ou une flèche. Dans une pareille comparaison, le tireur devrait tout faire pour atteindre le but, et, pourtant, c'est l'acte de tout faire ce par quoi le dessein peut être réalisé qui serait, si je puis dire, sa fin dernière, correspondant à ce que nous appelons, quand il s'agit de la vie, le souverain bien; tandis que l'acte de frapper le but ne serait qu'une chose méritant d'être choisie, non une chose méritant d'être recherchée pour elle-même.

La déclinaison des atomes

Lucrèce, *De la Nature*, traduction de H. Clouard, Paris, GF/Flammarion, 1964, p. 58-61.

Voici encore, en cette matière, ce que je veux te faire connaître. Les atomes descendent bien en droite ligne dans le vide, entraînés par leur pesanteur; mais il leur arrive, on ne saurait dire où ni quand, de s'écarter un peu de la verticale, si peu qu'à peine peut-on parler de déclinaison.

Sans cet écart, tous, comme des gouttes de pluie, ne cesseraient de tomber à travers le vide immense; il n'y aurait point lieu à rencontres, à chocs, et jamais la nature n'eût pu rien créer.

Si l'on pense que de ces atomes, les plus lourds, emportés plus vite en ligne droite à travers le vide, tombent d'en haut sur les plus légers et produisent ainsi des chocs d'où résultent les mouvements générateurs, on se fourvoie bien loin de la vérité. Ce qui tombe dans l'eau ou dans l'air doit sans doute accélérer sa chute en proportion de sa pesanteur, parce que les éléments de l'eau et ceux de l'air subtil ne peuvent opposer même résistance à tous les corps et cèdent plus vite à la pression des plus pesants. Mais à aucun corps, en nul point, dans nul moment, le vide ne peut cesser, comme le veut sa nature, de céder. Aussi tous les atomes doivent, à travers le vide inerte, être emportés d'une vitesse égale, malgré l'inégalité de leurs pesanteurs. Jamais donc sur les plus légers ne tomberont les plus lourds, ni ne produiront d'eux-mêmes, avec des chocs, les mouvements divers au moyen desquels peut opérer la nature.

C'est pourquoi, je le répète, il faut que les atomes s'écartent un peu de la verticale, mais à peine et le moins possible. N'ayons pas l'air de leur prêter des mouvements obliques, que démentirait la réalité. C'est en effet une chose manifeste et dont l'œil nous instruit, que les corps pesants ne peuvent d'eux-mêmes se diriger obliquement lorsqu'ils tombent, cela est visible à chacun: mais que rien ne dévie en quoi que ce soit de la verticale, qui serait capable de s'en rendre compte?

Enfin, si tous les mouvements sont enchaînés dans la nature, si toujours d'un premier naît un second suivant un ordre rigoureux; si, par leur déclinaison, les atomes ne provoquent pas un mouvement qui rompe les lois de la fatalité et qui empêche que les causes ne se succèdent à l'infini; d'où vient donc cette liberté accordée sur terre aux êtres vivants, d'où vient, dis-je, cette libre faculté arrachée au destin, qui nous fait aller partout où la volonté nous mène? Nos mouvements peuvent changer de direction sans être déterminés par le temps ni par le lieu, mais selon que nous inspire notre esprit lui-même. Car, sans aucun doute, de tels actes ont leur principe dans notre volonté et c'est de là que le mouvement se répand dans les membres. Ne vois-tu pas qu'au moment où s'ouvre la barrière, les chevaux ne peuvent s'élancer aussi vite que le voudrait leur esprit lui-même? Il faut que de tout leur corps s'anime la masse de la matière, qui, impétueusement portée dans tout l'organisme, s'unisse au désir et en suive l'élan. Tu le vois donc, c'est dans le cœur que le mouvement a son principe; c'est de la volonté de l'esprit qu'il procède d'abord, pour se communiquer de là à tout l'ensemble du corps et des membres.

Rien de semblable ne se passe, quand un choc nous atteint et que la violence d'une force étrangère nous fait avancer. En ce cas, en effet, toute la masse matérielle de notre corps se trouve évidemment entraînée, emportée malgré nous et n'est enfin arrêtée dans tous nos membres que par le frein de la volonté. Tu vois maintenant qu'en dépit de la force étrangère qui souvent nous oblige à marcher malgré nous-mêmes, nous emporte et nous précipite, il y a pourtant en nous quelque chose capable de combattre et de résister. C'est ce quelque chose dont les ordres meuvent la masse de la matière dans notre corps, dans nos membres, la refrènent dans son élan et la ramènent en arrière pour le repos.

C'est pourquoi aux atomes aussi nous devons reconnaître la même propriété: eux aussi ont une autre cause de mouvement que les chocs et la pesanteur, une cause d'où provient le pouvoir inné de la volonté, puisque nous voyons que rien de rien ne peut naître. La pesanteur, en effet, s'oppose à ce que tout se fasse par des chocs, c'est-à-dire par une force extérieure. Mais il faut encore que l'esprit ne porte pas en soi une nécessité intérieure qui le contraigne dans tous ses actes, il faut qu'il échappe à cette tyrannie et ne se trouve pas réduit à la passivité: or, tel est l'effet d'une légère déviation des atomes, dans des lieux et des temps non déterminés.

La masse de la matière n'a jamais été plus condensée ni plus éparse qu'aujourd'hui, car rien ne s'y ajoute comme rien ne s'en distrait. Aussi le mouvement des atomes est-il le même qu'il a toujours été, le même qui les emportera dans la suite des temps; et ce qu'ils ont pris coutume de produire sera produit à nouveau dans des conditions pareilles, vivra, grandira, montrera sa vigueur suivant la part assignée à chacun par les lois de la nature. Et point de force capable de modifier l'ensemble des choses; car il n'y a pas d'endroit, hors de l'univers, où puisse s'enfuir en échappant au tout immense aucun élément de la matière, pas d'endroit d'où une force inconnue pourrait fondre subitement sur le tout, de façon à changer l'ordre de la nature et à déranger ses mouvements.

Ne sois pas surpris, à ce propos, que malgré le mouvement incessant de tous les atomes, l'univers cependant paraisse immobile dans un repos total, à l'exception des corps qui ont un mouvement propre. C'est que ces éléments échappent de beaucoup à la portée de nos sens; puisqu'ils sont déjà invisibles par eux-mêmes, comment ne nous déroberaient-ils pas leur mobilité? D'autant plus que même des objets visibles pour nous cachent leurs mouvements par la vertu de la distance. Souvent, en effet, sur une colline dont ils tondent les gras pâturages, cheminent lentement les troupeaux porte-laine, allant çà et là où les appellent les herbes perlées de fraîche rosée; les agneaux rassasiés jouent et se menacent gracieusement de la tête; or de loin tout cela n'offre à nos yeux qu'une masse confuse et comme une tache blanche qui ressort sur le vert de la colline. De même encore, quand de fortes légions manœuvrent dans la plaine et y animent une image de la guerre, quand les cavaliers voltigent çà et là et soudain chargent à travers le champ qui en tremble; quand l'éclair des armes jaillit dans les airs et que leur reflet illumine toute la terre alentour, que le pas puissant des guerriers fait résonner le sol et que leurs cris heurtant les collines font rebondir les voix jusqu'aux astres du ciel, — eh bien, il y a cependant au sommet des montagnes un point d'où tout ce spectacle a l'air d'une immobilité et ne fait qu'une tache éclatante dans la plaine.

LETTRE À MÉNÉCÉE

Épicure, *Lettre à Ménécée* (extrait) dans *Lettres et Maximes*, traduction de M. Conche, Paris, PUF, coll. «Épiméthée», 1987, p. 221-225.

Il faut, en outre, considérer que, parmi les désirs, les uns sont naturels, les autres vains, et que, parmi les désirs naturels, les uns sont nécessaires, les autres naturels seulement. Parmi les désirs nécessaires, les uns le sont pour le bonheur, les autres pour l'absence de souffrances du corps, les autres pour la vie même. En effet, une étude de ces désirs qui ne fasse pas fausse route, sait rapporter tout choix et tout refus à la santé du corps et à l'absence de troubles de l'âme, puisque c'est là la fin de la vie bienheureuse. Car c'est pour cela que nous faisons tout: afin de ne pas souffrir et de n'être pas troublés. Une fois cet état réalisé en nous, toute la tempête de l'âme s'apaise, le vivant n'ayant plus à aller comme vers quelque chose qui lui manque, ni à chercher autre chose par quoi rendre complet le bien de l'âme et du corps. Alors, en effet, nous avons besoin du plaisir quand, par suite de sa non-présence, nous souffrons, « mais quand nous ne souffrons pas » nous n'avons plus besoin du plaisir.

Et c'est pourquoi nous disons que le plaisir est le principe et la fin de la vie bienheureuse. Car c'est lui que nous avons reconnu comme le bien premier et connaturel, c'est en lui que nous trouvons le principe de tout choix et de tout refus, et c'est à lui que nous aboutissons en jugeant tout bien d'après l'affection comme critère. Et parce que c'est là le bien premier et connaturel, pour cette raison aussi nous ne choisissons pas tout plaisir, mais il y a des cas où nous passons par-dessus de nombreux plaisirs, lorsqu'il en découle pour nous un désagrément plus grand; et nous regardons beaucoup de douleurs comme valant mieux que des plaisirs quand, pour nous, un plaisir plus grand suit, pour avoir souffert longtemps. Tout plaisir donc, du fait qu'il a une nature appropriée « à la nôtre », est un bien: tout plaisir, cependant, ne doit pas être choisi; de même aussi toute douleur est un mal, mais toute douleur n'est pas telle qu'elle doive toujours être évitée. Cependant, c'est par la comparaison et l'examen des avantages et des désavantages qu'il convient de juger de tout cela. Car nous en usons, en certaines circonstances, avec le bien comme s'il était un mal, et avec le mal, inversement, comme s'il était un bien.

Et nous regardons l'indépendance « à l'égard des choses extérieures » comme un grand bien, non pour que absolument nous vivions de peu, mais afin que, si nous n'avons pas beaucoup, nous nous contentions de peu, bien persuadés que ceux-là jouissent de l'abondance avec le plus de plaisir qui ont le moins besoin d'elle, et que tout ce qui est naturel est facile à se procurer, mais ce qui est vain difficile à obtenir. Les mets simples donnent un plaisir égal à celui d'un régime somptueux, une fois supprimée toute la douleur qui vient du besoin; et du pain d'orge et de l'eau donnent le plaisir extrême, lorsqu'on les porte à sa bouche dans le besoin. L'habitude donc de régimes simples et non dispendieux est propre à parfaire la santé, rend l'homme actif dans les occupations nécessaires de la vie, nous met dans une meilleure disposition quand nous nous approchons, par intervalles, des nourritures coûteuses, et nous rend sans crainte devant la fortune.

Quand donc nous disons que le plaisir est la fin, nous ne parlons pas des plaisirs des gens dissolus et de ceux qui résident dans la jouissance, comme le croient certains qui ignorent la doctrine, ou ne lui donnent pas leur accord ou l'interprètent mal, mais du fait, pour le corps, de ne pas souffrir, pour l'âme, de n'être pas troublée. Car ni les beuveries et les festins continuels, ni la jouissance des garçons et des femmes, ni celle des poissons et de tous les autres mets que porte une table somptueuse, n'engendrent la vie heureuse, mais le raisonnement sobre cherchant les causes de tout choix et de tout refus, et chassant les opinions par lesquelles le trouble le plus grand s'empare des âmes.

Le principe de tout cela et le plus grand bien est la prudence. C'est pourquoi, plus précieuse même que la philosophie est la prudence, de laquelle proviennent toutes les autres vertus, car elle nous enseigne que l'on ne peut vivre avec plaisir sans vivre avec prudence, honnêteté et justice, « ni vivre avec prudence, honnêteté et justice » sans vivre avec plaisir. Les vertus sont, en effet, connaturelles avec le fait de vivre avec plaisir, et le fait de vivre avec plaisir en est inséparable.

CHAPITRE 8

Le Moyen Âge et la Renaissance

La période hellénistique prend fin avec la conquête de l'Égypte par l'Empire romain. Nous sommes au début de l'ère chrétienne. À Rome, la pensée officielle est le stoïcisme. Mais à partir de 313, lorsque, sous Constantin, l'Empire devient officiellement chrétien, le néoplatonisme (*voir le chapitre 5, page 131*) apparaît plus approprié pour l'élucidation des nouveaux problèmes qui s'offrent à la réflexion. Parmi ces problèmes surgissent ceux de la création, du néant (avant le commencement du monde) et de la perpétuité (le monde va-t-il disparaître?). Le néoplatonisme sert alors à faire la liaison entre les exigences de la foi et les exigences de la raison. Par exemple, saint Augustin (354–430), qui est un néoplatonicien converti tardivement au christianisme, est devenu le plus célèbre des PÈRES DE L'ÉGLISE. Sa doctrine consiste à montrer que le souverain bien ne s'acquiert pas par une élévation spirituelle au-dessus du monde sensible, en dehors du temps et de l'espace, mais qu'il est l'aboutissement de l'histoire. Il existe un rapport de participation entre les créatures (êtres imparfaits) et Dieu (Être parfait). Dans ce rapport, l'amour est le principe de tout mouvement qui nous pousse vers le bien. Dieu est à l'œuvre dans l'histoire. En s'incarnant, il nous révèle que nous rencontrerons la cité universelle et éternelle au terme de l'histoire, sous forme d'une communauté d'amour. À l'époque où écrit Augustin, il y a au sein de l'Empire des luttes intérieures qui mènent Rome à sa perte (476). Cet état de fait est vécu dramatiquement par les Romains, qui voient en Rome la ville éternelle. Par son œuvre, Augustin tend à les délivrer de ce malheur en montrant que la cité éternelle n'est pas Rome mais qu'elle est la cité de Dieu.

Après la chute de l'Empire, Boèce (v. 470–v. 525), qui est chrétien et néoplatonicien, élabore lui aussi une philosophie du salut, qui est cependant en désaccord avec celle d'Augustin. Ayant été condamné à l'emprisonnement, Boèce écrit la *Consolation de la philosophie*, dans laquelle il montre que l'homme peut, par une conversion du regard, se délivrer des chaînes de la Fortune. Il faut s'élever au-dessus du sensible, examiner les lois de l'univers et se rapprocher ainsi de plus en plus de Dieu. Selon Boèce, c'est, contrairement à Augustin, la connaissance philosophique qui mène au salut.

Le Moyen Âge, qui débute vers le vi[e] siècle pour se poursuivre jusqu'au xve siècle héritera de ce problème de la conciliation entre la pensée théologique et la pensée philosophique. Nous en traiterons dans la première section du présent chapitre. Ensuite, dans la seconde section, nous verrons comment les différentes tendances philosophiques du Moyen Âge ont évolué pendant la période de la Renaissance (du xve au xviie siècle).

On dénomme PÈRES DE L'ÉGLISE les penseurs chrétiens des premiers siècles de notre ère qui se sont consacrés à défendre et à expliquer le contenu des Évangiles. Parfois en s'appuyant sur la tradition philosophique, souvent en s'y opposant, ils ont tenté de démontrer la supériorité de la vérité révélée et de la foi sur la vérité des philosophes et la raison humaine.

Le Moyen Âge

Le Moyen Âge est marqué par la suprématie du christianisme dans tous les domaines de la culture. Le problème qui préoccupe le plus les philosophes est celui de la conciliation entre les données de la foi et les données de la raison. Ce problème se formule à peu près comme suit. La raison (la philosophie) peut-elle prétendre fournir des arguments valables en faveur de la foi, ou la foi et la raison ont-elles chacune un domaine distinct qui n'entretient aucun rapport l'un avec l'autre? Peut-

Hérésie

Toute doctrine ou opinion qui, entrant en contradiction avec les dogmes sacrés de l'Église, est condamnée par cette dernière.

on, par exemple, fonder notre croyance en Dieu sur des preuves rationnelles de son existence ou cette croyance nous vient-elle uniquement de la Révélation?

À ce sujet, tout le Moyen Âge se caractérise par un débat virulent dans lequel on fait intervenir l'autorité des maîtres du passé. Du côté de la philosophie, on accorde plutôt la préférence à Platon, qui croyait en l'immortalité de l'âme. La philosophie de la nature d'Aristote n'apparaît pas compatible avec l'orthodoxie chrétienne. On craint les doctrines comme celle d'Averroès (philosophe musulman qui a vécu de 1126 à 1198) qui, prenant appui sur la thèse qui place l'être véritable dans le composé de matière et de forme, stipule que, après la mort, seule une âme commune au monde subsiste, alors que les âmes individuelles disparaissent en même temps que la corruption des corps. Néanmoins, tous les philosophes du Moyen Âge fondent leurs thèses sur la logique d'Aristote. Que ce soient les théologiens qui veulent démontrer l'indépendance de la foi, les philosophes qui, à l'opposé, veulent démontrer l'indépendance de la raison, ou ceux qui croient possible de faire l'accord entre la Révélation et la démarche rationnelle, tous adhèrent à la logique d'Aristote.

Le Moyen Âge est aussi abondamment marqué par la condamnation d'**hérésies**, particulièrement au XIIIe siècle, avec l'institution du tribunal de l'Inquisition par le pape Grégoire IX. L'Église, qui a un pouvoir politique puissant, accuse alors beaucoup d'auteurs qui soutiennent des points de doctrine en désaccord avec les dogmes religieux. Cette sévérité de la part de l'Église perdure, par ailleurs, au-delà du Moyen Âge. Par exemple, aux XVIe et XVIIe siècles, des dizaines de milliers de femmes seront accusées d'entretenir des relations avec Satan et seront exécutées pour crime de sorcellerie.

Le problème de la conciliation entre la foi et la raison

Saint Thomas d'Aquin (1225-1274) est l'un des philosophes les plus reconnus du Moyen Âge. Selon lui, les saintes Écritures et la tradition philosophique participent toutes

Dans sa *Somme théologique*, Thomas d'Aquin (1225-1274), théologien et philosophe, démontra qu'il existe une harmonie entre la foi et la raison.

les deux de la Vérité; il y a donc place pour une théologie fondée sur la raison. Thomas d'Aquin se sert de la philosophie d'Aristote, remaniée avec des concepts platoniciens, pour démontrer les dogmes de la religion chrétienne. Par exemple, il prend à son compte les notions aristotéliciennes de puissance et d'acte pour les appliquer à l'Être. Selon Aristote, les individus étaient porteurs de l'universel par l'actualisation de la forme (de l'essence) dans la matière. Thomas d'Aquin est d'accord avec Aristote, mais, au-delà et au-dessus de l'essence, il pose l'existence. Pour lui, c'est la participation à l'Être absolu qui est Dieu, qui donne de la réalité au composé de matière et de forme. Les substances (les individus) sont en vertu de leur acte d'être, qui est fondé en Dieu. La forme est seulement une manière d'exister, elle est une participation limitée à l'Être. C'est pourquoi les êtres naturels restent fondamentalement des Êtres en puissance (subissant la mort). Pour que les individus puissent se perpétuer, il faut un acte pur. Cet acte appartient à Dieu; il est la perfection de l'être. À partir de Dieu, l'Être se multiplie dans tous les êtres sans jamais subir lui-même de changement. La création s'explique par cela même que la bonté de Dieu se répand dans tous les êtres. L'Être témoigne ainsi d'un acte plus pur que celui qu'opère la forme sur la matière. Grâce à cet acte, les êtres tendent vers une fin qui est le bien au sens absolu; ce bien est, selon Thomas d'Aquin, plus élevé que les biens relatifs aux formes ou aux espèces qui, selon Aristote, étaient les fins dernières.

Par cette doctrine, saint Thomas concilie les données de la foi et celles de la raison. Cependant, certaines questions, comme celle de l'essence de Dieu, restent, selon lui, obscures pour la raison humaine; elles ne peuvent être éclairées que par la foi. La foi, qui est donnée par la grâce divine, reste finalement un acte plus grand que le travail de la raison.

C'est seulement au XVIe siècle que le thomisme sera reconnu comme doctrine officielle de l'Église. Auparavant, les emprunts faits à Aristote n'étant pas bien reçus, on préférait la doctrine d'Augustin.

À l'opposé de Thomas d'Aquin, d'autres penseurs, comme Siger de Brabant (date inconnue – 1284) et Duns Scot (1266 – 1308), soutiennent que le domaine de la foi et le domaine de la raison ne sont pas conciliables. Selon eux, l'ordre du surnaturel échappe à la philosophie; il relève exclusivement de la foi. Il y a donc un domaine où la foi seule se trouve légitimée. Il en est de même pour la raison.

Cette position conduit à deux attitudes radicalement opposées. D'une part, on se méfie de la raison et on préfère l'expérience mystique aux débats des philosophes et des théologiens. D'autre part, on privilégie exclusivement l'étude rationnelle de la nature, ainsi que l'étude du langage comme outil permettant de comprendre la nature.

L'étude du langage a donné lieu à ce qui a été nommé la «querelle des universaux». Par exemple, Guillaume d'Occam (1300 – 1350), qui est reconnu comme le véritable fondateur du nominalisme, s'oppose aux théologiens qui, faisant consister les formes des êtres naturels dans une essence divine, établissent un lien de participation entre ces deux réalités. Selon Guillaume d'Occam, les formes (les essences) ne sont que des produits de la raison. Elles sont universelles (applicables à l'ensemble des êtres) en tant qu'attributs, mais, en elles-mêmes, elles n'ont aucune existence. En dehors de l'être individuel, il n'y a que le langage. Les formes sont de pures fictions. Sur cette question, on peut également mentionner Abélard (1079 – 1142) qui, avant Guillaume d'Occam, avait fourni certains des arguments les plus forts du **nominalisme**.

> **NOMINALISME**
> Doctrine d'après laquelle les idées ou les formes générales et abstraites ne sont que des noms et n'existent que dans notre esprit.

Selon Abélard, une chose individuelle ne peut se séparer d'elle-même pour se répandre en plusieurs autres. Les formes universelles ne sont que des réalités langagières qui diffèrent de la réalité des choses; elles ne font qu'expliquer cette dernière. Le nominalisme a tracé la voie qui conduira à la philosophie analytique.

La Renaissance

À la Renaissance (du xve au xviie siècle), les différentes tendances philosophiques du Moyen Âge se transforment en deux mouvements distincts: les humanistes, qui soutiennent une philosophie non de la raison mais du cœur; les naturalistes, qui sont les précurseurs du **positivisme**. Le naturalisme entraînera la séparation définitive entre la philosophie et la science ainsi qu'une valorisation accrue des techniques. Dans la présente section, nous ferons une brève description de l'humanisme et du naturalisme.

> **POSITIVISME**
> Doctrine née au xixe siècle (bien qu'elle ait commencé à se manifester au xve siècle). Elle stipule que seules l'expérience et la connaissance des faits sont valables. Avec le positivisme, la science est réputée vraie parce qu'elle privilégie l'efficacité.

Le mouvement humaniste

L'intention de l'humanisme consiste à retourner à la vraie foi. On assiste à la création d'une nouvelle philosophie religieuse appuyée non plus sur la logique d'Aristote, mais sur les dialogues de Platon, sur les Évangiles et sur la Bible. La logique d'Aristote devient l'ennemie de la vraie foi. Par exemple, Martin Luther (1483–1546), instigateur de la Réforme qui a donné naissance au protestantisme, proscrit l'étude d'Aristote qu'il nomme «le diable» et «l'ennemi de la vérité». De même, P. de La Ramée, dit Ramus (1515–1572), déclare que «tout ce qu'a enseigné Aristote est faux» parce que, selon lui, Aristote n'aurait eu aucune méthode.

Les humanistes préfèrent écrire sous forme d'essais et de récits plutôt que dans le style logique qui prévalait au Moyen Âge. Cela correspond mieux au sujet d'étude de la philosophie qui, pour eux, n'est plus l'être humain en général, mais la personne singulière, le «je» ou le «moi». Avec eux, la nature devient une source de sentiments. On se met à voyager simplement pour rêver et contempler les paysages. En outre, tous les humanistes partagent un scepticisme; ils s'acharnent à douter des données de la raison. Le doute du «moi» à l'égard des connaissances rationnelles est considéré comme une vertu. Par exemple, Érasme (1469–1536) écrit un *Éloge de la folie*; Sanchez (1550–1623) affirme qu'«il n'est science de rien»; Pascal (1623–1662) dit que «le cœur a ses raisons que la raison ne connaît pas» et Montaigne (1533–1592) raille le caractère sérieux des thèses des grands philosophes: «Je ne me persuade pas aisément qu'Épicure, Platon et Pythagore nous aient donné pour argent comptant leurs Atomes, leurs Idées et leurs Nombres. Ils étaient trop sages pour établir leurs articles de foi de choses si incertaines et si débattables. Mais en cette obscurité et ignorance du monde, chacun de ces grands personnages s'est travaillé d'apporter une telle quelle image de lumière,

EXISTENTIALISME
Philosophie qui met l'accent sur l'existence individuelle. L'existentialisme considère l'individu non comme simple sujet connaissant, mais tel qu'il est dans ses expériences vécues.

Dans l'histoire de la pensée, on fait généralement débuter les Temps Modernes (à partir du XVIIe siècle) avec la philosophie de RENÉ DESCARTES. Avec l'expérience du *cogito*, Descartes accomplit définitivement la scission entre le sujet et l'objet (*voir le chapitre 1, p. 29-30*).

et ont promené leur âme à des inventions qui eussent au moins une plaisante et subtile apparence: pourvu que, toute fausse, elle se pût maintenir contre les oppositions contraires [1] [...]»

En conclusion, le recul nous montre que le mouvement humaniste a influencé toutes les formes d'**existentialisme** qui ont conduit la personne à se tourner vers elle-même, vers ses sentiments et sa vie intérieure. Par ailleurs, RENÉ DESCARTES (1596–1650) empruntera lui aussi certains éléments de l'humanisme comme: le rejet de la tradition, l'emploi du récit et du «je», les voyages et, enfin, le doute en tant que premier outil dans la recherche de la vérité.

Le mouvement naturaliste

Au contraire du mouvement humaniste, le mouvement naturaliste incite l'homme à observer et à expérimenter ce qui lui est extérieur. Bien que ce mouvement allie la science et la technique avec la magie, l'alchimie et l'astrologie, il prône le développement de la science et de la technique sous de multiples formes. Il porte un intérêt exclusif au «comment» des choses. Parmi les penseurs qui font partie de ce mouvement, mentionnons Nicolas Krebs, cardinal de Kues (1401–1464), Pierre Pomponazzi (1462–1525), Pic de la Mirandole (1463–1541), Paracelse (v. 1493–1541), Giordano Bruno (1548–1600) et Francis Bacon (1561–1626).

Francis Bacon a été chancelier d'Angleterre, puis, ayant été accusé de corruption, il s'est retiré à la campagne où il a écrit son œuvre. Il s'était donné comme projet de faire un répertoire des acquis de chaque science et des conquêtes scientifiques et techniques qu'il restait à faire. Bacon semble, par ailleurs, avoir été un personnage assez étrange. Certains ont cru qu'il était l'auteur réel de l'œuvre complète de William Shakespeare; d'autres lui ont attribué le *Don Quichotte* de Cervantès.

Dans son livre intitulé *Nouvel Organon*, Francis Bacon a écrit une annexe, la *Nouvelle Atlantide*, où il présente le modèle d'une utopie technique qui garantirait le bonheur des hommes. La nouvelle Atlantide est une île heureuse dotée d'une organisation de la recherche et de l'invention technique. Bacon y a imaginé la

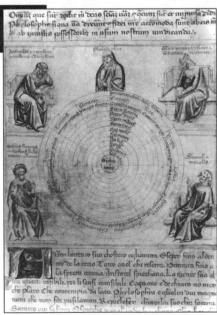

Les penseurs de la Renaissance associent philosophie et astrologie.

---

1. Montaigne, Michel de, *Apologie de Raymond Sebond* dans *Essais 2*, édition présentée, établie et annotée par Pierre Michel, Paris, Le livre de poche, 1972, p. 171.

modification artificielle du temps obtenue par un système de cordes permettant d'approcher ou d'éloigner les nuages, un centre d'élevage scientifique où on expérimente sur des animaux de nouvelles méthodes médicales, un centre de biochimie pour examiner la qualité des aliments, des explosifs, la machine à vapeur, le microscope, le télescope, un modèle de téléphone.

Le but du projet de Bacon est utilitaire: la connaissance doit instaurer sur la terre le règne de l'homme; elle doit permettre à l'être humain d'exercer son pouvoir sur les choses, en transformant la nature pour qu'elle lui serve. À la Renaissance, la recherche de ce but utilitaire se fait sentir dans tous les domaines. En politique, par exemple, Machiavel (1469–1527) soutient, dans *Le Prince*, qu'il faut utiliser les moyens les plus efficaces en vue de la réalisation du pouvoir, peu importe la qualité morale de ces moyens. Par ailleurs, Descartes fera lui aussi tendre la science

Galileo Galilei, dit Galilée (1564–1642).

vers un but utilitaire. Cependant, comme tous les rationalistes, Descartes se distinguera radicalement de Bacon et des empiristes sur le plan de la méthode.

Bacon a établi une théorie de l'induction selon laquelle seules les données des sens et de l'expérience ont de l'importance. Selon lui, la source de la vérité est du côté de l'objet, des faits isolés, des exemples singuliers, et non du côté de la raison. Pour être en mesure de transformer la nature, il faut donc se soumettre à ses lois, en excluant toute donnée *a priori*. Il faut se débarrasser de nos illusions, parmi lesquelles Bacon range l'intériorité du moi, l'anthropomorphisme dû à la croyance en des genres et des espèces, les préjugés acquis par tradition et ceux qui sont véhiculés par les institutions religieuses, politiques et culturelles. Selon Bacon, la raison ressemble à un miroir qu'il faut nettoyer afin qu'il reflète le monde d'une manière adéquate.

Le mouvement naturaliste a entraîné le renversement de toutes les représentations que l'on s'était faites, jusque-là, de l'univers. Celle de Ptolémée (v. 90–v. 168) qui considérait la terre comme le centre du monde. Celle qu'Aristote avait léguée, selon laquelle le monde était hiérarchisé et n'entretenait que très peu de rapports avec les êtres célestes. Avec Copernic (1473–1543), qui démontre la double rotation des planètes sur elles-mêmes et autour du Soleil, et Galilée (1564–1642), qui fournit la preuve expérimentale de l'existence du système solaire de Copernic, ce qui intéresse, désormais, ce sont les spéculations sur l'infini de l'univers.

Galilée et d'autres savants de l'époque accordent, par ailleurs, beaucoup d'importance aux mathématiques. La nature devient, pour eux, une sorte de livre écrit en langage mathématique. Selon Thomas Hobbes (1588-1679), «les mathématiques sont l'instrument par excellence de toute connaissance du monde en tant que nature». Cela influencera Descartes, dont la vie se déroule au cœur même de la révolution scientifique du xviie siècle.

L'Église, cependant, voit d'un mauvais œil cette révolution scientifique et les changements qu'elle risque d'apporter sur les mentalités. Elle qui condamnait auparavant l'étude d'Aristote s'autorise maintenant de son nom pour menacer Galilée du bûcher parce qu'il a adhéré au système de Copernic. Mais Galilée, qui considère la méthode inductive insuffisante et qui reconnaît à Aristote un apport important concernant la méthode, réplique que, si Aristote avait pu voir ce qu'il voyait, c'est à lui qu'il aurait donné raison. Évidemment, Aristote n'avait pas de télescope.

Tableau récapitulatif

LE MOYEN ÂGE

Y a-t-il un accord possible entre la foi et la raison?

Thomas d'Aquin	(1225 – 1274): La raison peut fournir des arguments valables en faveur de la foi.
Duns Scot	(1266 – 1308): La foi et la raison ont chacune un domaine distinct et exclusif.

Mysticisme	Domaine propre à la raison (deux branches)
	1. Étude de l'outil qui nous permet de parler de la nature: le langage. *Guillaume d'Occam (1300 – 1350)*: précurseur de la pensée analytique.
	2. Étude de la nature. On tend à valoriser l'expérience.

LA RENAISSANCE

Philosophie du cœur avec les humanistes	Mouvement naturaliste
La pensée se tourne vers le sujet, vers la vie intérieure, vers les sentiments.	La pensée se tourne vers l'objet extérieur.
Il y a un scepticisme à l'égard de toutes les données de la raison.	Premières manifestations du positivisme*. *Francis Bacon (1561 – 1626)* privilégie la méthode déductive.

Les Temps Modernes et l'œuvre de René Descartes (1596 – 1650)

Descartes emprunte aux humanistes le repli sur soi du sujet, mais, contrairement à eux, il valorise la raison. Leur scepticisme se transformera en évidence.

Descartes emprunte aussi aux naturalistes, mais il privilégie la méthode déductive. Selon lui, toute connaissance part de la raison.

---

* Le positivisme (XIXe siècle) n'est cependant possible qu'une fois accomplie la séparation définitive entre le sujet et l'objet.

Glossaire

A

Absolu
Qui ne dépend d'aucune autre chose pour exister, qui ne change pas, qui est parfait.

Abstraction
Notion considérée en dehors des représentations concrètes où elle est donnée.

Accident
Par opposition à l'essence, qui définit fondamentalement un être, l'accident est un attribut qui, même s'il était autre ou même s'il en venait à disparaître, ne modifie en rien la nature du sujet.

Acte
Ce qui est, c'est-à-dire l'être réalisé et permanent qui résulte de la transformation de l'être en puissance. Par ailleurs, l'être en acte signifie aussi ce qui est en train de s'accomplir. Par exemple, le médecin en train de soigner un malade, plutôt que celui qui possède la science médicale.

Agnostique
Relatif à l'agnosticisme, doctrine qui considère qu'il est inutile de se préoccuper de métaphysique et de théologie, car leur objet est inconnaissable. L'agnosticisme diffère de l'athéisme qui nie l'existence même de Dieu.

Anthropomorphique
Terme composé à partir de deux mots grecs *ánthropos* qui signifie «homme» et *morphè* qui signifie «forme». L'anthropomorphisme consiste à concevoir les dieux à l'image des hommes.

Antithèse
Proposition radicalement opposée à une thèse.

A priori
Connaissance dont on pose la vérité avant toute expérience et qui ne peut par la suite être expliquée par cette dernière.

Argument
Preuve servant à justifier rationnellement une thèse.

Aristocratique
Un régime est *aristo*cratique lorsque le gouvernement est régi par quelques individus reconnus les meilleurs (du grec *áristos*). L'aristocratie n'est qu'une oligarchie (gouvernement constitué d'un petit nombre de personnes) lorsque le gouvernement exerce son pouvoir (du grec *krátos*) de façon tyrannique.

Ascèse
Ensemble d'exercices qui visent à la libération de l'âme par la privation des désirs corporels.

Autarcique
Ce qui se suffit à soi-même; ce qui n'a besoin de rien d'extérieur pour subsister. Une cité ou un pays est dit autarcique lorsqu'il est en mesure de combler lui-même tous ses besoins économiques.

C

Cause
Une cause est une raison explicative d'une chose. Elle se rapporte soit à ce dont une chose est faite, soit aux conditions de son mouvement, soit à ce qui fait essentiellement qu'elle est ce qu'elle est, soit à ce vers quoi elle tend.

Cohérence
Qualité d'une argumentation qui ne contient aucune contradiction et dont les éléments sont unis entre eux de façon à former un tout logique.

Communisme
Organisation et idéologie politiques qui privilégient le bien commun à l'encontre des libertés individuelles. Selon cette doctrine, l'égalité devant la loi ne signifie rien sans une égalité de fait fondée sur la répartition équitable des richesses. Concrètement, le communisme substitue la propriété collective des entreprises (gérées par l'État) à la propriété privée.

Concept
Notion universelle à laquelle se rapportent des individus ou des choses particulières.

Conclusion
Résultat d'une démonstration. Lorsqu'une agumentation est bien menée, la conclusion sert à réaffirmer la thèse.

Contingence
La contingence s'oppose à la nécessité. Est contingent ce qui peut être ou ne pas être. Pour les philosophes qui admettent l'existence du hasard, la contingence s'applique aux faits de la nature.

Convention
La convention est un accord auquel on consent par choix, par opposition à ce qui est déterminé par la nature ou par les dieux.

Cosmopolitisme
Disposition à vivre comme citoyen de l'univers. Être citoyen de l'univers, c'est être citoyen d'un monde sans frontières géopolitiques.

D

Déduction
Opération qui consiste, à partir de propositions prises pour prémisses, à conclure à une proposition qui en est la conséquence nécessaire. Dans la logique aristotélicienne, la déduction a pour nom «syllogisme».

Définition

Proposition qui exprime ce qu'est une chose. Elle a pour but de rendre plus claire et plus complète la connaissance que nous livre le concept d'une chose. La définition *essentielle* ou *logique* est celle qui explique une chose au moyen des éléments propres et permanents de cette chose. Dans la définition essentielle, la chose définie et la définition sont réciproques et convertibles.

Exemple: – Tout animal rationnel est un homme.
– Tout homme est un animal rationnel;

Socrate est à la recherche de définitions essentielles concernant les vertus morales telles que le juste, le bien, le courage, etc.

Démocratique

Un régime est *démo*cratique lorsque le gouvernement est régi par le peuple (du grec *dêmos*).

Déterminisme

Doctrine suivant laquelle l'ordre de tous les événements de l'univers, et en particulier celui des actions humaines, implique un enchaînement de causes et d'effets nécessaires. Le déterminisme stoïcien suppose, par ailleurs, une conception fataliste de l'univers, selon laquelle tous les événements sont fixés d'avance et se produisent infailliblement.

Dialectique

Ce terme a des acceptions diverses. Dans la philosophie de Platon, il correspond, d'une part, à l'art du dialogue par questions et réponses. D'autre part, il désigne le mouvement de l'esprit qui, raisonnant sur les opinions formées à partir des sensations, s'élève jusqu'à l'universel, c'est-à-dire jusqu'aux Idées (synthèse), et qui, à partir des Idées, déduit toutes les conclusions (analyse).

Dogmatisme

Doctrine établie comme vérité fondamentale, à laquelle nous sommes tenus d'adhérer sans remise en question.

Empirique

Ce qui résulte de l'expérience sensible, par opposition aux lois de la raison elle-même.

En soi

Cette expression désigne ce qu'est une chose dans sa nature propre et essentielle, indépendamment de toute représentation sensible et de la connaissance que nous en avons.

Eschatologique

Concerne l'étude des fins dernières de l'univers et de l'humanité. Ce terme est employé surtout en théologie pour désigner le problème du jugement dernier.

Essence

Ce qui est essentiel s'oppose à ce qui est là sans nécessité. L'essence est ce par quoi un être est toujours ce qu'il est. La connaissance est possible dans la mesure où la raison dégage l'essence des choses qu'elle conçoit sous forme de notion générale applicable à tous les individus d'un même genre.

Existentialisme

Philosophie qui met l'accent sur l'existence individuelle. L'existentialisme considère l'individu non comme simple sujet connaissant, mais tel qu'il est dans ses expériences vécues.

Fascisme

Idéologie visant à instaurer le règne d'une dictature suprême. Le fascisme vise l'exclusion de toutes les différences (l'exclusion des autres nationalités et des plus faibles de la nation) et de toutes les valeurs démocratiques. Le fascisme renferme une volonté intrinsèque de totalitarisme pouvant s'étendre jusqu'à la conquête d'une hégémonie mondiale. C'est le règne du plus fort, qui se donne les pleins droits d'user des richesses seulement à son propre avantage.

Finalité

Caractère de ce qui agit en vue d'un but plus élevé que les simples forces en jeu dans les systèmes étudiés par la science expérimentale. Par exemple, le finalisme pose que l'organisme humain accomplit ses fonctions non seulement par simple mécanisme physicochimique, mais pour réaliser la reproduction de l'espèce.

Forme

Le mot «forme» traduit les termes grecs *eîdos* et *idéa*. Pour Socrate, la forme correspond à la nature *essentielle* d'une chose. Dans la définition universelle, la forme fournit la raison pour laquelle une chose particulière appartient à un ensemble x. Par exemple, Pierre appartient à la classe des êtres humains, non pas parce qu'il a les yeux bleus (ce qui lui est particulier), mais parce qu'il est un animal possédant une raison.

Généalogie

Du grec *génós*, «race» et *logos*, «science». Science qui cherche la filiation des familles, remontant de naissance en naissance jusqu'à l'origine.

Génération

La génération est une espèce de mouvement. Elle concerne la production de la vie et la reproduction des espèces.

Hédonisme

Doctrine qui prend le plaisir comme principe unique de la morale.

Hérésie

Toute doctrine ou opinion qui, entrant en contradiction avec les dogmes sacrés de l'Église, est condamnée par cette dernière.

Humanisme

Doctrine qui subordonne la vérité à l'esprit humain et à l'expérience. L'homme devient le juge exclusif de la réalité. Dans le domaine des choses humaines, l'humanisme privilégie la croyance au salut de l'homme au moyen des seules forces humaines.

Idéalisme

L'idéalisme pose que le réel ne possède pas par lui-même ses attributs essentiels, mais qu'il les tient uniquement de l'Idée ou de la connaissance rationnelle que nous avons des choses.

Idée

Pour Platon, l'Idée et la Forme sont identiques, bien qu'elles diffèrent de la «forme» telle que conçue par Socrate. Chez Platon, la Forme est non seulement utile pour définir les êtres, mais elle existe aussi en elle-même, séparément des êtres sensibles dont elle est la nature essentielle.

Immanent

Ce qui est compris à l'intérieur même d'un être ou d'un ensemble d'êtres (par exemple la nature) et qui ne résulte pas d'une action extérieure (par exemple les divinités).

Immédiateté

Qualité de ce qui est perçu sans aucune recherche scientifique ou philosophique.

Indifférents

Les indifférents sont les fins qui sont recherchées par une inclination naturelle, mais qui néanmoins ne contribuent pas à la vertu. Il s'agit des biens corporels et extérieurs comme la vie, le plaisir, la santé, la beauté, la richesse, etc.

Induction

Opération qui consiste à remonter de propositions portant sur des faits singuliers à des propositions générales impliquant les premières.

Intelligible

Qui est connu par l'intelligence (ou raison), par opposition à ce qui est connu au moyen des sens.

Jugement

Proposition qui affirme l'existence d'un lien entre des concepts.

Laïcisé

Dépouillé de tout caractère religieux.

Liberté

Chez Aristote, cette notion fait référence au choix rationnel dans le domaine de l'action humaine. Mis à part le terme *eleuthéria,* qui a trait à la liberté politique, les Grecs n'avaient aucun terme pour désigner la liberté au sens d'un pouvoir propre (non déterminé de l'extérieur) d'agir.

L'expression dont la signification s'en rapproche le plus est *eph'hemîn*; traduite littéralement, cette expression veut dire «ce qui dépend de nous».

Matérialisme

Doctrine d'après laquelle la matière est l'être au sens premier, la substance. Selon cette doctrine, l'âme, elle-même composée de matière, est mortelle et n'a pas d'autres fins que celles qui sont attribuées au corps.

Maxime

Une maxime est une règle de conduite énoncée en une formule brève et pénétrante.

Métaphysique

La métaphysique, qui est aussi appelée philosophie première, est l'étude des êtres immatériels et proprement intellectuels, qui ne peuvent être perçus au moyen de l'expérience sensible.

Monarchique

Un régime est *mon*archique lorsque le gouvernement est régi par un seul (du grec *mónos*) chef. La monarchie est dite tyrannique lorsque le roi ne respecte pas le bien commun et qu'il gouverne (du grec *árkhein*) dans son unique intérêt.

Mouvement

Les philosophes appellent «mouvement» les différentes sortes de changements que nous pouvons constater chez les êtres naturels.

Multiple

Ce qui est multiple s'oppose à ce qui est un. Une chose est multiple lorsqu'elle est composée de parties distinctes.

Mythe

Le mythe est le premier mode d'explication donné par l'être humain au monde qui l'entoure. De façon générale, on peut diviser l'évolution de la pensée mythique en deux grandes périodes. Une première où les humains se soumettent aux exigences des dieux et tentent de les imiter, et une seconde où ils conçoivent les dieux à leur image.

Mythe cosmogonique

Pour expliquer l'origine et l'ordre de l'univers, les poètes, s'inspirant des croyances religieuses traditionnelles, établissaient des filiations entre les dieux. Dans la *Théogonie* d'Hésiode, Zeus, le plus jeune des fils de Cronos, met fin aux guerres entre les dieux (représentant le chaos primitif) et établit un ordre entre eux (représentant l'ordre de l'univers).

Naturalisme

Doctrine suivant laquelle les valeurs morales ne sont qu'un prolongement naturel de l'instinct de conservation. Par conséquent, les adeptes de cette doctrine ne considèrent pas l'éthique et la physique comme deux sciences nettement distinctes.

Nature

Le terme «nature» vient du mot latin natura et correspond au terme grec *phúsis*, qui est à la source de notre terme «physique». Au début, les sciences de la nature signifiaient l'étude de tout ce qui a rapport au mouvement, de tous les êtres vivants. Fondamentalement, la nature est le principe produisant le développement d'un être et réalisant en lui un certain genre commun à d'autres êtres.

Nécessité

Ce en vertu de quoi une chose ne peut être autrement qu'elle est. Principe duquel un effet ou une conclusion découle obligatoirement.

Nominalisme

Doctrine d'après laquelle les idées ou les formes générales et abstraites ne sont que des noms et n'existent que dans notre esprit.

Notion

Connaissance générale et immatérielle opposée aux choses individuelles et concrètes.

Objection

Contre-argument utilisé pour vérifier la force d'un argument.

Objectivité

Caractère de ce qui est impartial, qui n'a pas de parti pris. Attitude qui consiste à donner une représentation fidèle de la réalité en dépassant les opinions et les préjugés.

Oligarchie

L'oligarchie est un régime politique dirigé par un petit groupe de personnes qui exercent leur pouvoir de façon tyrannique. Ce régime se caractérise par l'imposition d'un cens qui a pour conséquence l'exclusion des pauvres des charges publiques.

Ontologie

Le mot «ontologie» dérive du terme *óntos* qui veut dire «être», et du terme *lógos* qui, placé ainsi à la fin d'un mot, veut toujours dire «science» ou «étude». L'ontologie est donc la science de l'être.

Permanence

Caractère de ce qui demeure le même malgré l'écoulement du temps. S'oppose au mouvement. Rechercher l'être d'une chose, c'est s'attacher à ce qui en elle demeure permanent malgré les changements qu'elle subit.

Pertinence

Qualité d'une argumentation dont chacun des éléments est objectif et conforme à la réalité.

Phénomène

Ensemble de faits observés dont l'expérimentation a révélé qu'ils étaient liés entre eux.

Philosophie

La philosophie est l'amour de la sagesse ou le désir rationnel de posséder une connaissance parfaite. Ce désir implique un mode de vie conforme à ses exigences intellectuelles.

Positif

Qui est connu comme fait d'expérience sans qu'on en connaisse la raison d'être ou la cause première.

Positivisme

Doctrine née au XIXe siècle (bien qu'elle ait commencé à se manifester au XVe siècle). Elle stipule que seules l'expérience et la connaissance des faits sont valables. Avec le positivisme, la science est réputée vraie parce qu'elle privilégie l'efficacité.

Pragmatique

Est pragmatique ce qui ne considère les choses (le mot «chose» en grec se dit *prâgma*) que de point de vue de leur utilité pour la conduite humaine.

Praxis

La praxis, ou philosophie pratique, concerne les règles de la conduite individuelle (morale) et collective (politique). Parce qu'elle a trait à l'action, la praxis s'oppose aux disciplines de nature purement théorique.

Prémisses

Dans un raisonnement, propositions à partir desquelles on tire la conclusion.

Principe

Origine ou point de départ soit d'un mouvement naturel, soit d'une action, soit de la connaissance.

Prytanée

Le Prytanée est l'édifice public où logent et siègent à tour de rôle les 10 groupes de conseillers ayant le droit de préséance au sénat. C'est là aussi que l'on rend un culte à l'État, auquel seuls les citoyens sont admis.

Puissance

Caractère de ce qui peut se produire mais qui n'existe pas actuellement. Être en puissance, c'est posséder la possibilité de changer et tendre à le faire.

Raisonnement inférentiel

Opération qui consiste à conclure à la vérité ou à la fausseté d'une proposition à partir de sa relation à d'autres propositions déjà reconnues comme vraies ou fausses. L'induction et la déduction sont des types de raisonnement inférentiel.

Rationalisme

Doctrine d'après laquelle le véritable savoir se fonde sur des principes qui précèdent toute expérience. Chez Platon, ces principes sont les Idées. D'après le rationalisme, on ne peut se fier qu'à la raison.

Réalisme

Théorie selon laquelle le réel ne fait pas simplement référence à la connaissance rationnelle que nous avons d'une chose, mais à la nature totale de l'être, incluant sa matière.

Réfutation

Démonstration de la non-pertinence d'une objection.

Réfutation socratique

Ensemble des échanges mettant en lumière les contradictions logiques d'un point de vue et conduisant graduellement vers la vérité.

Relativisme

Théorie qui admet la variabilité des valeurs religieuses et morales, selon le temps et les sociétés, et parfois même selon les individus.

Sagesse

La sagesse est la connaissance parfaite des notions et principes premiers.

Scepticisme

Doctrine qui consiste à suspendre son jugement parce que l'esprit humain est inapte à atteindre une vérité certaine d'ordre général.

Sensible

La réalité (ou le monde) sensible est constituée de la somme des choses particulières qui sont perçues par les sens (vue, ouïe, toucher, odorat, goût), sans que nous ayons besoin de recherche scientifique ou philosophique. Pour désigner la réalité sensible, on emploie également l'expression «multiplicité sensible».

Spéculatif

Qui concerne une recherche abstraite (immatérielle), théorique.

Subjectivisme

Théorie qui rattache l'existence et la valeur des choses à la conscience et à l'assentiment individuels sans tenir compte des qualités objectives des choses.

Substance

Ce qu'il y a de permanent dans les choses qui changent en tant que ce permanent n'a besoin de rien d'autre que de lui-même pour exister.

Téléologique

Cette caractéristique se rapporte aux êtres qui possèdent une finalité, c'est-à-dire qui tendent vers un but.

Théologien

Celui qui étudie la théologie. Le mot «théologie» est formé à partir des mots grecs *théos*, qui veut dire «dieu», et *logos* qui veut dire «science». La théologie est donc la science de Dieu, de ses attributs et de ses rapports avec notre monde.

Thèse

Prise de position d'une personne concernant un sujet donné. Proposition principale d'un texte, que l'on démontre à l'aide d'une argumentation rationnelle.

Totalitarisme

Régime à parti unique qui n'admet aucune opposition organisée. Ce régime vise un pouvoir absolu s'étendant à tous les domaines de l'activité humaine l'économie, la justice, la police, l'éducation, la religion, l'information, l'art, etc.

Transcendant

Ce qui est transcendant est ce qui est attribuable à tout ce qui existe ou peut exister. Dans la philosophie de Platon, l'Idée du Bien est l'Idée transcendante par excellence parce qu'elle est au-dessus de tous les êtres, de tous les genres et de toutes les espèces; elle les dépasse tous.

Tribal

Le système tribal ou «tribu» est un groupement de familles ou de clans partageant un nom et un territoire communs, et obéissant lors de conflits intérieurs ou extérieurs à l'autorité d'un même chef.

Univers

Les Pythagoriciens et, par la suite, les autres philosophes grecs employaient le terme *kósmos* pour décrire l'univers ou l'ensemble ordonné des diverses parties du monde. Par extension, l'univers est aussi l'ensemble des sociétés humaines de la terre.

Universalisme

Doctrine qui considère la réalité (ou la société) comme un tout unique, dont les individus ne sont que des parties. Pour les Stoïciens, ce tout est la Raison divine qui englobe l'ensemble des êtres de l'univers. Dans son sens strictement politique, l'universalisme s'oppose à l'individualisme ainsi qu'à l'impérialisme.

Universel

Ce qui s'applique soit à tous les êtres de l'univers, soit à tous les êtres d'un même genre (par exemple l'animal) ou d'une même espèce (par exemple l'homme), soit à tous les êtres d'une classe donnée (par exemple les étudiants).

Un ou Unité

L'unité appartient à l'être qui est indécomposable en parties autres que lui-même. C'est l'être qui est toujours égal à lui-même. L'unité peut être attribuée à un élément matériel ou, plus généralement, à un être exclusivement rationnel.

Sources des photos

Tableau chronologique

PHILOSOPHES	ÉLÉMENTS CARACTÉRISTIQUES
Thalès — dernier tiers du VIIe s. - milieu du VIe s. — Milet (Ionie)	eau
Anaximandre — v.610-v.547 — Milet (Ionie)	infini
Anaximène — inconnue-v.520 — Milet (Ionie)	air
Xénophane — v.570-v.475 — Colophon (Ionie)	unité de l'être
Héraclite — v.540-v.480 — Éphèse (Ionie)	feu
Pythagore — inconnue-fin du premier tiers du Ve s. — Samos (Ionie)	nombre
Parménide — fin du VIe s. - v.450 — Élée (Grande Grèce)	unité de l'être
Anaxagore — v.500-v.428 — Clazomènes (Ionie)	esprit divin (noûs)
Empédocle — V.490-v.430 — Agrigente (Grande Grèce)	amitié et discorde
Gorgias — v.490-v.385 — Léontini (Sicile)	sophiste
Protagoras — v.490-v.420 — Abdère (Thrace)	sophiste
Socrate — 470-399 — Athènes	science morale
Démocrite — v.465-v.370 — Abdère (Thrace)	atome
Euclide — 450-380 — Mégare	fondateur de l'école mégarienne
Antisthène — 445-365 — Athènes	fondateur de l'école cynique
Platon — 428/7-347/6 — Athènes	fondateur de l'Académie
Diogène — 413-327 — Sinope (Asie mineure)	cynique
Aristippe — dates inconnues — Cyrène (Libye)	plaisir
Xénocrate — 400-314 — Chalcédoine (Asie Mineure)	académicien
Speusippe — v.394-v.334 — Athènes	académicien
Aristote — 384-322 — Stagire (Chalcidique)	fondateur du Lycée
Théophraste — v.372-v.287 — Érèse (Lesbos)	péripatéticien

ÉVÉNEMENTS MARQUANTS DE LA PÉRIODE

- ➤ Réforme de Solon (594)
- ➤ Début de la démocratie athénienne (508)
- ➤ Guerres médiques (les Grecs contre les Perses) (499-479)
- ➤ Guerre du Péloponnèse (Athènes contre Sparte) (480-404)
- ➤ Oligarchie des «Quatre Cents» (411)
- ➤ Oligarchie des «Trente tyrans» (404-403)
- ➤ Victoire de Philippe de Macédoine sur la Grèce; fin de la démocratie athénienne (338)
- ➤ Début du règne d'Alexandre le Grand (336)
- ➤ Mort d'Alexandre le Grand; partage de l'empire macédonien entre les généraux (323)

PÉRIODE HELLÉNISTIQUE

Philosophes	Éléments caractéristiques
Pyrrhon — v.365 - v.275 — Elis	scepticisme
Épicure — 341 - 270 — Samos (Ionie)	fondateur de l'école du Jardin
Zénon — v.335 - v.264 — Citium (Phénicie)	fondateur de l'école du Portique
Cléanthe — v.331 - 232 — Assos (Asie Mineure)	stoïcien
Chrysippe — v.282 - v.206 — Cilicie	stoïcien
Lucrèce — v.98 - 55 — Rome	épicurien

Événements marquants de la période

➢ La Grèce devient une province romaine (146)
➢ Cicéron, orateur et homme d'État romain (106 - 64)
➢ Assassinat de Jules César (44)
➢ L'Égypte devient une province romaine (30)

FIN DU MONDE ANTIQUE

Philosophes	Éléments caractéristiques
Sénèque — 4 - 65 — Cordoue (Espagne)	stoïcien
Épictète — v.56 - v.138 — Hiérapolis (Asie Mineure)	stoïcien
Alexandre dit le Commentateur — v.160 - v.230 — Aphrodise (Asie Mineure)	aristotélicien
Plotin — v.205 - 270 — Lycopolis (Égypte)	néoplatonicien
Porphyre — v.232 - v.305 — Tyr (Liban)	néoplatonicien
Augustin — 354 - 430 — Tagaste (Algérie)	néoplatonicien (Père de l'Église)
Boèce — v.470 - v.525 — Rome	néoplatonicien

Événements marquants de la période

➢ Naissance de Jésus-Christ
➢ Règne de Marc-Aurèle (stoïcien) (161 - 180)
➢ Sous Constantin, l'Empire romain devient chrétien (313)
➢ Division de l'Empire romain en Empire d'Occident (Rome) et Empire d'Orient (Constantinople) (395)
➢ Fin officielle de l'Empire romain d'Occident (476)

MOYEN ÂGE

Philosophes	Éléments caractéristiques
Scot Érigène, Jean — 1er quart du IXe s. - v.870 — Irlande	néoplatonicien
Abélard — 1079 - 1142 — Pallet (France)	anticipation du nominalisme
Averroës, Ibn Roshd — 1126 - 1198 — Cordoue	aristotélicien
Thomas d'Aquin — 1225 - 1274 — Roccasecca (Italie)	aristotélicien (Docteur de l'Église)
Duns Scot — 1266 - 1308 — Duns (Écosse)	séparation foi et raison
Guillaume — 1300 - 1350 — Ockham (Angleterre)	nominalisme

Événements marquants de la période

➢ Fermeture de l'école d'Athènes sur ordre de Justinien; les philosophes grecs trouvent refuge en Perse (529)
➢ Règne de Charlemagne, empereur d'Occident (800 - 814)
➢ Époque des Croisades (XIe s. - XIIIe s.)
➢ Tribunal de l'Inquisition institué par le pape Grégoire IX (1229 - 1232)

PHILOSOPHES	ÉLÉMENTS CARACTÉRISTIQUES	ÉVÉNEMENTS MARQUANTS DE LA PÉRIODE
MOYEN ÂGE		⋗ L'Université remplace les Écoles-Cathédrales (XIIIe s.)
		⋗ Instauration des ordres dominicain et franciscain (XIIIe s.)
		⋗ Guerre de Cent Ans (la France contre l'Angleterre) (1337-1453)
RENAISSANCE		⋗ Prise de Constantinople (Byzance) par les Turcs (1453)
Pomponazzi — 1462-1525 — Pomponace (Italie)	naturaliste	⋗ La Réforme protestante (début du XVIe s.)
Machiavel — 1469-1527 — Florence (Italie)	pouvoir efficace	⋗ La Contre-Réforme (milieu du XVIe s.)
Erasme — 1469-1536 — Rotterdam	humaniste	⋗ Révolution scientifique (XVIIe s.); Galilée (1564-1642) fournit la preuve expérimentale du système de Copernic
Luther, Martin — 1483-1546 — Eisleben (Allemagne)	humaniste	
Ramus — (P. de La Ramée) — 1515-1572 — Cuts (France)	projet d'une méthode scientifique universelle	
Montaigne, Michel — 1533-1592 — Dordogne (France)	humaniste	
Bruno, Giordano — 1548-1600 — Nola (Italie)	naturaliste	
Sanchez, Francisco — 1550-1623 — Toulouse	humaniste	
Bacon, Francis — 1561-1626 — Londres	empiriste	
Hobbes, Thomas — 1588-1679 — Wesport (Angleterre)	méthode empirico-déductive	

Note: Le lecteur notera que, pour alléger la présentation, nous avons omis la mention «avant Jésus-Christ» pour toutes les dates qui figurent dans les périodes hellénique et hellénistique.

La Grèce au Vᵉ siècle

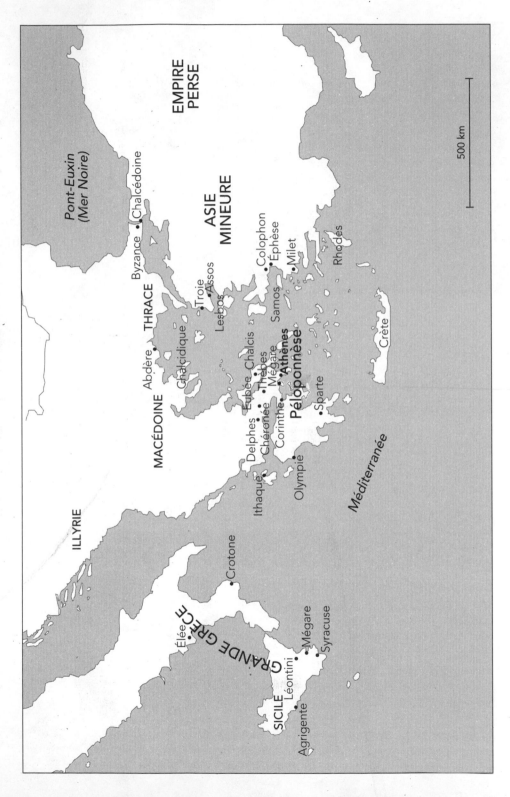